गरिमा श्रीवास्तव

देह ही देश

क्रोएशिया प्रवास डायरी

राजकमल पेपरबैक्स

राजकमल पेपरबैक्स में
पहला संशोधित संस्करण : 2024

राजकमल पेपरबैक्स : उत्कृष्ट साहित्य के जनसुलभ संस्करण

राजकमल प्रकाशन प्रा. लि.
1-बी, नेताजी सुभाष मार्ग, दरियागंज
नई दिल्ली-110 002
द्वारा प्रकाशित

शाखाएँ : अशोक राजपथ, साइंस कॉलेज के सामने, पटना-800 006
पहली मंजिल, दरबारी बिल्डिंग, महात्मा गांधी मार्ग, प्रयागराज-211 001
1, अनमोल सोराबजी सन्तुक लेन, धोबी तलाव, मरीन लाइंस, मुम्बई-400 002

वेबसाइट : www.rajkamalprakashan.com
ई-मेल : info@rajkamalprakashan.com

विकास कंप्यूटर एंड प्रिंटर्स
ट्रॉनिका सिटी-201 102
द्वारा मुद्रित

मूल्य : ₹299

DEH HI DESH
Travelogue by Garima Shrivastava

ISBN : 978-93-6086-002-8

कृष्णा सोबती की याद में

मुखामुखम

Sometimes words can be daunting,
other times they're just plain haunting.

Some words are loosely used,
yet you KNOW they could NEVER apply to you.

DRUGED, RAPED, ABUSED:

> You hear these phrases used,
> in a nightmare since, or on the news,
> but you don't think about them twice
> because it could NEVER happen to you.

—Payyton Egerstaffer

डायरी लिखना—अजीब-सा अनुभव है यह, अपने आप में अलग ज्यों अपने आप से लगातार संवाद चलता हो, मालूम नहीं था कि मेरे लिखे पन्ने कभी प्रकाश का मुख देखेंगे या नहीं, लेकिन लिखना रोज़ की चर्या में शामिल हो गया और आश्चर्यजनक ढंग से डायरी के पन्ने बहुत सी परिचिताओं की आपबीती से भर उठे। आमि हृदयेर कथा बोलिते ब्याकुल शुधाइले ना केऊ (मैं अपने हृदय की बात कहने को आकुल हूँ, लेकिन कोई सुनने आया ही नहीं)...अब तो किसी को कुछ सुनाने की व्याकुलता भी नहीं होती। घर के लोग भी रोज़-रोज़ व्यथा-कथा सुनने से ऊब चुके होंगे, मेरे पास तो यहीं की कथाएँ हैं। नादीन गोर्डिमर ने लेखन को एक तरह का दुख कहा था जो सबसे

ज़्यादा अकेलेपन और आत्मविश्लेषण की माँग करता है।[1] हम ख़ुद को कितने मुगालते में रखते हैं—तोमार कथा हेथा केहो तो बोले न, कोरो शुधु मिच्छे कोलाहल (तुम्हारी तो यहाँ कोई चर्चा भी नहीं करता, सिर्फ़ व्यर्थ कोलाहल करते रहते हैं)। लेखन के लिए सामग्री जुटाने के लिए हमें ख़ूब यात्राएँ करनी चाहिए लेकिन इन यात्राओं की क़ीमत क्या होती है, ये लेखक के अलावा कौन जान सकता है, सामग्री जुटाने के बाद तो उसे काम तो अकेले ही करना है, रोलाँ बार्थ[2] ने इसी विरोधाभासी आन्तरिक एकान्त की वजह से लेखन को, जिन लोगों के बीच हम रहते हैं, उनके और दुनिया के बीच 'ज़रूरी संकेत' बताया है, यह सर्वोत्तम वस्तु देने के लिए बढ़ा हुआ हाथ है। क्या मैं दे पाऊँगी सर्वोत्तम? सन्देह है क्योंकि मेरी दृष्टि तो आच्छादित हो गई है, उन स्त्रियों के आख्यानों से, जिनके अनुभव मेरी अब तक की देखी-सुनी स्त्रियों से अलग थे।

वर्ष 2010-11 में ज़ाग्रेब विश्वविद्यालय के दर्शन विभाग में बतौर विज़िटिंग प्रोफ़ेसर मेरी दो अकादमिक सत्रों के लिए प्रतिनियुक्ति हुई। उस दौरान वहाँ मैं क्रोएशिया, बोस्निया की उन युद्ध पीड़िताओं से मिली जो अपने अतीत से बाहर निकल चुकी थीं, कुछ के लिए अतीत ही वर्तमान बन गया था और कुछ अतीत के साथ ही दफ़न हो चुकी थीं। उनके बारे में सुनकर, उनसे मिलकर मेरे लिए सिर्फ़ साक्षी भर हो पाना सम्भव नहीं हो पाया, निर्विकार तटस्थता कहीं थी ही नहीं, लगा स्त्री होने के नाते अपने-आप को नये सिरे से पहचान रही हूँ। रचनाकार होकर भोक्ता और साक्षी दोनों एक साथ हो पाना होता हो तो साक्षी होकर वह दृष्टि मिली जिससे मैंने पूर्वी यूरोप का समाज देखा, और वहाँ से अपने देश को देखने के नज़रिये में भी तब्दीली पाई। इस पुस्तक में क्रोएशिया प्रवास की घटनाएँ और आख्यान हैं—लेकिन तिथि और क्रम के

---

1. 'Conversation with Nadin Gordimer', Edited by Nancy topping, *Bazin and Morily Dallman Seymour,* University press of Missisipi, Jackson and Vondon: Introduction p. 6
2. Barthes, Roland. "The Death of the Author." *Art and Interpretation: An Anthology of Readings in Aesthetics and the Philosophy of Art.* Ed. Eric Dayton. Peterborough, Ont. : Broadview, 1998, 383-386

अनुसार लिख पाना सम्भव नहीं हो पाया है—इतिहास के प्रमुख नायक और नायिकाएँ—वे भी आपको इसमें कहीं नहीं मिलेंगे। वे अनुपस्थित होकर भी उपस्थित हैं, उनकी जगह जो दीखते हैं वे हैं—छोटी-छोटी घटनाएँ, कहानियाँ, अनुभव, अपनी साधारणता में जीते हुए लोग, स्त्रियाँ और बच्चे जिनके आख्यान इस पुस्तक के केन्द्र में हैं—जिनके कहे हुए अनुभवों और साक्षात्कारों ने मुझे वह बताया जो इतिहास में दर्ज नहीं हुआ। जिन आख्यानों ने मुझे अपनी ओर खींचा, वे किसी पूर्वनिर्धारित योजना के तहत कहे-सुने नहीं गए, ज़ाग्रेब जाने के पहले वैसी कोई बात भी मेरे मन में नहीं थी। दुष्का और लिलियाना से मिलकर लगा कि उनके अनुभव मुझे एक समस्याग्रस्त क्षेत्र की ओर ले जा रहे हैं, जिसके बारे में जानना, यातना से गुज़रना ही है।[1] बहुत आसान था आँखें मूँदकर, सारी प्राकृतिक और भौगोलिक सुन्दरता को अपने भीतर समा, सरकारी दायित्व का निर्वाह कर लौट आना, तब फिर ऐसे वृत्तान्त की ज़रूरत ही न पड़ती। जिज्ञासा और वैश्विक स्त्रीवाद के पक्ष में खड़ी सिमोन द बोउवार की *ए वेरी ईजी डेथ*[2] का हिन्दी तर्जुमा करते-करते पूर्वी यूरोप की स्त्रियों के अनुभवों ने कब मेरी डायरी में अपनी ढेर सारी जगह बना ली, पता ही नहीं चला, और ये भी कि जब-जब मैंने उनके दुख से ख़ुद को अलगाना चाहा वे मूक छलछलाती, भूरी, बिल्लौरी आँखों से मेरा रास्ता रोककर खड़ी हो गईं। बोस्निया, हर्ज़ेगोविना, क्रोएशिया की स्त्रियों के अनुभव मुझे सोते-जागते कुरेदते रहते, बेचैन करती रहतीं वे। रास्ता था डायरी लिखना, क्योंकि भारत में भी यह सब सुनने में ख़ास दिलचस्पी किसी की थी नहीं, न किसी के पास इतना वक़्त था मुझे देने के लिए कि अनुभव बाँट सकूँ, वैसे भी तकनीक की अपनी सीमाएँ होती हैं।

वक़्त बीतता जाता है, लगता है ऊपर से स्वस्थ सुन्दर दीखती अधेड़ औरतें विस्मृत कर चुकी होंगी चोटों को, जीवन प्रवाह में शामिल हो चली होंगी क्योंकि आख़िरकार जीवन से बड़ा कुछ भी नहीं। कैथी करुथ ने कहा

---

1. 'Mass Rape: Muslims recall Serb Attacks'—*Newsday*, 23 august, 1992
2. A very Easy Death, Hindi translation—Garima Srivastava, Swaraj Publications, New Delhi, 2012

है कि विध्वंस से सिर्फ़ मानसिक आघात ही नहीं लगते बल्कि अस्तित्व की समस्या इससे पैदा होती है।[1]

इन स्त्रियों के अनुभवों को इतिहास की किसी किताब में जगह मिली होगी इसमें सन्देह है।

युद्ध के प्रभाव दूरगामी होते हैं, किसी ने अपना परिवार खो दिया तो किसी ने आत्मीयों का विश्वास, कुछ को देह-श्रम को ही आजीविका का आधार बनाना पड़ा। सेक्स-वर्कर्स से मिलकर संस्कारवश मुझे उनसे घृणा होनी चाहिए थी, पर वह नहीं हुई। उनके साथ जो कुछ गुज़रा था, उससे सहानुभूति और समानुभूति की घनिष्ठ भावना ने मन को आप्लावित कर दिया, जिस मन में नलिनी, जमीला और विद्या जैसियों के आत्मकथ्य थे। नैतिक मान्यताओं के आधार पर समाज जिन्हें उचित-अनुचित के खाँचे में बाँट रखता है—जिन्हें मिलती है उपेक्षा और क्रूरता—उनका हाथ थामना ही मनुष्यता के पक्ष में खड़ा होना है। हाशिये पर धकेल दी गईं औरतें, फटे हुए आलू चिप्स के पैकेट के लिए भुखाया, तड़पता, मार खाया शरणार्थी बच्चा, एरिज़ोना मार्केट में पशुवत ख़रीद-बिक्री की जाती लड़कियाँ—ये सब कब मेरी संवेदना के अंग बने, इसे ठीक-ठाक दर्ज कर पाना सम्भव नहीं हो पाया। डायरी के कुछ अंश पढ़ते हुए एक मित्र की जिज्ञासा थी कि मेरी संवेदना इन्हीं हाशिये पर पड़ी औरतों के लिए ही क्यों व्यथित हुई—कोई तो कारण होगा? सच कहूँ तो डायरी के ये पन्ने किसी तर्क या सैद्धान्तिकी निर्मित करने के उद्देश्य से नहीं लिखे गए, इनमें तरतीब और सिलसिलेवार जैसा भी कुछ नहीं मिलेगा आपको। यह अपनी अभिव्यक्ति और सम्प्रेषण में ही अपने होने की सार्थकता वहन करेगी।

1992 से 1995 तक चले युद्ध और झड़पों में संयुक्त यूगोस्लाविया से विखंडित हुए सभी छोटे-छोटे देशों ने कुछ न कुछ खोया, आम नागरिक की शान्ति भंग हुई, नागरिक अधिकारों का हनन हुआ, बड़े पैमाने पर विस्थापन हुआ, लाखों लोग शरणार्थी बनने को विवश हुए। इस पूरे दौर में युद्ध की

1. CathyCaruth, *Unclaimed Experience: Trauma, Narrative and History*, John Hopkins University Press, 1996, p. 59

जघन्य हिंसा का शिकार बनीं स्त्रियाँ क्योंकि उनकी देह ही शोषण की साइट थी। हालाँकि युद्ध कहीं भी हो मारी औरत ही जाती है लेकिन जब तक हम ऐसी स्थितियों से रू-ब-रू नहीं होते, तब तक हिंसा, यौन प्रताड़ना जैसे शब्द अपने समूचे अर्थ-सन्दर्भों के साथ अनखुले ही रह जाते हैं। इस शाम जब अपरिचित विदेशी गन्ध और अनसुनी आवाज़ों के साए तले भुलाई जा चुकी स्त्रियों के बयान अपनी डायरी में लिख रही हूँ तब सियादा व्राविच की बात बार-बार गूँज रही है कि "युद्ध में बलात्कार पीड़िताओं से मिलने से पहले लगता था कि बलात्कार पुरुष का मनोजैविक विचलन है। ऐसा आक्रमण जो यौनांगों पर किया जाता है, जिसे आज भी अख़बार और मीडिया सनसनीख़ेज़ खुलासों और ब्रेकिंग न्यूज़ की श्रेणी में रखते हैं। ऐसा कृत्य करने वाले के बारे में अक्सर कहा जाता है वह अपने आप को नियंत्रित नहीं कर पाया, या किसी की ख़ास वेशभूषा ने उद्दीपन का काम किया। यहाँ तक कि इसे पुरुष की आदिम नैसर्गिक वृत्ति से भी जोड़ा जाता है। लेकिन अब मैं जान पाई हूँ कि इसके पीछे कामोत्तेजना का दबाव नहीं बल्कि मृत्यु का भय है। ऐसे आक्रमण आत्मरक्षा के उद्देश्य से कभी नहीं किए जाते, कोई भी ऐसा कहता नहीं मिलेगा कि एक स्त्री ने उस पर हमला किया इसलिए उसने स्त्री के साथ ज़बरदस्ती की। ये ऐसे घाव होते हैं जो दीखते कम और टीसते ज़्यादा हैं। मन और मस्तिष्क दोनों को एक ही वार से घायल करने का सबसे कारगर हथियार, जिससे लगी चोटें इतनी गहरी कि शोषित, धर्षित व्यक्ति कभी भी पूरी तरह उसे अभिव्यक्त नहीं कर पाता।"

द्वितीय विश्वयुद्ध के दूरगामी परिणामों ने सर्ब-क्रोआती बोस्नियाई संघर्ष की भूमिका 1939-1945 के दौरान ही रच दी थी, जब संयुक्त राज्य अमेरिका और सोवियत रूस के बीच शीत युद्ध की स्थिति थी। रूस के नेतृत्व में साम्यवादी और अमेरिका के नेतृत्व में पूँजीवादी देश दो खेमों में बँट गए। जिनमें आपसी टकराहट का ख़तरा हमेशा बना रहा, बर्लिन संकट, कोरिया युद्ध, सोवियत रूस द्वारा आणविक परीक्षण, हिन्द-चीन संकट, क्यूबा मिसाइल संकट, ये सब शीत युद्ध की उपज थे। पूर्वी यूरोप के देश सोवियत गुट में शामिल हुए और सोवियत संघ ने 1955 में 'वारसा पैक्ट' नामक सैन्य संगठन

तथा अमेरिका के पक्ष में जो बारह देश थे उन्होंने 'नाटो' संगठन बनाया। इस दौरान अन्तरराष्ट्रीय परिदृश्य पर कई महत्त्वपूर्ण परिवर्तन भी देखे गए। सोवियत संघ के विघटन के पीछे पूँजीवाद के प्रति बढ़ता आकर्षण था, और बहुत से साम्यवादी देशों में राजनीतिक व्यवस्था को अधिकाधिक जनतांत्रिक बनाने की माँग ज़ोर पकड़ रही थी। यही वह दौर था जब पोलैंड और रूमानिया के बाद इस दबाव से संयुक्त यूगोस्लाविया ज़्यादा दिनों तक मुक्त नहीं रह सका। सोवियत रूस की ताक़त घटने के साथ ही यूगोस्लाविया के विखंडन की भूमिका तैयार हो गई और टीटो की अनुपस्थिति ने पिछले हालातों को अचानक बदल डाला। क्रोएशिया, बोस्निया, हर्ज़ेगोविना की आम जनता के मन में स्लोवोदान मिलोसेविच के प्रति अपार घृणा है। जनता अपने अनुभवों से इतिहास रचती है। उसे रूस और अमेरिका के आपसी सम्बन्धों से क्या लेना-देना वह तो 1989 में सर्बिया का राष्ट्रपति बने मिलोसेविच को पहचानती है, जिसने सर्बियाई जनता के मन में उग्र राष्ट्रवाद कूट-कूट कर भर दिया। क्रोएशियाई मित्रों का कहना है कि पड़ोसी देश अल्बानिया में मुस्लिम बहुसंख्यकों के कारण सर्ब मूल के नागरिकों को शोषण और उत्पीड़न का सामना करना पड़ा, अल्बानिया में, साम्यवादी सरकार के पतन के तुरन्त बाद अस्थिर राजनीतिक हालातों को देखकर मिलोसेविच ने सर्बों को सुझाव दिया कि ये बिलकुल सही अवसर है जब कोसोवो प्रदेश को 'गैर सर्बों' से छुटकारा दिलाकर इसे 'पूर्णतः स्वच्छ सर्ब प्रान्त' घोषित कर दिया जाए। सर्ब नागरिकों ने मिलोसेविच की उच्चतर राजनीतिक महत्त्वाकांक्षा समझे बग़ैर उसे अपना संरक्षक स्वीकार कर लिया और तब शुरू हुई हत्या, आगजनी, लूटपाट की घटनाएँ—इस बर्बर नस्लवादी रक्तपात की तुलना अडोल्फ़ हिटलर के यहूदियों की सफ़ाई वाले घिनौने अभियान से ही की जा सकती थी। ये 1990 के चुनाव परिणामों का दौर था जब स्लोवेनिया, क्रोएशिया, बोस्निया हर्ज़ेगोविना, मैसीडोनिया में ग़ैर साम्राज्यवादियों की जीत हुई, स्लोवेनिया और क्रोएशिया ने ख़ुद को स्वाधीन घोषित कर दिया, बग़ावत को दबाने के लिए मिलोसेविच ने सेनाएँ भेज दीं और स्वभावतः संघर्ष की परिणति भीषण रक्तपात में हुई, लगभग बीस लाख लोग शरणार्थी हो गए।

1995 में युद्ध के बाद गाँव-गाँव में जाकर स्वयंसेवी संस्थाओं, सरकारों और पश्चिमी स्त्रीवादी संगठनों द्वारा पीड़ितों के बयान और आँकड़े इकट्ठे किये गए, उनकी रपटें चौंकाने वाली और परस्पर विरोधी थीं। बोस्निया के जेनिका प्रान्त के गाँवों में औसतन चौबीस घंटे में एक रिपोर्ट दर्ज हुई, जबकि शहर में यह अनुपात कम था। सच तो था कि लगभग दस में से सिर्फ़ एक रिपोर्ट दर्ज हुई। बोस्निया सरकार ने 50,000 स्त्रियों के यौन शोषण की रिपोर्ट दी वहीं ज्वोनिमिर सेप्रोविच (जो युद्ध पीड़ितों के लिए काम करते हैं) ने यह संख्या 30,000 मानी, जबकि यूरोपियन यूनियन के जाँच कमीशन ने लगभग 20,000 की संख्या प्रामाणिक मानी। अमेरिकी स्त्रीवादियों ने बोस्नियाई स्त्रियों के प्रति यौन हिंसा के तमाम आँकड़े इकट्ठा कर उनका विश्लेषण किया। विश्लेषण के अनन्तर दिये आँकड़ों में मुझे दो बातें बुरी तरह खटकीं, पहली तो ये कि जहाँ बोस्निया सरकार के आँकड़े बलात्कार के 50,000 मामले बताते हैं (जो कि वास्तव में इससे कहीं अधिक थे) वहीं अमेरिकी स्वयंसेवी संस्थाएँ इनकी संख्या लगभग 20,000 बताती हैं। दूसरी बात यह कि उनका मानना है कि जहाँ भी युद्ध होते हैं, वहाँ बलात्कार और यौन हिंसा के मामले होना भी स्वाभाविक ही है, यह भी कि जब बोस्नियाई और क्रोआती सैनिक सीमा पर चले गए तो पीछे से उनके घरों की स्त्रियों को सर्ब सैनिकों की टुकड़ियों ने लुभा लिया। युद्ध काल में प्रेम और यौन के आवेग के फलस्वरूप अधिकांश स्त्रियों ने सर्बों को स्वयं ही आमंत्रित किया और यौन सम्बन्ध बनाए। इन स्त्रीवादियों ने कई प्रकार के आँकड़े देकर संयुक्त राष्ट्रसंघ को सौंपी रिपोर्ट में इस तरह की प्रायोजित मौलिक स्थापनाएँ कीं। एनलोये, ओटो, वांस ने तो युद्ध के दौरान हुई यौन हिंसा के दौरान बलात्कृत स्त्रियों को इन हादसों को विस्मृत कर सामान्य जीवन जीने की दिशा में प्रयास करने को कहा और यह माना कि युद्धकालीन अधिकांश समागम ऐच्छिक थे। ऐसी शोध रपटों के सामने आने पर बड़ी संख्या में स्त्रियाँ आपबीती कहने के लिए निरुत्साहित हुई होंगी। बोस्निया और हर्ज़ेगोविना की स्त्रियों पर शोध करने वाली जेस्मिया हुस्नावोइच ने इन स्त्रियों को सन्देश दिया—"चोटों को भूलो, पीड़ा की जगह आनन्द और सुख को प्रस्थापित करो, अपनी कल्पना शक्ति, रचनात्मकता और

राजनीतिक पुनरुत्पादन से आशा की राजनीति में क़दम रखो और राजनीति की मुक्ति योद्धाओं के रूप में सामने आओ।"

यहाँ की हवाओं में बिखरी हैं अनन्त कहानियाँ—शोषण, हिंसा और यातना की दास्तानें जो ये बताती हैं कि स्त्रियों की देह पर नियंत्रण करना युद्ध नीति का ही एक हिस्सा होता है जिससे तीन उद्देश्य सधते हैं—पहला, आम नागरिकों में भय का संचार, दूसरा नागरिकों का विस्थापन और तीसरा सैनिकों को बलात्कार की छूट देकर पुरस्कृत करना। विकासशील देशों में नागरिक विस्थापन और असुरक्षा की समस्या के विश्लेषण में स्त्रियों के प्रति यौन हिंसा हमें जेंडर, सेक्सुएलिटी, सामूहिक अस्मिता के निर्माण और स्वरूप के रग-रेशों को समझने में मददगार हो सकती है। मुझे लगता है कि युद्ध एक उद्योग है जिसके दौरान घटी घटनाएँ हमें संगोष्ठियाँ और कार्यशालाओं के आयोजन का कच्चा माल देती हैं। पूरे विश्व में युद्ध हिंसा, हत्याएँ, बलात्कार, विस्थापन, पुनर्वास सम्बन्धी आँकड़ों के नियोजन और समायोजन पर बहुत बड़ी धनराशि ख़र्च कर दी जाती है। हमें स्रेबेनिका या किगाली जैसी जगहों का पता इसलिए चलता है कि वहाँ भयानक नरसंहार घटित हुए थे। पर्यटक के देखने की जगहों में तब्दील हो जाती हैं ये जगहें। यहाँ से पर्यटन को बढ़ावा मिलता है और जिन्हें मानव इतिहास के अँधियारे कोनों, विस्मृत कोठरियों को देखने-जानने की भूख है, वे शोध कार्य करते हैं। शोधार्थी और विशेषज्ञ इन जगहों का दौरा करते हैं। इस तरह की घटनाएँ कला, साहित्य, इतिहास और समाजशास्त्रियों के लिए आँकड़े प्रदान करती हैं।

यह सब कुछ जिसे शायद डायरी कहा जा सकता है, पूर्वी यूरोप के प्राचीनतम ज़ाग्रेब विश्वविद्यालय में हुई प्रतिनियुक्ति के दौरान लिखना सम्भव हुआ। भारत लौटने पर चार सालों तक इसे प्रकाशित करने की इच्छा नहीं हुई। मन में अक्सर आता कि यदि यह न भी छपे तो किसी को क्या फ़र्क़ पड़ता है, इस दुनिया में निजी दुख-सुख से उबरकर और सुदूर यूरोप की युद्ध पीड़ित स्त्रियों के अनुभव और आख्यान सुनने के लिए फ़ुरसत चाहिए। इस डायरी के पन्नों से झाँकती स्त्रियों में से कई ऐसी हैं जो स्काईप पर अब भी मेरी मित्र हैं, और रहेंगी। कुछ ऐसी भी थीं जिन्हें अपनी बात कहने में बहुत

मुश्किल हुई, अपना-आप खोलने में बहुत वक़्त लगा—कुछ कह पाईं, कुछ बचा रह गया। कुछ ने बिलकुल ही बताने से मना कर दिया और अधिकांश ने गुमनामी की शर्त पर ही कुछ बताया। कुछ ने इतनी आत्मीयता से सुख-दुख बाँटे कि लगा कि दूसरे के लिए कुछ अनुभव करना उसके अनुभव में सहभागी हो जाना भी है। सुख, प्रसन्नता, हास-परिहास की बातें समय के साथ स्मृति-पटल से धुँधली पड़ जाती हैं पर ऐसा क्यों होता है कि दुख और यातना की दास्तानों से हम भोक्ता के साथ कहीं गहरे, लम्बे समय के लिए जुड़ जाते हैं—उनसे बात करके ही मैंने जाना कि दूसरे की नियति के भागी बनकर ही हम अपनी व्यक्तिगत सीमाओं का अतिक्रमण करते हैं—अपनी संवेदना का विस्तार करते हैं। वास्तव में साहित्य, संगीत और कलाएँ अपनी व्यक्तिगत सीमाओं का अतिक्रमण करना ही तो सिखाती हैं। अपने एकान्त, अपने ही दायरे में सुख-दुख के भागी बनकर हम उस वृहत्तर संसार से आँखें मूँद लेते हैं—जान ही नहीं पाते कि देश के अन्य भागों में, एशिया और यूरोप का इतिहास क्या रहा है, जो इतिहास-पुस्तकों में दर्ज है, सिर्फ़ वही इतिहास नहीं है, वह भी इतिहास है जो आख्यानों, अनुभवों और जातीय स्मृतियों में सुरक्षित है।

यूरोप जाने से पहले मानव इतिहास में बड़ा उद्वेलन पैदा करने वाली देश-विभाजन की घटनाओं के बयान किताबों में पढ़े थे, कुछ फ़िल्में देखी थीं, और सन् 84 के दंगों के दौरान उन स्मृतियों का पुनर्स्मरण करते प्रतिवेशियों की वेदना में सहभागिता की थी, लेकिन वह बचपन था, विस्थापन और शरणागत की पीड़ा को समझने की बुद्धि तब थी ही कहाँ? इतिहास बताता है कि इससे पहले इतने बड़े पैमाने पर इतने कम समय में, इतने सारे लोग कभी विस्थापित नहीं हुए। देश-विभाजन ने एक करोड़ बीस लाख लोगों को विस्थापित कर दिया, बड़े पैमाने पर क़त्लेआम हुआ और लगभग 75,000 स्त्रियाँ यौन शोषण और ज़बरदस्ती का शिकार बनीं। सरकारें दोनों तरफ़ थीं पर विस्थापितों को सम्मान और उचित पुनर्वास देने में अक्षम थीं। उर्वशी बुटालिया ने विस्थापन और मृतकों के आँकड़ों को इतिहास-पुस्तकों में दर्ज तथ्य बताते हुए इस ओर इशारा किया है कि इतिहास का सत्य तो ऐसी कहानियों में मौजूद है जो

भारत-पाकिस्तान की स्त्रियों की स्मृतियों में दर्ज था[1] युद्ध, देश-विभाजन जैसे कठिन समय में जीना आसान तो नहीं रहा होगा—हिंसा, सामूहिक विस्थापन, लुटने का भय, भ्रष्टाचार, शरणार्थियों का पुनर्वास—इन सबमें सत्य को पकड़ना मुश्किल होता है। युद्ध के ख़त्म होने पर भी युद्ध चलता रहता है—विस्थापन, तनाव, धर्मान्धता, जातीय शुद्धता, शुद्ध रक्त, बलात्कार, हत्या अब सिर्फ़ शब्द भर नहीं रह जाते वे भोक्ताओं के लिए, ऐसी ध्वनियों में तब्दील हो जाते हैं, जो शान्ति के दिनों में भी उनका पीछा दिन-रात किया करती हैं। युद्ध के सन्दर्भ सबके लिए अलग-अलग होते हैं—कुछ के लिए यह उद्योग है तो कुछ के लिए संत्रास का पर्याय। युद्ध सबकुछ बदल दिया करता है—मानवीय सम्बन्ध, राग-द्वेष, आनन्द सबके अर्थ बदल जाते हैं। जो युद्ध झेलते हैं, युद्ध उनकी स्मृतियों में अमिट रहता है, सराएवो (बोस्निया) की एक माँ युद्ध के पन्द्रह वर्ष बाद फ़ोका के वेश्यालय में अपनी दो बिछुड़ी बेटियों को ढूँढ़ निकालती है, क़ब्रिस्तानों में लोग युद्ध के वर्षों बाद भी गड़े मुर्दे उखाड़ते रहे, कहीं कोई आत्मीय पहचान मिले—क़िस्से...अनन्त क़िस्से।

युद्ध बहुआयामी होता है—बहुत बड़ा उद्योग है यह। सरकारी आँकड़े और पुस्तकें कभी भी पूरे सच का बयान करने में सक्षम नहीं होतीं जिसके बहुत से राजनीतिक-सांस्कृतिक कारण होते हैं। लेकिन क्या हम जान पाते हैं कि युद्ध के दौरान और युद्ध के बाद मनुष्य अपने जीवन स्रोतों की पहचान कैसे करता है। वे कौन से तरीक़े होते हैं जिनसे स्त्रियाँ मानसिक और शारीरिक तौर पर युद्ध का मुक़ाबला करती हैं, क्योंकि छोटे बच्चों, मवेशियों और घर की देखभाल की ज़िम्मेदारी, संवेदनात्मक लगावों के कारण वे जल्दी पलायन नहीं कर पातीं। विस्थापन, बलात्कार, आर्थिक संकट और अक्सर सामाजिक-पारिवारिक अस्वीकृति की घटनाएँ उनके आगे के जीवन का दिशा-निर्धारण करती हैं। एरिज़ोना मार्केट जैसी जगहें युद्धोत्तर काल में ही निर्मित होती हैं। इन सबके बारे में इतिहास मौन है—चुप...सन्नाटे से भरा हुआ। युद्ध के बारे में जानना भयावह अनुभव है—इतिहास के पन्नों का युद्ध और झेले गए युद्ध में बहुत बड़ा फ़र्क़ होता है। जिसने युद्ध की विभीषिका झेली है उसका ज़िक्र

1. *The other side of silence*, Urvashi Butalia, Penguine Books, 1998:11

किताबें नहीं करतीं। जेम्स यंग ने कहा था कि होलोकास्ट के बारे में हम उतना ही जान पाते हैं, जितनी जानकारी हमें इतिहास देता है—इसके परे आख्यान, स्मृतियाँ और टेस्टीमोनीज़ हमारी कल्पना को विस्तार देते हैं और हम तब जाकर होलोकास्ट की भयावहता को समझ पाते हैं। किसी घटना के तथ्य ही महत्त्वपूर्ण नहीं होते, महत्त्वपूर्ण यह भी होता है कि लोग विशेषकर स्त्रियाँ उस दौर को कैसे याद करती हैं। किसी घटना को स्त्री और पुरुष का देखने का अपना-अपना ढंग होता है, जिसकी ओर एलेन शोवाल्टर ने *अ लिटरेचर ऑफ़ देयर ओन*[1] में संकेत करते हुए कहा था कि स्त्री और पुरुष का नज़रिया और अनुभव अलग-अलग होते हैं, दरअसल वे अलग-अलग सामाजिक संस्थाओं के तौर पर कार्य करते हैं और दोनों के अनुभवों की अपनी सीमाएँ होती हैं। स्त्रियों के अनुभव स्त्री-देह से जुड़े होते हैं इसीलिए वे पुरुष संसार के अनुभवों से अक्सर विलग और निर्लिप्त रहती हैं, उनके अनुभवों की अपनी सीमाएँ होती हैं, जो उनके अपने इन्द्रियबोध और आत्माभिव्यक्ति की निजी शैली का वैशिष्ट्य वहन करती हैं। स्त्री के कहे हुए का सम्यक् विश्लेषण, उसका व्यावहारिक जीवन, उसके मन के कोने-अँतरे, दरारें, चोट और पीड़ाएँ, नस्ल और रंगभेद, शोषण के बहुआयामी पक्ष, उसकी मनो-सामाजिकी, लैंगिक भेद और स्त्री अस्मिता के साथ स्वानुभूति की अभिव्यक्ति के लिए अपनाई गई भाषा भंगिमाएँ, विविध मुद्राएँ, प्रतिरोध के औज़ार, समर्पण और विवशता के कारण और शारीरिक सीमाएँ, मातृत्व सम्बन्धी समस्याएँ और उनके अन्तर्विरोध—इन सबको समझने के लिए स्त्रियों के सामाजिक व्यवहार को समझने की ज़रूरत होती है। इतिहास में कभी भी स्त्रियों को समाज की नियंत्रक शक्ति के रूप में नहीं पहचाना गया। शक्ति और सत्ता हमेशा से उसके लिए वर्जित क्षेत्र रहे पितृसत्तात्मक शक्तियों ने स्त्री को हमेशा से यही समझाया कि वे स्वयं ही समाज में निर्णायक भूमिका अदा नहीं करना चाहतीं, उन्हें हमेशा सही अभिव्यक्ति से रोका गया, *राइटिंग अ वूमंस लाइफ़*[2] में कैरोलिन जी हेल्ब्रन (1926-2003)

1. Elaine Showalter, *A Literature of their Own*, Virago, 2009
2. Carolin G. Helbran, *Writing a Women's Life,* The Women's Press Ltd., Revised edition, 1997

ने बताया कि स्त्रियों को हमेशा टेक्स्ट, कथानक, उदाहरण का अंग बनाने से बचाया गया क्योंकि डर था कहीं वे सत्ता अधिग्रहण न कर लें या अपने जीवन के निर्णय स्वयं न लेने लगें दरअसल स्त्रियों के अनुभवों की अभिव्यक्ति ज़्यादा बेहतर और पारदर्शी होती है, उनके आख्यानों में सामाजिक अभ्यास अपनी पूरी तात्कालिकता और सम्पूर्णता के साथ एक उत्तेजक अनुभव में रूपान्तरित हो जाते हैं, स्त्री का अनुभव सिर्फ़ एक व्यक्ति का अनुभव नहीं रह जाता, वह सामाजिक-संस्था के अनुभव में रूपान्तरित होकर सार्वभौमिक हो जाता है।

स्त्रियाँ जिस तरह झेले हुए समय को याद करती हैं उन पर ध्यान दिया जाना ज़रूरी है, क्योंकि उनकी स्मृतियों में इतिहास का उपेक्षित पक्ष आलोकित होता है। हालाँकि स्मृतियाँ नित पुनर्नवा होती रहती हैं—वे कभी शुद्ध या रम्यकल्पना से रहित नहीं होतीं, इसलिए यह महत्त्वपूर्ण हो जाता है कि वे किसके सामने और कैसे सामने लाई जाती हैं। जिसे हम रूढ़ अर्थों में इतिहास कहते हैं उसमें भी तो घटनाओं की पुनर्व्याख्या कभी सिलसिलेवार ढंग से तो कभी किसी विशिष्ट दृष्टिकोण अथवा उद्देश्य से की जाती है, इतिहास में सामूहिक और व्यक्तिगत व्याख्याएँ महत्त्वपूर्ण भूमिका निभाती हैं।

जिन स्त्रियों की स्मृतियों के आधार पर मैंने उनके आख्यान एकत्र किये, उनसे उनका वर्तमान कहीं भी विच्छिन्न नहीं था, उनके अतीत ने ही उन्हें वह वर्तमान दिया था, जिसमें जीना, अक्सर उनका चुनाव नहीं था। उनसे बातचीत करना बहुत आसान नहीं था। सिवाय उनके, जो ज़ाग्रेब प्रवास में मेरी अभिन्न मित्र बन गईं, गुलदाने कालीन, दुष्का और द्रागित्सा के बिना वहाँ ठहरना सम्भव हो पाता क्या? क्रेशो कर्नित्ज़, ईगोर, तोमिस्लाव मरेतिच ने मुझे यूरोप के इतिहास और वर्तमान की समझ बनाने का मौक़ा दिया, लेकिन चाहे वे बोल्कोविच हों या नीसा सबमें अपनी बात को कहने में हिचकिचाहट थी, क्या होगा याद करके, स्मृतियों को खोदकर—जिन्हें वे पीछे छोड़ आए हैं। इस सवाल का सामना इतनी बार करना पड़ा कि अपने आप को ही मैंने कठघरे में पाया। क्यों हम इनके बारे में नहीं जानते, क्या कभी सोचा कि ऊपर से सुखी-समृद्ध दीखती यूरोप की स्त्रियाँ भी भीतर से वही सब कुछ झेलती हैं, सोचती हैं जो तीसरी दुनिया की स्त्रियाँ? वे अपने बारे में बोलना क्यों

नहीं चाहतीं। लहूलुहान अतीत के गड़े मुर्दे उखाड़ने के लिए तैयार न होना (वो भी ऐसा अतीत जिसके निशान दिलो-दिमाग़ पर स्थायी हो चुके हों) क्या इसके कुछ विशेष मायने हैं? क्या इसके पीछे सिर्फ़ घटनाओं की भयावहता ही थी—जो इतिहास के पन्नों पर आँकड़ों की तहरीर बनकर दर्ज हो गईं—या इसका आम लोगों की संवेदना से भी कोई गहरा सम्बन्ध था, या कहीं कुछ ऐसा था जिसमें मनुष्य का विरोधाभासी व्यक्तित्व, उसकी नियति, उसके अन्तर्द्वंद्वों की जटिलता के उघड़ जाने का ख़तरा था, जो इतिहास में दर्ज होने से बाक़ी रह गईं। वह था इतिहास का एक ऐसा विद्रूप पन्ना जिसे न याद करना सम्भव था, न भुलाना—मनुष्य की अवसरवादिता, लूट, अपरिमार्जित रह गईं पाशविक प्रवृत्तियों की दास्तानें तो दिलो-दिमाग़ पर दर्ज थीं—जिनके साथ ही आगे का जीवन जिया जाना था—जिनसे निजात पाना असम्भव था जो यौन-रोगों, किशोर-युवा होती सन्तानों की ऊँची लम्बी क़द-काठी में, उनकी आँखों की भूरी रंगत में साथ थी निरन्तर, उसे अलग से याद करने की क्या ज़रूरत? जो पड़ोसी थे, वे ही मौक़ा पाने पर लूटने-खसोटने से नहीं चूके, बाद में भी पड़ोसी तो बने ही रहे। यातना-शिविरों से मन-तन पर अनगिन घाव लेकर लौटे घर के मुखिया की ज़ुबान और आँखें प्रश्नहीन रहा करतीं। पति की अनुपस्थिति में गर्भवती हुई स्त्रियों की कोख और बाद को जन्मी सन्तानें ही युद्ध का भयावह परिणाम बनकर साक्षी रहीं। कहीं सर्बियाई शोषित हुए, कहीं बोस्नियाई और क्रोएशियाई—लेकिन औरतें जिनका पूरा जीवन ही युद्ध बन गया—उनके लिए युद्ध की कहानियाँ कहना-सुनाना इतना सरल नहीं था।

जेम्स यंग की सैद्धान्तिकी का सहारा लें तो कह सकते हैं कि युद्ध क्या वही था जो इतिहास की किताबों में दर्ज हुआ, या इससे भी आगे कि जब लोग युद्ध को याद ही नहीं करना चाहते।[1] जिन्हें हम बतौर तथ्य जानते हैं वे अपने आप में साक्ष्य नहीं हैं, इतिहास में इस बारे में वाद-विवाद और चर्चाएँ हुई हैं—एक व्यक्ति जिस रूप में किसी युद्ध की स्मृति को जीता है—उसकी व्याख्या वह अपने ढंग से करता है—दूसरे से बिलकुल अलग, विस्थापन,

---

1. James E. Young, *The Texture of Memory: Holocaust Memorials and Meaning,* Yale University Press, Revised Edition 1994

शोषण, बलात्कार, पुनर्स्थापन के अनुभव भी सबके अपने-अपने होते हैं। इन सबको इतिहास के बरअक्स रखना मेरा उद्देश्य नहीं है, पर क्या हम जन-स्मृतियों में दर्ज ऐसी घटनाओं को नज़रअन्दाज़ करके किसी जाति, समाज या राष्ट्र का मुकम्मल इतिहास जान सकते हैं, मुझे सन्देह है। प्रवास के दौरान इन स्त्री आख्यानों ने मुझे अपनी ओर खींचा तो इसके कारण राजनीतिक और निजी ही थे, समसामयिक राजनीति, यूरोपियन यूनियन की सदस्यता लेने की दौड़, राजनीतिक पक्षधरताओं के खेल और दूसरी ओर स्त्री के पक्ष में सोचने की नैसर्गिक प्रवृत्ति—वे कारण थे जिन्होंने अब तक अनसुनी आवाज़ों को सुनने को प्रेरित किया, और प्रश्नाकुल किया कि कैसे धार्मिक आस्थाएँ और अन्तराल, जातीय पहचान और नस्लवाद की शुद्धता इतनी महत्त्वपूर्ण हो जाती है कि मित्र और प्रतिवेशियों को लूटने और सामूहिक बलात्कार जैसे कृत्य घटित हो जाते हैं। युद्ध में हिंसा, आगजनी, लूटपाट के अलावा स्त्री देह किस तरह शोषण की ऐसी साइट के रूप में उभरती है—जहाँ उसका समूचा व्यक्तित्व सिर्फ़ योनि में रिड्यूस हो जाता है। जिसको नोच-खसोट कर संचित घृणा का बदला लिया जा सकता है, कोख पर हमला बोला जा सकता है, उसे जबरन गर्भधारण के लिए इस्तेमाल किया जा सकता है। उससे भी बड़ी बात यह कि बलात्कार झेली हुई स्त्री को न्याय प्रदान करने के लिए अब तक कोई मुकम्मल रणनीति नहीं बनी है, कहीं उससे साक्ष्य माँगे जाते हैं, कहीं अस्पताली प्रमाणपत्र और अधिकांश मामलों में स्त्रियाँ ऐसी घटनाओं की रिपोर्ट नहीं करतीं क्योंकि उन्हें परिवार और समाज का सहयोग नहीं मिलता। युद्ध की ऐसी अनेकानेक स्मृतियों में से किन स्मृतियों का चुनाव किया जाए—डर, भय, घृणा की स्मृतियाँ जो पीढ़ी-दर-पीढ़ी विरासत में पाई जाएँगी या वे जिन्होंने किसी के इंगित पर बलात्कारों को अंजाम तो दिया लेकिन समय के साथ-साथ मासूम चीख़ों को भुला नहीं पाए, वे निरपराध बच्चियाँ और औरतें उनके मानसिक विचलन का कारण बनीं और घोर राष्ट्रप्रेम भी उन्हें ग्लानि से मुक्त नहीं कर सका। किसका सच प्रामाणिक माना जाए—सामूहिक बलात्कार की शिकार बनकर अपना मानसिक सन्तुलन खो बैठी स्त्री का सच या अपने नवजात की जान बचाने के लिए निर्वसन होने वाली का सच या एरिज़ोना मार्केट में देह-व्यापार में

डूबती-उतराती स्त्रियों का सच! घटना के पन्द्रह-सत्रह वर्षों बाद स्मृतियों ने आख्यानों में अपनी तरफ़ से कुछ जोड़-घटाव तो किया ही होगा, इसलिए भी कि कोई भी ख़ुद को बचाकर ही अपनी बात परोसता है और फिर स्मृतियाँ मायावी भी तो होती हैं, वे अनकहे सन्नाटों में जगती हैं और बार-बार के कहे में सोती हैं...मेरी कोशिश अनकहे सन्नाटों को सुनने की रही है, सम्भव है हमें उनके सुनाए आख्यानों के टुकड़ों में उग्र राष्ट्रवाद के नाम पर होने वाले युद्धों और बलात्कारों की विभीषिकाएँ, आधुनिक मनुष्य के जीने और सोचने में क्या विकृतियाँ पैदा करती हैं, यह दिख जाए या इतिहास को देखने की हमारी दृष्टि में क्या किसी बदलाव की ज़रूरत है, इस पर हम सोच सकें और यह भी कि स्त्री भी मनुष्य है जिसे मनुष्योचित गरिमा से वंचित नहीं किया जा सकता। और अन्त में मेरे दोस्तों का ज़िक्र जिनके होने-न होने ने मुझे यह डायरी लिखने का साहस और दुस्साहस दोनों दिया। 'देह ही देश' का नया (संशोधित) संस्करण आपके हाथों में है। इसे अब तक पाठकों का अद्‌भुत स्नेह मिलता रहा है। आशा है, आगे भी मिलता रहेगा।

यह पुस्तक स्मृतिशेष पिता डॉ. रमाशंकर श्रीवास्तव को समर्पित है।

—गरिमा श्रीवास्तव

संयुक्त यूगोस्लाविया

आस्ट्रिया
बाल्कन
हंगरी
स्लोवानिया
*लुबियाना
★ ज़ाग्रेब
क्रोएशिया
रोमानिया
वोवोदिना
(स्वतंत्र प्रान्त)
•नोवी साद
★ बेलग्रेड
बोस्निया और
हर्ज़ेगोविना
★
सरायेवो
सर्बिया
मोंटेग्रो
प्रिस्टीना
कोसोवो
(स्वतंत्र प्रान्त)
पोदगोरिचा
★
बुल्गारिया
एड्रियार्टिक समुद्र
★ स्कोपिये
भूतपूर्व युगोस्लाव
गणतंत्र मेसीडोना
इटली
0 50 100 Kilometers
0 50 100 Miles
अल्बानिया
ग्रीस

यह दिसम्बर का पहला सप्ताह है—हैदराबाद से दिल्ली और दिल्ली से ज़ाग्रेब जाना है। देश के बाहर घूमने जाना और बहुत दिनों के लिए कहीं बाहर रहने में फ़र्क़ होता है। घूमने का सारा उत्साह तो ढेर सारा सामान पैक करने और बीच रात को एअरपोर्ट पहुँचने तक में ही मन्द हो गया है। पता नहीं कितना समय लगा है। जहाज़ रुकने का नाम नहीं ले रहा है। खिड़की के बाहर बस सफ़ेद-धुमैले बादल दीख रहे हैं। जहाज़ के अन्दर शुरुआती सरगर्मी की जगह ऊब और झपकियों ने ले ली है, बीच-बीच में बहुत ही मशीनी आवाज़ में उद्घोषणा होती रहती है, आवाज़ स्पष्ट नहीं, पर कुर्सी की स्क्रीन बता रही है कि जहाज़ दिल्ली से उत्तर-पश्चिम की ओर जा रहा है और मास्को तक की कुल दूरी 2342.76 नॉटिकल मील यानी 4338.79 किलोमीटर पार की जा रही है। पाकिस्तान, अफ़गानिस्तान से कज़ाकिस्तान होते हुए मास्को। जहाज़ में काफ़ी भारतीय हैं। सतर देहयष्टि वाली एयर होस्टेस की आदी आँखों के सामने मध्यवयसी, ढलती उम्र और ऊर्जाहीन रशियन एयर होस्टेस हैं, जो भोजन के पैकेट्स थमाकर बार-बार अपनी कुर्सी पर बैठ झपकी लेने लगती हैं। सच में, ये रोज़ की यात्राएँ, यात्रियों की चिल्ल-पों, शिकायतें, माँगें पूरी करना कितना थकाऊ और उबाऊ होता होगा। वे भारतीय व्योमबालाओं जैसी मुस्कान नहीं परोस रहीं। उन्हें देखकर लगता है ज्यों कोई गृहस्थिन रोज़-रोज़ के मेहमानों से आजिज़ आ चुकी हो। जहाज़ स्थिर-सा, ज्यों बादलों के बीच ठहर गया हो, कुछ लोग लैपटॉप में ही व्यस्त हैं, बातचीत भी हो रही है तो मद्धम आवाज़ में। पायलट की ओर से बड़े धीमे और उदासीन स्वर में उड़ान

सम्बन्धी जानकारियाँ दी जा रही हैं बीच-बीच में, जैसे उसे भी मालूम है कि ये एक खानापूर्ति भर है, और इस उद्घोषणा को सुनने में शायद ही किसी की दिलचस्पी हो। पता नहीं क्या समय हुआ होगा। भारतीय समय देखने का मन नहीं हो रहा घड़ी उतारकर मैंने लैपटॉप के बैग में रख दी है। बग़ल की सीट पर 23-24 साल की एक लड़की बैठी है, नाम बताया है कल्याणी 'अगेन', वह भी ऊँघ रही है, उसने हैदराबाद से इंजीनियरिंग की पढ़ाई की है, मास्को शहर में भाग्य आजमा रही है दो साल से, ख़र्च निकालने के लिए होटल के किचन में बर्तन धोती है। उसने केबिन लगेज के साथ ढेर-सा करी पत्ता रखा हुआ है, मास्को में मिलता नहीं होगा। साँवला, धुपियाया-सा रंग, माथे पर बिन्दी, सलवार-क़मीज़ पहने हुए है। कहती है एक साल और कोशिश करेगी शायद अच्छी नौकरी मिल जाए उसे। अपना गाँव छोड़कर कैसा लगता है—पूछने पर उसने अपने गाँव पेद्दापुरम की पूरी कहानी ही उघट दी है कि गोदावरी डेल्टा पर बसे गाँव में आज भी बिजली नहीं है, खेती-वेती थोड़ी-बहुत है पर गाँव के अधिकांश परिवार घर की बेटियों की कमाई पर पलते हैं। जो लड़कियाँ पढ़-लिख नहीं पातीं उन्हें देह व्यापार करना ही पड़ता है, जिससे निर्धन परिवारों का ख़र्च चलता है, ज़्यादातर परिवारों में एक न एक लड़की देह श्रमिक है, ये लोग कलावन्थालू उपजाति के हैं, परम्परा से नाचना-गाना ही पेशा रहा है। खेत रेहन रखकर किसी तरह कल्याणी ने पढ़ाई की है, हैदराबाद में पन्द्रह हज़ार की नौकरी मिली थी, पर उतने में क्या होता है, इसलिए मास्को चली आई। छोटे-मोटे काम करके भी हर महीने घर पर बीस हज़ार भेज ही देती है।

कितने बजे होंगे? मास्को का समय ढाई-पौने तीन घंटे पीछे ही होगा। सीट पर लगातार बैठने से पीठ में बाईं तरफ़ अकड़न-सी हो गई है। जहाज़ नीचे उतर रहा है, दूर-दूर तक सफ़ेदी की पर्त बिछी है। शेरमेट हवाई अड्डे पर बर्फ़ की मोटी चादर ने ज्यों दृष्टि-बाधित कर दी है—जहाज़ के चौड़े पंखों पर जमी बर्फ़ को लगातार गर्म पानी की बौछारों से पिघलाया जा रहा है। बर्फ़ की सफ़ेदी और विस्तार भयकारक-सा है। यात्री अपना-अपना सामान लेकर उतर रहे हैं। कल्याणी मुझे अपना ई-मेल देकर भीड़ में ग़ायब हो गई है। अब असली चुनौती सामने है—ढेर सारे टर्मिनल और उनके बीच की लम्बी

दूरियाँ, जो अपने पैरों ही तय करनी हैं—प्रतीक्षा की पंक्तियाँ, सम्प्रेषण की भाषा रशियन—अब तक की सीखी भाषाएँ दामन छुड़ा असहाय कर गई हैं। क़दम-क़दम पर कड़ी सुरक्षा जाँच—आपकी मनुष्यता पर विश्वास करने को कोई तैयार नहीं। ज़ाग्रेब के लिए यहीं से दूसरी उड़ान लेनी है, पर अभी तक मालूम नहीं कि पहुँचना किस टर्मिनल पर है। यूरोप जाने का उत्साह मन्द हो चला है जबकि यात्रा तो अभी शुरू ही हुई है। टी. एस. इलियट ने कभी पूछा था—डू आई डिस्टर्ब द यूनिवर्स, वही बात ख़ुद से पूछती हूँ—मेरे लिखने न लिखने से क्या फ़र्क़ पड़ता है—दुनिया में सैकड़ों लोग अपने अनुभव, सुख-दुख, उपलब्धि, संघर्ष, राग-द्वेष की गाथाएँ लिखकर चले गए। उन्हें कभी यह मालूम ही नहीं कि उनका लिखा किसने पढ़ा—किसका जीवन उससे बना-बिगड़ा या किसी को जीवन पाथेय मिला। जो भी हो अनुभूतियाँ बाँटने के लिए होती हैं लेकिन उन्हें व्यवस्थित और तरतीबवार ढंग से रख पाना सम्भव होता है क्या? क्योंकि तरतीब तो उनके आने में भी नहीं होती।

यह फरवरी का महीना है। कई दिनों से डायरी क्या, कुछ भी नहीं लिखा। मुझे यहाँ आए डेढ़ महीने हो गए—दक्षिण-मध्य यूरोप के एड्रियाट्रिक समुद्र के किनारे छोटे से शहर ज़ाग्रेब में। परिचित, मित्रों में से कुछ क्रोएशिया को एशिया समझते हैं। कुछ का कहना है कि इतनी ठंड में यूरोप जाने की ज़रूरत भी क्या थी। कैसे बताऊँ कि अपने ही क़दमों से दुनिया को नाप लेने की तमन्ना मुझे यहाँ ले आई है। बचपन में चार साल बड़ी बहन को स्कूल-ड्रेस, जूते-बस्ते समेत स्कूल जाता देख मेरा मन मचल जाता। माँ ने ढाई साल की उम्र में स्कूल भेजना शुरू कर दिया था। समय के पहले पाँव में पहने क़द से बड़े जूतों ने स्कूल के बन्द अनुशासन के बीच खड़ा कर दिया—बचपन का खेल हो ही नहीं पाया। भारतीय सांस्कृतिक सम्बन्ध परिषद, ज़ाग्रेब विश्वविद्यालय में हिन्दी विभाग खोलना चाहता था। मुझे वही अवसर मिला है कि मैं दो वर्षों तक यूरोप में रह सकूँ। छात्र उत्साहित हैं—अतिथि-गृह से विश्वविद्यालय सिर्फ़ दो किलोमीटर पर है इसलिए पैदल चलना अच्छा लगता है। यातायात और

संचार सुविधा क़ाबिले-तारीफ़ है, समूचा क्रोएशिया आन्तरिक तौर पर आठ राष्ट्रीय राजमार्गों से सम्बद्ध है। विश्वविद्यालय इवाना येलाचीचा में है और भारतीय दूतावास कुलमरेस्का पर। गनीमत है कि दूतावास बार-बार जाने की ज़रूरत नहीं पड़ती। राजदूत प्रदीप कुमार विनम्र और अनुशासनप्रिय हैं, जो अक्सर भारत के दौरे पर रहते हैं और द्वितीय सचिव दूतावास की व्यवस्था देखते हैं। कर्मचारी और अधिकारी शालीन हैं, श्रीमती पासी हैं, आर्यन हैं जिनसे हिन्दी में बात करने का सुख है। तीन मंज़िला सफ़ेद इमारत साफ़-सुथरी, सजी-सँवरी, लेकिन ज़िन्दगी ज्यों धड़कना भूल गई हो यहाँ—इसलिए इंडोलॉजी विभाग के मुखिया प्रो. येरिच मिस्लाव से अनुरोध किया है कि वे मेरी व्यवस्था विश्वविद्यालय के नज़दीक ही करें। दूतावास किराये के बँगले में चलता है, बँगले के पीछे घना-सा व्यवस्थित वन है, सीढ़ियाँ हैं, और ढेर फल-फूल हैं, जिनमें जैतून के ख़ूब सारे पेड़ हैं। भारत से परिवार और मित्रों की बहुत सी उत्सुकताएँ हैं। वियेस्निक ट्राम स्टेशन से दाहिनी तरफ़ की चौड़ी सड़क पर लगभग आधा किलोमीटर चलकर रिहायशी भवनों की क़तार है उसी में से एक सिएत्ला सेस्ता (फूलों की गली) की पाँचवीं मंज़िल पर एलविरा मेस्त्रोविच के फ़्लैट में मुझे ठहरने को कहा गया है—फ़्लैट सुन्दर और सुख-सुविधा वाला है। सामने का हिस्सा खुला और हवादार है, एलविरा मेस्त्रोविच जर्मनी में रहती हैं, वे काफ़ी शौक़ीन और सलीकेदार लगती हैं, उनकी सुरुचि का प्रमाण यह फ़्लैट है। ज़ाग्रेब विश्वविद्यालय ने यह फ़्लैट मेरे लिए उनसे किराये पर लिया है, जो पर्याप्त है मेरे लिए। ओपन किचन है, जिसमें दो तरह के फ्रिज हैं, दूतावास ने मेरा सामान यहाँ पहुँचवा दिया है, भारत से लाई सभी चीज़ें जमा ली गई हैं। लैपटॉप को विशेष जगह दी गई है क्योंकि आने वाले दिनों में वही एकमात्र दोस्त बचा रहने वाला है।

फरवरी में भी अजीब सा मौसम है—अक्सर तापमान शून्य से चार-छह डिग्री कम रहता है। धूप कभी-कभी निकलती है वो भी थोड़ी देर के लिए। धूप में भी कँपा देने वाली ठंड होती है। कभी-कभी बर्फ़ीली आँधियाँ चलती हैं, जिनका कोई नियत समय नहीं होता। घर के भीतर तो विशेष दिक़्क़त नहीं है, वातानुकूलन है, नर्म-गर्म सा माहौल, पर खिड़की के पार देखने का जी

नहीं चाहता। रविवार का दिन है घड़ी को मैंने भारतीय समय पर ही रहने दिया है। भारतीय समय से साढ़े चार घंटे पीछे-नाश्ता लिया है। दलिया और फ्रूट कर्ड। थोड़ा सोने को जी चाहा है। नींद में अपने देश में हूँ, कभी भाई-बहनों के साथ, कभी शान्तिनिकेतन में मंजू दी के साथ। रतन पल्ली वाले घर में चैताली दी के साथ, साईं बाबा को लेकर उनकी शाश्वत अडिग आस्था का मज़ाक़ उड़ाना चल रहा है। दूध के पतीले में अचानक उबाल आने पर वे 'जय साईं, जय साईं' कहते हुए फूँक मारने लगतीं, मेरे कहने पर कि गैस की नॉब बन्द कीजिए, उसके लिए साईं बाबा अवतार नहीं लेंगे, वे मुझ पर नाराज़ हो जाया करती हैं। दिल्ली में माँ होली पर पुए बना रही हैं। मैदा, दूध, चीनी, मेवे के घोल को ख़ूब फेंटकर सधे हाथों से गर्म घी में छोड़ती हैं—छन्न की आवाज़ के साथ फूल जैसा पुआ आकार लेने लगता है, उसके बाद बारी आती है गर्म मसाले में पके कटहल के सालन की, और लिट्टी—जो दादी बनाती हैं उसका कोई जवाब नहीं। बैगन के चटखदार चोखे के साथ ख़ूब सत्तू, लहसुन और अजवाइन से भरी-पुरी जवाँ लिट्टी—स्वाद के लिए सुर नर मुनि भी तरसें वैसी लिट्टी। ये सारे व्यंजन अपने रूप-रस-गन्ध के साथ आँखों के आगे परसे चले आ रहे हैं। मंजू दी शान्तिनिकेतन में मटर की कचौड़ी बनाती थीं गांधी पुण्याह पर हरिश्चन्द्र जी का बनाया सुगन्धित सूजी का हलवा...ज़ुबाँ पर स्वाद के कण अब भी बाक़ी हैं...ज़ोर की घरघराहट के साथ चौंककर आँखें खुलती हैं। कमरे में घुप्प अँधेरा, कहीं कोई नहीं, अपना होना ही शंकालु बना रहा है—

काबे की है हवास कभी कु-ए-बुताँ की है
मुझको ख़बर नहीं मेरी मिट्टी कहाँ की है

—दाग़ देहलवी

कहाँ हूँ मैं? मेडिकल की तैयारी कर रही दीदी ने कहीं बत्ती तो नहीं जला दी, वो दिन में सोती हैं सारी रात पढ़ती हैं। मुझे पुकारकर कहती हैं—सोनी, तू सोती ही रहेगी पढ़ेगी कब? उक्की कहाँ है? अमरूद के पेड़ के नीचे सहेली के साथ लकड़ी का स्टूल उलटा करके गुड़िया का खेल रच रही होगी...देखो उसने फिर उलटी चप्पल पहन ली, इतनी छोटी है लेकिन बहुत स्वाभिमानी

और स्वतंत्रचेता—किसी के साथ नहीं सोती...मम्मी के जाने के बाद बुआ के साथ भी नहीं। चार साल की उम्र में ही उसकी अकेली दुनिया है। चप्पल पहनूँ, उठूँ कि हिन्दू कॉलेज के दोस्त बुलाने आए हैं—दो अध्यापकों—डॉ. हरीश नवल और सुरेश ऋतुपर्ण ने अपने घर बुलाया है। खाना-पीना मौज-मस्ती करके शाम ढले स्मिता दी के साथ घर लौटती हूँ। रामेश्वर जी अज्ञेय पढ़ाते हैं—धीर-गम्भीर मन्द्र स्वर में, कल यदि क्लास में कुछ पूछ लिया तो? लो आज आ गई शामत—डॉ. कृष्णदत्त पालीवाल की क्लास है, निखिलेश झा हमसे आगे की क्लास में हैं, पालीवाल जी के सिगरेट पीने की नक़ल कर रहे हैं, और हम मिमिक्री का आनन्द उठा रहे हैं। कब तो आकर वे दरवाज़े पर खड़े हो गए हैं। कॉलेज के सर्वाधिक योग्य अध्यापक, अतुलनीय याददाश्त के स्वामी ने दुर्वासा सी भविष्यवाणी कर दी है—तुम सब कहीं नहीं पहुँचोगे... कहीं नहीं...कहीं नहीं...!

...तो पहुँची कहाँ हूँ...वर्षों पहले...करवट बदलकर, ज़ोर लगाकर उठने की कोशिश में आँखें मुँदी चली जा रही हैं—टोंस वैली से लगातार बन्दूक़ की गोलियाँ दागने की आवाज़ें आ रही हैं। यह मेरी पहली नौकरी है। भारतीय सैन्य अकादमी में अफ़सर बनाने के लिए जेंटिलमैन कैडेट्स को पढ़ाना है। सुबह का सायरन बज रहा है। बैरक से निकलकर आर्मी कैडेट कॉलेज विंग की ओर जाने वाली गीली सड़क पर पौने छह के अँधेरे में चल रही हूँ। सड़क के किनारे लैम्पपोस्ट टिमटिमा रहे हैं। बारिश की बूँदें पोस्ट पर चिपक-सी गई हैं। कैडेट्स समस्वर क़दमताल करते हुए सैल्यूट देकर आगे बढ़ जाते हैं। झुंड के झुंड गुज़र रहे हैं...कहाँ हूँ मैं...घंटी की आवाज़ कर्कश है। उठकर दरवाज़ा खोलना पड़ता है मुझे भौचक देख मुस्कुराकर क्रेशो कर्नित्ज हाथ मिलाते हैं। यह दोस्ती की गरमाहट से भरा पुरसुकून स्पर्श है। वे ज़ाग्रेब विश्वविद्यालय में संस्कृत पढ़ाते हैं—कांट्रैक्ट पर। दरवाज़े के खुलने से ठंडी बर्फ़ीली हवा का झोंका भीतर आ गया है, जिसने अवचेतन से चेतन में ला पटका है। क्रेशो मेरी छोटी-मोटी दिक़्क़तें समझते हैं। लैपटॉप पर स्काइप इन्स्टाल कर रहे हैं और भारत में फ़ोन पर बात करने के लिए व्हॉइप भी। अभी दिन के सिर्फ़ तीन बजे हैं लेकिन अँधेरा घिर आया है। कौएनुमा एक बड़ा-सा पक्षी लैम्पपोस्ट

पर आ बैठा है। ओवरकोट में ढके-लिपटे इक्का-दुक्का लोग सड़क पर दिख रहे हैं। मैं ज़ाग्रेब में हूँ और यहीं रहना है दो साल तक। सोचती हूँ दो साल बहुत लम्बा समय है।

इन दिनों अक्सर दोस्तों को चिट्ठियाँ लिखती हूँ, क्योंकि मौसम हमेशा धुँधलाया-सा रहता है। अभी ठीक से अन्दाज़ा नहीं मिलता कि बाहर कितनी और कैसी ठंड होगी। कैंटीन में शाकाहारी भोजन की दशा ठीक नहीं। यहाँ के लोगों को भारतीय व्यंजन बहुत पसन्द हैं। कहते हैं कभी तुर्केबाना येलाचीचा (ज़ाग्रेब का केन्द्र) में किसी ने भारतीय रेस्टोरेंट खोला था। किसी वजह से काल-कवलित हो गया। बैशाली घोष को यूरोप के छोटे-छोटे विवरणों में बहुत दिलचस्पी है, हम अच्छे दोस्त हैं। वह शान्तिनिकेतन के कला भवन में पढ़ी है और मैंने वहाँ आठ लम्बे वर्ष नौकरी की है। बैशाली कहती है 'तुमि शब् किच्छू भूले शुधु आनन्द कोरो' (तुम सब कुछ भूलकर सिर्फ़ आनन्द करो) लेकिन सलाह, सलाह ही रह गई है। मैंने 5 फरवरी, 2010 को बैशाली को ई मेल लिखा है—

> प्यारी दोस्त,
>
> तुम्हें यहाँ के बारे में विस्तार से लिखने में मुझसे बड़ी देर हो गई। यहाँ बर्फ़बारी की एक ढलती शाम में मेरा जहाज़ उतरा। सब अपरिचित चेहरे। एअरपोर्ट पर इंडोलोजी के हेड प्रोफ़ेसर मिस्लाव और दूतावास के अधिकारी थे। ज़ाग्रेब एअरपोर्ट कुछ ज़्यादा बड़ा नहीं, ज़्यादातर लोग काले कपड़ों में, जैकेट, काले जूतों में ढके। सच कहूँ कैसा तो जी बैठने लगा। सफ़ेद, सपाट, लम्बे, चित्तीदार, रोमन नाक-नक्श, भूरी, नीली, बिल्लौरी आँखों वाले अपरिचित। काश कोई मुझे कहता यहाँ रहने की ज़रूरत नहीं, चलो, लौट चलो अपनी जगह वापस। परिचित-आत्मीय चेहरों के बीच, काठ की

कुर्सियों पर बैठे छात्र रिसर्च मेथोडोलोजी पढ़ने के लिए राह तकते होंगे। पालतू जीव किसी और के हाथ से निवाला न लेता होगा। यहाँ क्या रखा है...किस दुख से इस अनजाने देश में रहूँ, जहाँ सड़कों पर अक्सर इक्के-दुक्के लोग ही दीख पड़ते हैं, किसी को किसी से कोई मतलब नहीं। चींटी, मच्छर, बिरनी, ततैया, हड्डा, गिलहरी, मैना, टिकटिकी—कोई भी नहीं। खिड़की के बाहर हमेशा झूमता नीम का हरियल पेड़ भी नहीं। तुम होतीं तो कहतीं, जाओ, अपने से बाहर निकलो, इस मौक़े को जीयो। मन के विरुद्ध उसी कोशिश में जुटी हूँ।

तुमने भोजन के बारे में पूछा था। खाना तो ख़ुद ही बनाती हूँ, पकाने-सजाने में दिन ज़रा ताज़ा-सा हो जाता है। किचेन में कई ऐसे उपकरण हैं, जिनसे भोजन पकाना बहुत सुगम हो जाता है। मांसाहारी भोजन के लिए क्रोएशिया पूरे यूरोप में प्रसिद्ध है। ताज़ा पानी की मछली, गोमांस, सूअर का मांस और मेडीटेरियन ढंग से बनी सब्ज़ियाँ यहाँ की ख़ासियत हैं। ठंडे मौसम में पशु-मांस के बड़े-बड़े टुकड़ों को लोहे के हैंगरों में टाँग दिया जाता है। बन्द कमरे में जलती लकड़ियों के धुएँ में वह टँगा मांस पकता है। धुएँ की परत संरक्षक का काम करती है। इसे 'स्मोक्ड मीट' कहा जाता है। इसकी पाक-विधि काफ़ी प्राचीन है और लोकप्रिय भी। जैतून का तेल भी यहाँ काफ़ी प्रयोग होता है।

सिएत्ना-सेस्ता, जहाँ मैं रहती हूँ, वहाँ के दरवाज़े काफ़ी चौड़े और मोटे हैं। मुख्य द्वार स्वतः बन्द हो जाते हैं। अभ्यास न होने के कारण फ़्लैट का दरवाज़ा बाहर से दो बार लॉक हो चुका है। सामने के फ़्लैट में द्रागित्सा रहती हैं। जिन्हें अंग्रेज़ी नहीं आती और मुझे क्रोएशियन। उनका लम्बा समय इटली में बीता है। जर्मन और इतालवी जानती हैं। वे क्रोएशियन-अंग्रेज़ी शब्दकोश ख़रीद लाई हैं। लगभग सत्तर वर्ष की चाक-चौबन्द युवा हैं। हाँ युवा ही,

क्योंकि जीवन के इस पड़ाव पर ही पहली बार तनावमुक्त उन्मुक्त जीवन जी रही हैं। सुन्दर गोल चेहरा, रोमन नाक और कटे हुए सुनहरे बाल। हमेशा व्यस्त रहती हैं। उन्होंने फ़्लैट के सामने फूलों के पौधे लगा रखे हैं।

तुमने हैदराबाद में अपने घर के सामने ढेर सारे फूल पौधे लगाए थे, मेरी खिड़की से वो जगह हरियाले द्वीप-सी दीखती थी, पर जब से तुम दूसरी तरफ़ चली गई, तुम्हारा लगाया बगीचा देखभाल को तरस गया। किसी और में पेड़-पौधों के लिए वो लगाव ही नहीं था, कुछ दिन बाद मैंने भी वो घर छोड़ दिया था। द्रागित्सा को देखती हूँ तो लगता है तुम झुककर पौधों की सोहनी कर रही हो, वही ढीला-ढाला पाजामा पहने।

मेरे लिए परेशान न होना मिकी माउस! फिर लिखूँगी।

भालो थेको!

गरिमा

सिएत्ना-सेस्ता के इस भवन में कुल तीस फ़्लैट हैं। पाँचवीं मंज़िल पर द्रागित्सा के फ़्लैट में शनिवार-रविवार को चहल-पहल रहती है। उसकी बेटी तान्या और नातिन नादिया सप्ताहान्त में आती हैं। तान्या हँसमुख और स्मार्ट है, बाल छोटे कटे हुए, कार ड्राइविंग उसका पैशन है। द्रागित्सा का पैंतीस वर्षीय बेटा इगोर कलाकार है। जिसे बेरोज़गारी के आलम ने उदास और तिक्त बना दिया है। द्रागित्सा के पास फ़्लैट की अपनी चाबी है इगोर की अनियमित दिनचर्या का ज़्यादा प्रभाव उन पर नहीं पड़ता। ऐसा वे कहती हैं लेकिन आँखें कुछ और कहती हैं। ये धुर पश्चिम है जहाँ माता-पिता 17 वर्ष की उम्र के बच्चों को मित्र मानते हैं। देख रही हूँ दिनोदिन यह अन्तराल कम ही होता जा रहा है। नादिया के ऊपर इम्तहान पास करने का तनाव इतना है कि सिगरेट के

बिना नहीं रह पाती। इम्तहान में फेल होने पर क्या करेगी, वह जानती नहीं। कहती है—“आप क्या सोचती हैं, बड़े लोग ही तनावग्रस्त होते हैं। मुझे घर में रहना-पढ़ना बिलकुल पसन्द नहीं, सोचती हूँ कब बड़ी होकर संगीतकार बनूँ या फ़िल्म में काम करूँ। उसकी माँ तान्या बेटी के लिए बहुत चिन्तित रहती है। वह दुबरावा के सरकारी अस्पताल में रेडियोलॉजी विभाग में तकनीकी सहायक है। दो तलाक़ हो चुके हैं और ‘रिएका के म्लादेन नामक व्यक्ति से भावात्मक जुड़ाव है। अपने सम्बन्ध को लेकर सदैव सशंकित रहती है। उसे लगता है यदि वह म्लादेन से ज़्यादा दिनों तक दूर रही तो अपनी भावात्मक-शारीरिक ज़रूरतों के लिए बहक जाएगा। मेरे पूछने पर कहती है—मर्द जात का क्या भरोसा? जब तक मौक़ा न मिले तभी तक नैतिक रहते हैं, पकड़ ढीली की नहीं कि फुर्र...अरे ये तो भारतीय स्त्रियों का ही अन्दाज़ है। पति का मोबाइल, पर्स, ई-मेल जाँचती रहती हैं कि कहीं उसका जुड़ाव कहीं और न हो जाए। इसी की पराकाष्ठा थी कि हैदराबाद में डॉक्टर राव जैसे प्रतिभावान वैज्ञानिक को लैब में दिल का दौरा पड़ गया, जान बच ही न सकी, पत्नी लैब आकर उनकी जासूसी करने लगी थी, राव के लिए इतना अपमान झेलना सम्भव नहीं हो पाया होगा। दरअसल, ईमानदार और सच्चे लोगों को ही जगत गति व्यापती है, वे जीवित होते तो उनके प्रयोग उन्हें निश्चित ही यशस्वी बनाते। उनकी अन्तिम यात्रा, दो मासूम बच्चे और पथराई-सी भावशून्य पत्नी का चेहरा आँखों में तैर रहा है। शायद पत्नी ने उन पर विश्वास किया होता तो वे बच जाते क्योंकि उसी स्त्री ने बाद में कहा था कि मैं तो यूँ ही पूछताछ कर लिया करती थी ताकि वे किसी रिसर्च स्कॉलर की ज़ुल्फ़ों में न फँस जाएँ। तो...जीवन से बड़ा है सन्देह, प्रेम से बड़ा है अधिकार, सम्बन्ध से बड़ा है अविश्वास और मनुष्य से बड़ा है चरित्र...यही न। लेकिन क्या हम यह समझ पाते हैं कि प्रत्येक सम्बन्ध अपना स्पेस खोजता है, जैसे पौधे की जड़ों को पसरने के लिए थोड़ी अपनी जगह चाहिए होती है, न मिले तो बोन्साई-कुंठित हो जाता है। दो विवाहों की असफलता ने तान्या को कुछ ख़ास सीख दी हो, लगता तो नहीं है। वह शुक्रवार को ही रिएका चली जाती है। इधर उसकी बेटी नादिया रात-भर घर से ग़ायब रहने लगी है। तान्या कहती है, जो ग़लतियाँ मैंने कीं चाहती हूँ मेरी बेटी

न करे। तुम्हारा देश अच्छा है जहाँ बच्चों पर अभिभावकों का कठोर नियंत्रण रहता है। वह नादिया को डाँटने-फटकारने से डरती है। तान्या की माँ द्रागित्सा हमेशा कुछ न कुछ करती रहती है, कभी सिलाई-कढ़ाई, कभी किताब, कभी शॉपिंग या बागबानी। द्रागित्सा ने जीवन भर नर्सिंग का काम किया है, जीवन भर की कमाई से फ़्लैट ख़रीदा है, सैनिक पति की मृत्यु बहुत पहले हो गई, ससुराल पक्ष के लोग बुडापेस्ट में हैं, जहाँ वो छुट्टियों में जाती है।

पिछले दो सप्ताह से तान्या शनिवार को मुझसे मिलने आने लगी है, उसे सोनपापड़ी पसन्द है, हम गपशप करते हैं। मध्य फरवरी के दूसरे शनिवार को हम समुद्र के किनारे-किनारे लॉन्ग ड्राइव पर जा रहे हैं, बाईं तरफ़ ड्राइविंग व्हील अटपटा लगता है। पास में अन्तरराष्ट्रीय लाइसेंस भी नहीं है। तान्या लगातार अपनी व्यथा-कथा कह रही है। उसे अंग्रेज़ी में बात करना सुहाता है। कई बार क्रोएशियन शब्दों के अंग्रेज़ी पर्याय ढूँढ़ने के चक्कर में बातचीत बाधित भी होती है। समुद्र के किनारे-किनारे लैवेंडुला (लैवेंडर) की झाड़ियाँ हैं। पौधे दो से ढाई फ़ुट ऊँचे। लैवेंडर की गन्ध समुद्र की नमकीन गन्ध के साथ मिलकर पूरे दक्षिण यूरोप की हवा को नम बनाए रखती है। फ्रांस में तो लैवेंडर को भोजन में भी प्रयुक्त किया जाता है। कीटाणुनाशक सुगन्धित लैवेंडर क्रोएशिया और यूरोप के अन्य भागों में निद्राजनित रोगों की औषधि है। वैसे क्रोएशिया पर्यटन और शराब उत्पादन के लिए मशहूर है। तान्या ने यह सूचित करते हुए पीने की इजाज़त माँगी है। उसका गला सूख रहा है। लगभग 641.355 वर्ग मील में फैला ज़ाग्रेब क्रोएशिया का सांस्कृतिक-प्रशासनिक केन्द्र है जो मूलतः एक रोमन शहर था जो सन् 1200 में हंगरी के नियंत्रण में आ गया। सन् 1094 में पहली बार पोप ने ज़ाग्रेब में चर्च की स्थापना कर ज़ाग्रेब नाम दिया। जर्मन में इसे 'अग्रम' कहा जाता है।

ज़ाग्रेब और क्रोएशिया का इतिहास युद्ध का इतिहास है। सन् 1991 तक संयुक्त यूगोस्लाविया का अंग रहा क्रोएशिया अपने भीतर युद्ध की अनगिन कहानियों को लिये मौन है। स्लोवेनिया, हंगरी, सर्बिया, बोस्निया, हर्ज़ेगोविना

और मांटेग्रो से इसकी सीमाएँ घिरी हैं। आज के 21,851 वर्गमील में फैले क्रोएशिया ने एक-तिहाई भूमि युद्ध में गँवा दी। 15 फरवरी, 1992 को यूरोपीय आर्थिक संगठन और संयुक्त राष्ट्रसंघ ने इसे लोकतांत्रिक देश के रूप में मान्यता दी। इसके बाद भी तीन वर्ष तक अपनी भूमि वापस पाने के लिए 1 अगस्त, 1995 तक उसे सर्बिया से लड़ना पड़ा और यूरोपीय यूनियन की सदस्यता तो उसे हाल में 1 जुलाई, 2013 को मिल पाई। इतने लम्बे युद्ध के निशान अभी तक धुले-पुँछे नहीं हैं। उनकी शिनाख़्त के लिए मुझे दूर नहीं जाना पड़ा। इटली और फ्रांस घूमने की इजाज़त मिलने पर भारतीय दूतावास ने मुझको दुशांका सम्राजीदेवा की टूरिस्ट कम्पनी का पता दिया। इत्तिफ़ाक़न दुशांका का फ़्लैट मेरी वाली बिल्डिंग में ही है।

आज बहुत दिनों बाद मुझे अनिन्दिता दीदी का ई-मेल मिला है। मेरे यहाँ आने के पहले वे काफ़ी उत्साहित थीं, और चाहती थीं कि मैं अपनी नज़रों से यूरोप को देखूँ। उत्तर देने की इच्छा से मैं कम्प्यूटर के सामने बैठ गई हूँ—

प्रिय अनिन्दिता दी,

कैसी हैं आप?

मुझे ज़ाग्रेब में व्यवस्थित होने में समय लग गया। आपने कहा था कि यूरोप की औरतों के हालचाल लिख भेजना। अभी मुझे यहाँ सम्प्रेषण की दिक़्क़त से जूझना पड़ रहा है, अधिकांश लोग सिर्फ़ क्रोआती में बात करते हैं, नई पीढ़ी से सम्प्रेषण अंग्रेज़ी में हो जाता है, इसलिए कक्षाओं में कोई दिक़्क़त नहीं। हाँ, क्रोआती सीख लेनी होगी कामचलाऊ तभी कुछ बात बनेगी। आपकी कही बातें अक्सर याद आती हैं, और आज वसन्त पंचमी भी है। पिछली वसन्त पंचमी को मैं आपके घर पर थी और हमने मिलकर सरस्वती पूजा की थी।

मैंने कल रात को आपको स्काइप से काल किया था। आपकी आवाज़ बहुत धीमी थी, ठीक से सुनाई नहीं दे रही थी। क्या आप अपनी सास के सामने किसी से फ़ोन पर बात नहीं करतीं? वैसे सच पूछिए तो आप जैसी प्रबुद्ध अध्यापक और कवयित्री को इतनी बन्दिशों में देखकर अजीब-सा लगता है। आपने सम्बन्धों को ढोया है और अब भी वही कर रही हैं, क्या कभी मुक्त नहीं हो पाएँगी? संयुक्त परिवार व्यवस्था वह स्पेस नहीं दे पाती, जहाँ स्त्री अपना स्वतंत्र विकास कर सके। आपके परिवार से मिलने के बाद तो मेरी यह धारणा और भी पुख़्ता हो चली है। आपकी सास काफ़ी पढ़ी-लिखी और अपने ज़माने की अपडेटेड महिला रही हैं, उन्हें अपने ज़माने में कितना स्पेस मिला, मिला भी या नहीं मालूम नहीं। उन्होंने अपने पुत्र के लिए आपको पसन्द किया लेकिन अन्ततः तो वे ख़ुद को सन्तुलित नहीं ही कर सकीं। यहाँ उस उम्र की औरतों को देखती हूँ तो वे बनी-सँवरी, स्मार्ट तनी चलती हैं। पड़ोसन को ही देखिए 'सिक्सटी इज़ नॉटी' के सिद्धान्त को मानती हैं, जो बीत गया वो बीत गया, ज़िम्मेदारियाँ निभा चुकने के बाद शुरू होता है अपना जीवन, अपनी शर्तों पर। हमारे देश में तो नज़रिया ही दूसरा है, बुढ़ापे में सबसे पहले चटख़ रंग छिन जाते हैं। रिटायरमेंट का मतलब है अब आप दूसरों के सुख में सुखी होना सीख लीजिए, पर-निर्भरता बढ़ जाती है, अपेक्षाएँ भी। चूँकि अपना काम कुछ रह नहीं जाता सो दूसरे के जीवन में दख़लन्दाजी बढ़ जाती है। अपने जाने-अनजाने दूसरों का स्पेस छिनने लगता है, यहीं से तनाव बढ़ता जाता है। यहाँ की औरतें व्यक्तिगत स्पेस देना और लेना दोनों जानती हैं—इसलिए अपनों से ज़्यादा अपेक्षाएँ रह नहीं जातीं। मुझे ज़िन्दगी जीने का उनका नज़रिया बेहतर लगता है। आपने बताया था कि आपका परम्परागत वधू रूप ही उन्हें काम्य है, बहू से घर की हर तरह से साज-सँभाल की उम्मीद की जाती है—सोचिए न दी, स्त्रियों का लिखा-पढ़ा सब परिवार सोख लेता है, उनसे उम्मीद की जाती

है कि वे अपनी सर्जनात्मकता के लिए परिवार की ज़रूरतों को बिलकुल अनदेखा न करें, लिखना-पढ़ना इतना ज़रूरी भी तो नहीं कि परिवार ठंडी रोटी खाए और स्त्रियाँ ब्रह्मवादिनियों-सी कन्धे पर झोला उठाए डाव्-डाव् डोलती फिरें। पुरुषों की इस दुनिया में स्त्रियाँ भी उन्हीं की एजेंट बन जाती हैं। कब समझेंगी वे कि जो साहस वे नहीं कर सकीं—लिखने और छपने का—अपनी पहचान एक मनुष्य के बारे में बनाने का, उनकी बहुएँ-बेटियाँ जब इस ओर क़दम बढ़ाएँ तो भले पाथेय न दें, राह तो न रोकें, मनोबल न बढ़ाएँ लेकिन बेड़ियाँ तो न पहनाएँ।

भारत ने कभी विश्वयुद्ध का सामना नहीं किया, लेकिन गृहस्थी के स्तर पर अधिकांश स्त्रियाँ अपने-अपने युद्ध लड़ती ही रहती हैं। यहाँ मेरी नई दोस्त बनी है दुशांका—जिसे सब दुष्का कहते हैं। उसका जीवन क्रोएशियाई—सर्ब युद्ध का जीता-जागता इतिहास है। कहीं पढ़ा था, युद्ध कहीं भी हो, किसी के बीच हो मारी तो औरत ही जाती है। युद्ध ने दुष्का के जीवन को ही एक युद्ध बना दिया। युद्ध में सर्बों ने क्रोआतियों को मारा उनके घर जला दिये, बदले में क्रोआतियों ने पूरे क्रोएशिया को सर्बविहीन करने की मुहिम छेड़ दी। लोग भाग गए या मारे गए। दुष्का के माँ-बाप युद्ध के दौरान बेलग्रेड होते हुए अपनी बेटियों के पास पहुँच नहीं पाए। दुष्का को बिना नोटिस दिये नौकरी से निकाल दिया गया। अब वह केवल सर्ब थी मनुष्य नहीं, अड़ोसी-पड़ोसी घृणा से इन दो बहनों को देखते थे। जंग ज़ोरों पर थी अमेरिका की पौ-बारह थी। ऊपर से युद्ध विराम और भीतर से घातक हथियारों की आपूर्ति—युद्ध विराम होते, वायदे किये जाते, पर वे तुरन्त ही तोड़ भी दिये जाते। राजधानी होने के नाते ज़ाग्रेब शहर में पुलिस और क़ानून व्यवस्था कड़ी थी लेकिन लोगों के दिल-दिमाग़ से घृणा और नफ़रत को निकालना असम्भव था। बसों में, ट्रामों में लोग सर्बों को देखते ही वाही-तबाही बकते, थूकते, घृणा प्रदर्शन करते। दुष्का ने कई साल पहले अपनी ट्रैवल

एजेंसी का सपना पाला था। युद्ध ने दुनिया बदल दी। कुछ लोग रातोरात अमीर हो गए और कुछ सड़क पर आ गए युद्ध के थमने और गर्भ ठहरने दोनों की सूचना दुष्का को एक साथ मिली। दौड़ी थी उस दिन वह सावस्की मोस्ट से प्रेको तक, पैदल चलकर गई त्रेस्नजेवेका तक। कोई डॉक्टर सर्ब लड़की का केस हाथ में लेने को तैयार नहीं हुआ। क्रोएशियन प्रेमी ने दुष्का को पहचानने से इनकार कर दिया, सर्ब कहकर गाली दी और उससे बात तक न की। दुष्का अविवाहित माँ बनी क्योंकि डॉक्टर ने कहा था 'ओवो मा जद्‌म्ये व्लाख' (दिस इज़ योर लास्ट ट्रेन) और पिछले पन्द्रह वर्षों में अपने माँ-बाप की देखभाल के साथ बेटे दीनो की ज़िम्मेदारी बख़ूबी निभा रही है।

दुष्का में आत्मीयता और मित्रभाव ज़्यादा है, मुझे लगता है उम्र के फ़ासले के बावजूद उससे अच्छी पटेगी। वह इसी बिल्डिंग में रहती है, रविवार को हमने मिलना शुरू किया है, दुष्का को गरिमा बोलने में थोड़ी तकलीफ़ होती है इसलिए वो मुझे 'गैरी' कहती है, वैसे ग़ैर तो मैं हूँ ही। शेष फिर!

आपका बनाया बेसन का इलायचीदार हलवा याद आता है। पत्र लिखिएगा।

आपकी अपनी

गरिमा

इवाना, मिरता, वैलेंटीना, बोजैक अक्सर मिलने-जुलने वाले विद्यार्थी हैं। लेकिन सप्ताहान्त में जब चारों ओर बर्फ़ीला सन्नाटा पसर जाता है इनमें से कोई फ़ोन नहीं उठाता। मुझे यह बात बड़ी अजीब-सी लगती है कि 'वीक एंड' होते ही ये लोग अपने खोल में इतने सिमट-से क्यों जाते हैं, लगता है बृहस्पतिवार की शाम से 'वीक एंड' की तैयारी शुरू हो जाती है। भारत की

अपेक्षा लड़कियाँ यहाँ ज़्यादा स्वतंत्र और उन्मुक्त हैं। नौजवान पीढ़ी भागती-दौड़ती दीखती है हमेशा क्योंकि रोज़गार के अवसर सीमित हैं। ये आर्थिक तंगी के दौर का यूरोप है। बहुराष्ट्रीय कम्पनियाँ अपने पूरे ताम-झाम के साथ मैकडोनॉल्ड्स, रीबॉक, वॉन हुसैन, एडीडास जैसे ब्रांडों में मौजूद हैं। सप्ताह के पाँच दिन यूनिवर्सिटी में पढ़ने वाले छात्र सप्ताहान्त में दुकानों के कर्मचारी बन जाते हैं। पचीस, तीस कूना (मुद्रा) प्रति घंटे के हिसाब से उनसे ख़ूब जमकर काम लिया जाता है। मेरी प्रतिभाशाली छात्रा कार्मेन वुग्रिन मैकडोनॉल्ड्स में सप्ताहान्त और ग्रीष्मावकाश में बर्तन धोती, झाड़ू-पोंछा कर खाना पकाती है। मरियाना जिसके घर में अभिभावक के नाम पर सिर्फ़ एक नाशपाती का पेड़ है, नाक-कान में असंख्य बालियाँ पहने, बालों में बहुरंगी रिबन बाँधे दुब्रावा और तुर्केबाना येलाचीचा की गलियों में गिटार बजाती है। उसने कई भारतीय गाने सीख रखे हैं। धुन बजाती है, आने-जाने वाले लोग सड़क पर बिछे कपड़े पर कुछ सिक्के डालकर आगे बढ़ जाते हैं। आंद्रियाना और बोजैक तरह-तरह की पोशाकें, नकली नाक लगाकर पर्यटकों को रिझाते हैं। बोजैक तुर्केबाना में मुझे देखकर चौंकता है। फिर लजाकर गलियों में ग़ायब हो जाता है। यहाँ 'क्रेशो' नाम बहुत आम है। जो यहाँ के राजा क्रेशीमीर के नाम का संक्षिप्त रूप है। रोमन नाक-नक्श, गोरा रंग, लम्बी स्वस्थ क़द-काठी और सीधी सतर चाल क्रोएशियंस का वैशिष्ट्य है। हम भारत में रहते हुए यूरोप की समृद्धि से कुंठित होते रहते हैं। यहाँ आकर देखती हूँ बाज़ार है, ख़रीदार नहीं। बड़ी-बड़ी दुकानें, जिनमें चमड़े के जूतों की दुकानें बहुतायत में हैं। वे वीरान हैं—सामान है, सजावट भी...ख़रीदने वालों से निहारने वालों की संख्या कई गुना ज़्यादा है। आम आदमी की क्रय-शक्ति कमज़ोर हो चली है। छात्र-छात्राएँ 'सेल' के मौसम की प्रतीक्षा करते हैं। पुराने कपड़ों को ख़ूब जतन से पहनते हैं। ज़ाग्रेब के बाहरी हिस्से में पूर्व की रेलवे लाइन के किनारे 'सेकेंड हैंड' मार्केट लगता है। जिसे देखकर लाल क़िले के पीछे का बाज़ार याद आता है। मृतकों के इस्तेमाल किये हुए कपड़े, बैग, जूते, बेल्ट, चादरें, तकिये सब मिलते हैं। अच्छी-अच्छी क़मीजें पाँच कूना (लगभग पचास रुपये) में उपलब्ध हैं। देखती हूँ। इस बाज़ार में ख़रीदारों की संख्या बहुत बड़ी है। काला, सफ़ेद

और सलेटी यहाँ के प्रचलित रंग हैं। विशेषकर सर्दियों में, जो वर्ष के लगभग सात-आठ महीने रहती हैं।

यूरोप के आन्तरिक भागों में सफर के लिए रेल अपेक्षाकृत सस्ता और सुरक्षित माध्यम है। ज़ाग्रेब स्लोवेनिया से सटा हुआ है। लेकिन वहाँ जाने के लिए शेनजंग वीसा की ज़रूरत है। मैंने दूतावास में वीसा की अर्जी दे दी है। तान्या के साथ मुझे स्लोवेनिया जाना है, लेकिन उससे भी पहले 'रिएका' शहर जहाँ क्रेशो कर्नित्स और उनकी पत्नी साशा के प्रकाशन-गृह से रवीन्द्रनाथ ठाकुर के नाटक *चित्रा* का क्रोएशियन रूपान्तरण छपा है।

ये फरवरी का अन्तिम सप्ताह है। धूप खिली हुई है। रात को गिरी बर्फ़ के फाहे सड़कों के किनारे-किनारे रुई से रखे हुए हैं, हवा में नरमाहट की जगह तुर्शी है, बिलकुल ठंडी, बर्फ़ीली हवा जो एड्रियाटिक सागर को छूने के पहले पाइन वृक्षों की टहनियों पर जमी बर्फ़ को थोड़ा हिला भर देती है। सफ़ेदी को झाड़ती नहीं। अंजीर और चेरी वृक्षों की सारी पत्तियाँ झड़ चुकी हैं। असमय ही बुढ़ाए ठूँठों को बर्फ़ ने नीचे से ऊपर तक ढक लिया है। खिली धूप में 'सिएत्ना सेस्ता' के सामने की सड़क के दोनों किनारों पर खड़े पेड़ बेजान से दिख रहे हैं। जब तक हम बर्फ़ से रूबरू नहीं होते, वह हमारे भीतर अपनी पूरी सफ़ेद मोहकता के साथ पिघलती है। रग-रेशों में उतरकर रोमैंटिक कल्पना के सहारे, बर्फ़ के जूते, बड़ी जैकेटें पहने हम उसकी सफ़ेद फिसलन पर उठ-गिर रहे होते हैं और जब वही बर्फ़ दिन-रात, सुबहो-शाम का हिस्सा बन जाती है, सारे चिड़िया-चुरुंग न जाने कहाँ छिप जाते हैं तो उसकी मोहकता को सन्नाटे में तब्दील होते क़तई देर नहीं लगती। खिड़की के पर्दे हटाते ही दिल बैठ जाता है। इतनी अफाट, निरभ्र सफ़ेद परत—पाँचवीं मंज़िल से नीचे देखती हूँ। पार्किंग में खड़ी गाड़ियाँ बर्फ़ में एकसार हो गई हैं। एक आदमी हाथ में फावड़ा लिये बर्फ़ हटाने में जुटा है। बर्फ़ खखोर-खखोर कर सड़क के किनारे डालता है, जहाँ भूमिगत नाली का मुहाना है। बर्फ़ के थक्के बड़े-बड़े हो जाते हैं। निचली सड़क गीली हो गई है, पर बर्फ़ पिघलाने भर का ताप

सूरज में अभी आया नहीं, और पहर ढलने का समय भी हो गया। 'सिएत्ना सेस्ता' और सभी बहुमंज़िली इमारतों के पिछवाड़े क़तार में लोहे के पहियेदार कंटेनर रखे हुए हैं। ये कूड़ादान हैं। नगर निगम शहर के रख-रखाव के लिए नागरिकों से टैक्स वसूलता है। जिसके निवेश में व्यवस्था और ईमानदारी दोनों है। भारत के किसी भी शहर में, जिसका अभाव सिरे से महसूस किया जाता है। अलस्सुबह बड़े ट्रकों में पिछले दिन का कूड़ा ख़ाली कर दिया जाता है। ख़ाली कंटेनर दिन भर पेट भरने के इन्तज़ार में वहीं खड़े रहते हैं। जिन पर क्रोआती में सूखे और गीले अवशिष्ट पदार्थों के सन्दर्भ में निर्देश लिखे हुए हैं।

विश्वविद्यालय में सुबह आठ बजे कक्षाएँ शुरू हो जाती हैं। प्रोफ़ेसर येरिच ने मुझसे कहा था कि या तो सुबह आठ बजे कक्षा लूँ या रात के आठ बजे। रात आठ बजे कक्षा पढ़ाने की अवधारणा ही मुझे अजीब-सी लगती है। दिन भर की थकान के बाद अन्त में कक्षा पढ़ाना...उफ़! मैंने भारत में भी हमेशा सुबह-सुबह ही पढ़ाया। दोपहर होते-होते कक्षा पढ़ाने का उत्साह मन्द हो जाया करता है। शान्तिनिकेतन में तो सुबह साढ़े छह बजे ही, वैतालिक की प्रार्थना के तुरन्त बाद कक्षाएँ शुरू हो जाती थीं। दिन का एक बजा नहीं कि कक्षाएँ समाप्त। आधा दिन अपना था। पुस्तकें पढ़ना, पुस्तकालय जाना, कंकाली तल्ला, अजय नदी का पुल, खोवाई, आमार कुटीर, बनलक्खी जैसी जगहों पर जाना और शाम ढले लौट आना, उसी अवकाश का सुफल था। भारतीय विश्वविद्यालयों—विशेषकर मानविकी और समाज विज्ञान में शाम पाँच-छह बजे तक पढ़ाई समाप्त हो जाया करती है। सूरज अस्त, अध्यापक मस्त और विद्यार्थी पस्त। अभ्यास ही संस्कार बन जाया करता है। रात देर तक पढ़ना और सुबह उठकर पढ़ाने को तैयार होना, इससे लगता है—एक नया ख़ूबसूरत-सा दिन आप शुरू करने जा रहे हैं। सुबह एक नई ऊर्जा और मुस्तैदी देती है। इसलिए मैंने ज़ाग्रेब में भी सुबह आठ बजे की कक्षाएँ ही चुनी हैं। नब्बे मिनट की एक कक्षा बीच में अवकाश फिर कक्षा। अक्सर दिन के डेढ़ बजे तक मैं अपने आवास पर लौट आती हूँ। शाम में अक्सर पुस्तकालय। आजकल

वहीं देर हो जाया करती है। पुस्तकालय ख़ूब व्यवस्थित है। अंग्रेज़ी, क्रोआती (हर्वात्स्की) और फ्रेंच पुस्तकें—लाल, नीली जिल्द चढ़ी, विपुल, ख़ूबसूरत किताबों का बृहत् संसार। किताबें हमारे लिए कितनी ज़रूरी हैं, जीवन के उन अनुभवों से रूबरू कराने के लिए, जिनकी उपलब्धि सिर्फ़ एक जीवन में तो सम्भव नहीं। उनके पन्नों पर उगे पठार, रेतीले समुद्र, सूखी नदियाँ सब हमारे भीतर रच-बस जाते हैं, बचपन के खेल, कहानियाँ सब इन किताबों में दर्ज हो जाती हैं, उनकी भाषा की सुगन्ध इतनी जानी-पहचानी हो जाती है, कि बस पन्ने पलटने भर की देर है, बुक मार्क रखने की देर है, सारी दुनिया आपकी हो जाती है। यहाँ लाइब्रेरी में तापमान नियंत्रित किया रहता है—20 से 22 डिग्री सेंटीग्रेड, आरामदेह, पुरसुकून माहौल—लगता है, इसके परे किसी दुनिया में इतना सुकून नहीं। कई विद्यार्थी 'अर्न व्हाइल लर्न' परियोजना के तहत घंटे के हिसाब से कार्य करते हैं। कैटलॉग बनाते हैं। किताबें झाड़ते-पोंछते हैं, बदले में उनका जेब ख़र्च निकल आता है। दार्या सेकेंड ईयर में पढ़ती है, गंजी और ख़ूबसूरत, वह लाइब्रेरी में झाड़-पोंछ करती अक्सर दीख जाती है। ये लाइब्रेरी उतनी पुरानी है जितना सन् 1669 में स्थापित 'स्वेस्लिस्ते उ ज़ाग्रेब' दक्षिण-मध्य यूरोप के प्राचीनतम विश्वविद्यालय में से एक। इवाना उलीचीचा के दसवें मार्ग पर यही पुस्तकालय मेरी शरणस्थली है। धूप की हल्की किरणों को, दिन के किसी भी समय घेरकर बादल दिन में अँधेरा कर देते हैं, बर्फ़ीली बारिश बेआवाज़ टपकती रहती है। सब शान्त, पेड़-पौधे स्वच्छ और श्वेत बर्फ़ की चादर तले दिन और रात का फ़र्क़ कहीं गुम हो जाता है। यहाँ मेरी मुलाक़ात सेर्गेई मिखायिलीच से हुई है, जिनके पास कई भाषाओं का ज्ञान और ढेर जानकारियाँ हैं। वे मेरी दिक़्क़तों को समझते हैं, अवकाशप्राप्त हैं पर लाइब्रेरी में काम करते हैं।

आजकल मैंने 'सिमोन द बोउवार' को नये सिरे से पढ़ना शुरू किया है उसका लिखा घर से दूर होने की बेचैनी को कभी बढ़ाता तो कभी शान्त करता है। उनके उपन्यासों और आत्मकथाओं से गुज़रना मधुर त्रासदी से गुज़रना

है। पुस्तकालय की गरमाहट, सिमोन की किताबें—इन्हें छोड़कर फ़्लैट के सन्नाटे की ओर लौटने का जी नहीं करता, अब हवाओं में घुली-मिली भुनी कॉफ़ी की गन्ध अच्छी-सी लगने लगी है, कॉफ़ी हाउस का अपरिचित शोर समझ में आने लगा है। धुएँ के छल्लों के बीच टेबल पर सिर झुकाए, चाइना क्रेप की फ्रॉक पहने सिमोन लिखती दीखने लगी है। मैंने सेर्गेई के कहने से आत्मकथात्मक उपन्यास *ए वेरी ईज़ी डेथ* का हिन्दी अनुवाद शुरू किया है। सिमोन को पढ़ना एक ऐसे अनुभव लोक से होकर गुज़रना है जहाँ से स्त्रीवाद का वैचारिक और राजनीतिक उत्स देखने को मिलता है। जहाँ *सेकेंड सेक्स* मनुष्य की स्वतंत्रता की, मनुष्य के रूप में स्त्री पराधीनता के कारणों की पड़ताल करता है, वहाँ *ए वेरी ईज़ी डेथ, प्राइम ऑफ़ लाइफ़, ऑल सेड एंड डन*—स्त्रीवाद के व्यावहारिक पक्ष की पड़ताल करती हैं। सिमोन ने सन् 1964 में *ए वेरी ईज़ी डेथ* की रचना की, जिसका प्रकाशन उसकी माँ की मृत्यु के साल-भर बाद हुआ था, छह सप्ताह के कालखंड में मरण-शैया पर मामन और सिमोन के साथ बातचीत में यह आत्मकथ्य गहरा निजत्व दुख, पश्चात्ताप, पीड़ा के क्षणों का आख्यान है। माँ-बेटी की बदलती भूमिकाएँ, स्त्री की यातना में उसकी निज की भूमिका, पति-पत्नी सम्बन्ध, डॉक्टर और मरीज़ का सम्बन्ध, अस्पतालों की आन्तरिक राजनीति के विविध पड़ावों से गुज़रती हैं। मामन पिछले चौबीस वर्षों से विधवा और एकाकी है। सिमोन भी अपने स्वतंत्र लेखन और जीवन में व्यस्त है। मामन को अन्त तक मालूम नहीं कि उसे प्राणघातक 'कैंसर' है। वह मरना नहीं चाहती। ठीक होकर 78 वर्ष की अवस्था में, फिर से जीवन नये सिरे से जीना चाहती है।

सिमोन को पढ़ने और अनुवाद करने की प्रक्रिया मुझे भीतर से कभी-कभी बहुत अकेला कर देती है। भीतर कभी-कभी घुप्प अँधेरों के साए चहलक़दमी करते हैं, कभी सिमोन ही हाथ में क़लम पकड़ाकर लिखवाती चलती है। नित्यानन्द तिवारी जी से बात हुई है। अनुवाद के कुछ अंश भेजे थे उन्हें। वे बहुत प्रभावित हैं लेकिन रचनात्मक अवसाद से बचने की सलाह देते हैं।

शाम ढले सिएत्ला सेस्ता पहुँचती हूँ, पिछवाड़े से रास्ता छोटा पड़ता है। शाम का झुटपुटा है, अभी थोड़ी ही देर में गलियों की बत्तियाँ जल जाएँगी। हवा तेज़ और नम है। आकाश ज्यों झुका चला आ रहा है। लगता है, रात में बारिश होगी। बर्फ़ वाले जूते पहनने के कारण तेज़-तेज़ क़दम बढ़ाना सम्भव नहीं हो पा रहा, ओवर कोट और कई स्वेटरों की तहें शरीर को अतिरिक्त बोझिल बना देती हैं। रास्ते में 'माली दुचान' (छोटी दुकान) पड़ती है। शीशे के दरवाज़े बन्द हैं। काउंटर पर बैठी लड़की के बाल ललछौंहें हैं। शायद 'बरगंडी कलर' से रँगे हैं। लाल नेलपॉलिश वाली पतली-लम्बी गोरी उँगलियों में सिगरेट फँसी है। दुकान में कोई ग्राहक नहीं। उसने 'दोबर दान' कहकर चलताऊ मुस्कान फेंकी है। यह छोटी दुकान है जहाँ सब्ज़ियाँ, ब्रेड और वाइन उपलब्ध है। मुझे ब्राउन चाकलेट्स लेनी हैं। कहीं पढ़ा है कि चाकलेट्स मूड बूस्टर का काम करती हैं। इन दिनों अक्सर चाकलेट्स की ज़रूरत मुझे पड़ती है। लड़की अंग्रेज़ी नहीं जानती। मैंने प्लास्टिक ट्रे में फ्रूट कर्ड, रेड वाइन और चाकलेट्स रख ली है। उसने कम्प्यूटर पर हिसाब करके मुझसे कार्ड ले लिया। सामान लेकर 'ख्वाला' (धन्यवाद) कहना अब सीख लिया है मैंने। इस हफ़्ते दुष्का मेरे घर आमंत्रित हैं। वाइन के बिना आमंत्रण वैसा ही, जैसे लवणहीन भोजन। जल्द पैर बढ़ाकर मैं घर के पिछले हिस्से में हूँ, सन्नाटा पसरा है। पड़ोस के फ़्लैट की खिड़की के सफ़ेद पर्दों के भीतर से पीली रोशनी छनकर बाहर आ रही है। कूड़ेदानों के पास हल्की खुरखुराहट है। जिज्ञासावस मेरी नज़र वहाँ चली गई है। काले बूट और लम्बा फ्रॉकनुमा कोट पहने जो औरत अक्सर सामने वाले अपार्टमेंट में आती-जाती दीखती है। वो सूखे कूड़ेदान के अन्दर लगभग आधी लटकी हुई है। मैं अंजीर वृक्ष की ओट में हूँ, जहाँ लगभग अँधेरा है। जो दिन के उजाले में, ऊँची एड़ी के जूते चटखाती, तिरछा हैट पहने, हाथ में पालतू कुत्ते की चेन पकड़े इठलाती चलती है, वह शाम ढले कूड़ेदान में...? मुझे उत्सुकता है, थोड़ी ही देर में औरत के दस्ताने पहने हाथ बाहर निकलते हैं और नीचे रखे बड़े से पॉलीथिन में इस्तेमाल कर फेंके जूते, पुराने कपड़े, छाते, बर्तन और यूँ ही कई तरह का सामान रख देते हैं। कूड़ेदान में अधलटकी औरत बाहर आ चुकी है।

हौले-हौले, बेआवाज़, पॉलीथिन बैग की चुरमुराहट को भरसक नियंत्रित करते हुए बैग उठाती है। बड़ा है, शायद भारी भी लेकिन सँभाल लेती है और सधे क़दमों से अपने फ़्लैट की ओर!

आजकल अक्सर शाम को टहलने निकल जाती हूँ। पार्क की बेंचों पर कुछ बुज़ुर्ग बैठे दीखते हैं। यहाँ बुज़ुर्गों को मामूली सरकारी पेंशन मिलती है। बेरोज़गारी भत्ता भी लेकिन टैक्स के दबाव, महँगाई में वह पेंशन कुछ ज़्यादा काम नहीं आती। द्रागित्सा से पूछने पर उसने मुस्कुराते हुए बात को टाल दिया, क्रोएशियन बहुत स्वाभिमानी होते हैं। विदेशी के सामने पड़ोसी के बारे में कुछ कहना उन्हें गवारा नहीं। वैसे क्रोएशिया में यह फूलों का मौसम है। ज़ाग्रेब विश्वविद्यालय का फूल-पत्ती विभाग तीन तरह के फूल उपजाने के लिए प्रसिद्ध है—पहाड़ी फूल, मौसमी फूल और दलदल के फूल। बाज़ार में ये फूल बहुत महँगे हैं—पर उद्यान विभाग में लगभग 5,500 क़िस्म के फूलों के पौधे हैं, कुछ पौधे तो जाने-चीन्हे से हैं पर गुलाब की ढेर क़िस्मों के अलावा नोरा बार्लो, रुबेच्किया, आइरिस की क़िस्में, वनिला पेनिफोलिया, यूफोरबिया मिल्ली, नुफार लुटेया, मिस्तोतिस अल्ट्रा मरीन समेत कई फूल मैंने पहली बार देखे हैं। सुन्दर, शान्त, धीर-गम्भीर फूल खिलकर, सूखकर और झड़कर अपनी जीवन कला दिखा जाते हैं, और हम इसी जीवन-जगत को शाश्वत समझे बैठे रहते हैं।

भारत में आबोहवा के कारण घर में कभी क़ैद होने की नौबत ही नहीं आई। स्वेच्छा से घर में रहना और बाहरी दबाव से घर में क़ैद रहना दोनों में बहुत अन्तर होता है। तब आप भीतर होकर भी बाहर ही होते हैं। कभी ठंडी खिड़की के पल्ले से नाक सटाए बारिश देख रहे होते हैं। कभी बर्फ़ से जम चुकी सावा नदी की ओर देखते हुए उसमें बहते पानी की कल्पना करते हैं। सावा के पुल पर गाड़ियों की आवाजाही है। लोग पार्क में पालतू कुत्ते और बिल्लियों को

घुमाने ले आए हैं। बेंचों पर लोग अकेले-दुकेले बैठे हैं। कोने के मैदान में कुत्तों को पालतू बनाने का प्रशिक्षण चल रहा है, कुत्ते अलग-अलग प्रजाति के हैं। जिनकी देख-रेख और सरअंजाम क़ाबिले-तारीफ़ है लेकिन लोग इस बात का बहुत ख़याल रखते हैं कि उनका पालतू कुत्ता किसी के लिए परेशानी का सबब न बने, शिकायत दर्ज होने पर ज़ुर्माना बहुत कड़ा है। वैसे तो भारत में भी श्वानप्रेमी लोग हैं। हैदराबाद विश्वविद्यालय परिसर में एक प्राध्यापक इतने श्वानप्रेमी हैं कि अपने क्वार्टर के सामने रात में कुत्तों के लिए सामूहिक भोज रख देते हैं। परिसर के सारे आवारा कुत्ते अपने भूले-भटके साथियों को समवेत स्वर में आमंत्रित करने लगते हैं। भोजन कभी पर्याप्त नहीं, वंचित रह गए 'प्रोलेतोरियत' की तरह बुर्जुवाओं की ओर गुर्राते, भूँकते हैं। शक्तिशाली भोजन का बड़ा हिस्सा उदरस्थ कर श्वान सिंह हो जाते हैं और अब मध्यरात्रि तक चलने वाला कर्णभेदी श्वान-संगीत शुरू होता है। यहाँ की 'भौंक' कैम्पस के बाहर वालों को भी भौंकने की कला-प्रदर्शन के लिए प्रेरित उत्तेजित करती है। पशुप्रेमी प्राध्यापक 'सर्वे भवंतु सुखिन: ' के भाव से आराम फ़रमाते हैं और पड़ोसी संगीत-सम्मेलन की समाप्ति की प्रतीक्षा क्योंकि श्वानों को प्रताड़ित करना मेनका गांधी की टीम को आमंत्रित करना है। परिसर में श्वान प्रेम 'सुसंस्कृत' होने की पहचान भी है। एक अध्यापिका इतनी श्वान प्रेमी हैं कि कहीं भी रुककर उन्हें पुचकारने लगती हैं। अपरिचयीकरण के दौर में शायद यह व्यावहारिक राजनीति का हिस्सा हो, अपने परिचितों की अनदेखी करने का एक हथियार। उस क्षण हो सकता है कई मनुष्य श्वान रूप धरने को तरस जाते हों, जो भी हो।

एक सप्ताह से तबीयत नासाज़ है। दूतावास ने जिस डॉक्टर के पास भेजा था उसे तगड़ा बिल बनाने के अलावा सिर्फ़ मुस्कुराना आता है, इसलिए दुबरावा के बड़े अस्पताल जाना पड़ा है, यहीं तान्या भी काम करती है। अस्पताल बहुमंज़िला, साफ़-सुथरा, नर्स-डॉक्टर चाक-चौबन्द बाहरी हिस्से में कुछ दुकानें हैं जहाँ ख़ूबसूरत चीज़ें बिक रही हैं। अस्पताल के अहाते में,

अस्पताल जैसा बिलकुल महसूस नहीं। भारतीय अस्पतालों जैसी चिल्ल-पों कहीं नहीं है। खुले आसमान के नीचे बेंचें लगी हुई हैं। क्यारियों में पौधे, फूल, लतरें, हवा में लैवेंडर की पत्तियों की गन्ध फैली हुई है। मैं यहाँ सात दिनों से हूँ। डॉक्टर मिरनोविच गले-छाती के संक्रमण-विशेषज्ञ हैं। बताते हैं कि टॉन्सिलों में सूजन के कारण ज्वर आ रहा है। जब बुख़ार नहीं होता तब अस्पताल में घूमना-टहलना अच्छा लगता है। दूसरी तरह वाली बिल्डिंग में तान्या का ऑफ़िस है। हालाँकि उसके पास ख़ाली वक़्त नहीं रहता फिर भी अक्सर हम मिल ही लेते हैं। स्त्रियों के वार्ड में लगभग 75 वर्षीया भद्र महिला का बिस्तर मेरी बग़ल में है, उनका कोई ऑपरेशन हुआ है। वे रोज़ किसी के आने की बाट जोहती हैं, चार-पाँच दिन तो मुझे यह देखते हुए हो गए, रात गए उन्हें नींद नहीं आती और मुझे सुबकियों की आवाज़ सुनाई देती है। वे कुछ कहती नहीं। उनका कोई ऑपरेशन हुआ है, पेट से नलियाँ और प्लास्टिक की थैली लटकती रहती है, जिसमें बूँद-बूँद रक्त इकट्ठा होता रहता है। नर्स का कहना है कि उनका भरा-पूरा परिवार है, पर कोई अस्पताल देखने आने की जहमत नहीं उठाता। नर्सें जर्मन और इतालियन हैं, वे स्वस्थ और चौकन्नी हैं, चेहरा कड़ा किये हुए मशीनी ढंग से काम निबटाती हैं। पुरुष-नर्सें भी स्त्रियों के वार्ड में तैनात हैं, रोगी के मामले में जेंडर डिस्क्रिमिनेशन नहीं है। क्रोआती नर्सें ख़ुशमिज़ाज और आत्मीय हैं, ख़ूब बात करना चाहती हैं, काउंटर पर भी गप-शप करती दीख जाती हैं। जो रोगी ठीक होकर वापस जाने लगता है, वह फूल और चाकलेट्स काउंटर पर रख देता है। डॉक्टर हरे कपड़े पहने रहते हैं, नर्सें सफ़ेद और गुलाबी। खिड़की के पार सफ़ेद फूलों की लतर फैली हुई है। गुलदाने अक्सर मेरे पास रुक जाती है, उसने विश्वविद्यालय से तीन छुट्टियाँ ली हैं। परदेस में कोई इतनी आत्मीयता देगा यह मैंने सोचा नहीं था। हम दोनों धूप में, बेंच पर अक्सर बैठते हैं, बातें करते हैं, लैवेंडर से लदी सर्द-नमकीन हवा को नथुनों में भर लेते हैं, अपने देश तक पहुँचने के लिए यह पाथेय का काम करेगी। जब गुल नहीं आती, अस्पताल बड़ा बेज़ार करता है। सारा अस्पताल मैंने कई-कई बार घूम लिया है। कर्मचारी पहचानने भी लगे हैं, पर बेस्वाद

सूप और एप्पल पाई खाते-खाते आँखें भर आती हैं। हालाँकि यहाँ भोजन में वेरायटी का ख़याल रखा जाता है, लेकिन हैम और सासेजेज़ मैं खा नहीं सकती। बीफ़ और चिकन का सूप दूर से ही गन्ध देता है। केले और सेब हैं पर उनसे पेट नहीं भरता। जी करता है कोई तो पूछता कैसी हो और भात-दाल खाओगी क्या? या कहो तो आम का अचार और खिचड़ी ही ला दूँ, शुद्ध घी डला मूँग की खिचड़ी, या तवे सिंकी ताज़ा रोटी और तड़का दाल। कोई नहीं, कोई कुछ लाने वाला नहीं। तो क्या बीमारी हमें अपनों की ज़रूरत को महसूस कराने के लिए आती है। जब आप बीमार पड़ते हैं तब लगता है काश कोई सिरहाने बैठता, कुछ और न सही चिन्तित-आतुर आँखों से निहारता ही सही। न...न...अब और बीमार नहीं पड़ना है।

अस्पताल का काम ख़त्म हुआ। अस्पताल की यात्रा मेरे लिए *ए वेरी ईज़ी डेथ* की यात्रा भी थी, जिसने मुझे सिमोन और उसकी माँ के आपसी सम्बन्धों को नई रोशनी में पहचनवाया। सिमोन के उपन्यास *शी केम टू स्टे* और *द मेंडरीन* ने नये दौर के स्त्रीवादी चेहरे को पहचानने में मदद की। उनके आत्मकथात्मक उपन्यासों से होकर गुज़रना एक दिलचस्प और ईमानदार अनुभव रहा है। अस्पताल और बीमारी का यह समय मुझे सिमोन के और क़रीब ले आया है। *मेमोआयर्स ऑफ़ अ ड्यूटीफुल डॉटर* में विश्वविद्यालय के पढ़ने के दौरान 'पुरुष की तरह दिमाग़' होने की इच्छा व्यक्त करते हुए अपनी तुलना वह सार्त्र से करती हैं और इस निष्कर्ष पर पहुँचती हैं कि स्त्री के लिए पुरुष जैसी सोच होना सम्भव नहीं। *प्राइम ऑफ़ लाइफ़* में सिमोन ने होटलों में रहकर लिखने-पढ़ने, एक के बाद दूसरा होटल बदलने का ज़िक्र किया है। सोचती हूँ सिमोन अपनी आर्थिक ज़रूरतें कैसे पूरी करती होगी, यह भी कि होटलों में रहने का अर्थ हुआ कि आप हमेशा मेहमान हैं। बिस्तर, परदे, कुर्सी-टेबल कुछ भी आपका अपना नहीं। सिमोन के अनुभव पढ़ते हुए पाठक सीखता है कि कैफ़ेटेरिया में कैसे बैठना चाहिए, लोगों से कैसे मिलना चाहिए, बहसें, पढ़ना-लिखना और सोचने का सलीक़ा भी। सिमोन कहती है कि कैफ़े में घुसते

हुए यदि आप अपने ही दो आत्मीय मित्रों को आपस में बात करते हुए देखें तो उनके निकट बैठकर बातचीत में बाधा न डालें, बेहतर हो चुपचाप वहाँ से हट जाएँ। 'कहवाघर' भी पढ़ने-लिखने की जगह हो सकती है। इसे सिमोन साबित करती है और यह भी कि कैसे वह बिना संग-साथ की अपेक्षा के सन् 1930 के आसपास मार्सिले और रोउन जैसे क़स्बों में अध्यापन के वर्षों में लम्बी सैरों के लिए निकल जाया करती थी। सोचती हूँ कि आज भी स्त्रियों के लिए उनका अपना 'स्पेस' खोजना मुश्किल होता है। भारतीय माहौल में कोई स्त्री कॉफ़ी हाउस में बैठकर लिखे, वो भी अकेली तो न जाने कितनी जोड़ी आँखें उसे बरजने को तत्पर हो जाएँगी।

अब मेरी तबीयत बेहतर हो चली है। इन दिनों *फ़ोर्स टू सरकमस्टांसेज* पढ़ रही हूँ जिसमें सिमोन द बोउवार ने युद्धोत्तर पेरिस का चित्रण किया है। जिसमें नये और बेहतर समाज के निर्माण का स्वप्न है। स्वतंत्रता के प्रति उत्तरदायित्व का बोध है। आत्मकथा के इसी भाग में उन्होंने नेल्सन एल्ग्रेन से अपने सम्पर्क की चर्चा की है। नेल्सन के साथ फ़ायर प्लेस के समक्ष सम्भोग और फिर पेरिस और शिकागो में दोनों का अलग-अलग जीवन बिताना भी वर्णित है। भौगोलिक दूरी अपनी सात्यता में कैसे आत्मीय सम्बन्ध का अन्त कर देती है। यह भी कि लिखने के लिए सिमोन ने पेरिस छोड़ना पसन्द नहीं किया इसके साथ ही बोउवार की उत्तर अफ़्रीका, अमेरिका की वे लम्बी यात्राएँ जो उसने अकेले कीं। सिमोन को यह चिन्ता भी खाए जा रही थी कि इतने सारे व्यापक जीवनानुभव, जीवन यात्राएँ ये सब उसके साथ ही ख़त्म हो जाएँगी। *ऑल सेड एंड डन* में अपने मित्र सिल्विए वान के साथ आत्मीय सम्पर्क की चर्चा करते हुए सिमोन का कहना है कि उसने कभी कल्पना भी नहीं की थी कि उम्र के साठवें वर्ष में उसे कोई सहयोगी और मित्र मिलेगा, लेकिन मिला। इन आत्मकथाओं में दो बातें मेरी समझ में आती हैं—एक तो आत्मनिर्भरता यानी अपनी ज़िम्मेदारी स्वयं उठाना, दूसरे अपने को हमेशा बेहतर ढंग से समझने का प्रयास। सिमोन ने सार्त्र के साथ सहजीवन जिया लेकिन विवाह नहीं किया क्योंकि स्वाधीनता के अर्थ दोनों के लिए अलग-अलग थे। सिमोन लिखती है—"अद्भुत थी स्वाधीनता! मैं अपने अतीत से मुक्त हो गई थी और स्वयं में

परिपूर्ण और दृढ़ निश्चयी अनुभव करती थी। मैंने अपनी सत्ता एक बार में ही स्थापित कर ली थी, उससे अब कोई मुझे वंचित नहीं कर सकता था, दूसरी ओर सार्त्र एक पुरुष होने के नाते बमुश्किल ही किसी ऐसी स्थिति में पहुँचा था, जिसके बारे में उसने बहुत दिन पहले कल्पना की हो...वह वयस्कों के उस संसार में प्रविष्ट हो रहा था, जिससे उसे हमेशा से घृणा थी।"

यह अप्रैल का एक खुला ख़ुशनुमा दिन है। हमें कार से दिन भर का सफ़र करना पड़ा है। समुद्र तट पर ख़ूब धूप खिली हुई है और तट के समान्तर चौड़ी सड़क 'रिएका' की ओर जा रही है। दिन का तापमान 25 डिग्री और रात का 7 डिग्री, इतनी चटख धूप को देख अन्दाज़ा लगा पाना मुश्किल है कि अभी कुछ दिनों पहले बर्फ़ की चमचमाहट सब ओर पसरी हुई थी, जिसकी ठंडक रूह कँपा देने वाली थी। साशा और क्रेशो बारी-बारी से कार चला रहे हैं। एक-दो जगह हम पेट्रोल लेने के लिए रुकते हैं। साशा दुबली-पतली हैं। निरन्तर सिगरेट पीने से, उन्हें भूख भी कम लगती है। उनके पास कार में वाइन है, लेकिन मुझे तेज़ भूख लगी है। पेट्रोल स्टेशन पर ही मैंने सैंडविच ख़रीदा है जिसमें चीज़, तीखी हरी मिर्च और जैतून के फल हैं। कभी-कभी घर की सूखी रोटी और आलू की भुजिया अपनी साधारणता में भी कितनी असाधारण और दुर्लभ हो जाती है। राजा क्रेशीमिर का क़िला रास्ते में पड़ा है और क़िले के भीतर बाज़ार लगा है। गहने, तस्वीरें, मदर मेरी की मूर्तियाँ, ख़ूब मोटी मुगदरनुमा जंघाओं वाले मध्यकालीन सैनिकों के बुत, किताबें, कैसेट्स, गीत-संगीत और पर्यटक। यहाँ 'बैक वाटर' पोर्ट है जहाँ से 'वेनिस' के लिए नावें चलती हैं। जहाँ कुछ ही घंटों में पहुँचा जा सकता है। दोपहर तीन बजे हम लोग रिएका में विमोचन स्थल पर पहुँचते हैं। पुस्तक के विमोचन के साथ नाश्ते का भी इन्तज़ाम है। लोग पंक्ति में खड़े होकर प्लेटों में नाश्ता ले रहे हैं। सबकी आँख व्यंजनों पर केन्द्रित है। मिलना-जुलना बाद में, पहले पेट-पूजा। क्रेशो और साशा की व्यावसायिक बुद्धि की दाद देनी पड़ेगी। नाश्ते का इन्तज़ाम न होता तो इतनी भीड़ जुट पाती यहाँ, पता नहीं।

भीड़ में, एक बुज़ुर्ग ललछौंहें चेहरे और चौड़ी नाक लिये इधर-उधर देखकर जेब में कुकीज़ के टुकड़े छिपाते जा रहे हैं। कोट की जेबें फूलती चली जा रही हैं। मैंने जल्दी से, उधर से नज़र हटा ली है। पता नहीं क्यों मन करुणा से भर आया है।

'रिएका' या 'रिजेका' क्रोएशिया का तीसरा बड़ा शहर है। समुद्र के किनारे बसा यह शहर बड़े-बड़े पानी के जहाज़ बनाने के लिए प्रसिद्ध है। अपने भीतर बड़ा दिलचस्प बहुभाषिक इतिहास लिये हुए है। पाँचवीं शताब्दी से ही यहाँ आस्टोगोथ, लोंबार्ड, अवार, फ्रैंक और क्रोआत रहे हैं। इसलिए रिएका में बहुत सी भाषाएँ और बोलियाँ बोली जाती हैं। द्वितीय विश्वयुद्ध के पहले तक यह पूरी तरह इतालवी शहर था। गोरिल्ला युद्ध और छापामार झड़पों में बहुत-से नागरिक हताहत हो गए और लगभग 800 लोगों को यातना-शिविरों में बन्द कर दिया गया। आज इस शहर में लगभग बयासी प्रतिशत क्रोआत, छह प्रतिशत सर्ब, दो-ढाई प्रतिशत बोस्नियाई और दो प्रतिशत इतालवी रहते हैं। *चित्रा* के विमोचन का कार्यक्रम रिएका के सार्वजनिक पुस्तकालय में है। पुस्तकालय बड़ा और व्यवस्थित है, लेकिन ऊपरी मंज़िल पर कई कमरे बन्द हैं जिनमें प्राचीन पांडुलिपियाँ सुरक्षित हैं। पुस्तकालयाध्यक्ष का कहना है कि सरकारी अनुदान इतना कम है कि सभी कमरों का रख-रखाव सम्भव नहीं। विमोचन कार्यक्रम की भाषा क्रोएशियन है। इतना तय है कि रवीन्द्रनाथ ठाकुर यहाँ बहुत लोकप्रिय हैं। मुझे बताया गया है कि सन् 1926 में रवीन्द्रनाथ ठाकुर जब ज़ाग्रेब आए थे तब उन्होंने 'रिएका' का दौरा भी किया था। दार्शनिक पावाओ वुक पाब्लोविच (1894-1976) ने *गीतांजलि* का क्रोएशियन में अनुवाद किया था जो ज़ाग्रेब के दैनिक *भोर का पत्ता* में 1914 की जनवरी में धारावाहिक रूप में छपा था। बाद में पावाओ ने *चित्रा, मालिनी* और *राजा* का अनुवाद भी किया। *चित्रा* का मंचन क्रोएशियन नेशनल थिएटर में 1915 में कई बार हुआ। यहाँ के उदारवादी बौद्धिक प्रथम विश्वयुद्धोत्तर अवसान काल में रवीन्द्रनाथ ठाकुर को आध्यात्मिक और शान्ति के प्रतिनिधि के रूप में देखते थे। विमोचन समारोह में *चित्रा* के पहले प्रदर्शन में अभिनय करने वाले क्रेशीमिर बारनोविच (1894-1975) का स्मरण किया जा रहा

है। रवीन्द्रनाथ ठाकुर की लोकप्रियता के जो भी कारण रहे हों। एक बात तो तय है कि प्रथम विश्वयुद्ध के दौरान उन्हें नोबेल मिलना और स्कॉटलैंड में नोबेल के लिए जर्मन राष्ट्रवादी लेखक पीटर रोसेगर का नाम चलना ये दो कारण थे जिन्होंने रवीन्द्रनाथ ठाकुर को इस क्षेत्र में लोकप्रियता दिलाई। भले ही रवीन्द्रनाथ ठाकुर इस बात से अनभिज्ञ रहे हों, फिर भी यहाँ के लोग बताते हैं कि 'नोबेल' की घोषणा के बाद जर्मन प्रेस ने रवीन्द्रनाथ ठाकुर पर हमला बोल दिया था। आज क्रोएशियंस पीटर को भूले से भी याद नहीं करते और उनकी पूरी सहानुभूति के पात्र रवीन्द्रनाथ ठाकुर हैं। ईसाई बौद्धिकों में से बहुत कम ऐसे थे, जो *गीतांजलि* को केवल एक साहित्यिक कृति के रूप में सराहते थे। वे तो रवीन्द्रनाथ ठाकुर के रहस्यवाद से प्रभावित थे। सन् 1926 में यूरोप की यात्रा के दौरान रवीन्द्रनाथ ठाकुर को क्रोएशियंस ने युद्धोत्तर क्षत-विक्षत मानस को आध्यात्मिक नेतृत्व देने वाले व्यक्ति के रूप में देखा। उनकी कई कृतियों मसलन *घरे बाइरे* का क्रोआती में अनुवाद इसी दौर में हुआ, क्रोएशियन म्यूज़िक कंजरवेटरी के सभागार में उन्होंने दो दिन भाषण दिये, जिनका आशु अनुवाद क्रोआती में किया गया, लेकिन रवीन्द्रनाथ को यह नागवार गुज़रा। ये प्रसंग इसलिए क्योंकि यहाँ मुझे जो बातें कहनी हैं—उनका क्रोआती में सतत अनुवाद होगा। गुरुदेव के रचनाकर्म और क्रोएशिया से उनके सम्बन्धों पर टिप्पणी करते हुए मुझे बार-बार रुकना पड़ रहा है। मेरे वक्तव्य पर श्रोताओं के चेहरे निर्विकार और भावशून्य हैं। आशु अनुवादक की बात पर ही उनकी आँखें झपकती और कभी चौड़ी होती, कभी सिकुड़ती हैं। श्रोता-वक्ता का सम्बन्ध उचित सम्प्रेषण पर टिका होता है। मुझे मालूम ही नहीं चल रहा कि मेरी बात कहाँ और किस सीमा तक सम्प्रेषित हो रही है। साशा मंच-संचालन कर रही हैं और मुझे बताया जाता है कि श्रोता रवीन्द्रनाथ ठाकुर की कविता सुनना चाहते हैं। मालूम नहीं रवीन्द्रनाथ ठाकुर के कई गीतों को छोड़कर मुझे 'ध्वनिलो आह्वान' सुनाने की इच्छा ही क्यों हो आई है—

ध्वनिलो आह्वान मधुर गम्भीर प्रभात अम्बर माझे
दिके दिगंतरे भुवन मन्दिरे शान्तिसंगीत बाजे

हेरो गो अन्तरे अरूपसुन्दरे-निखिल संसार परम बंधुरे
ऐशो आनन्दित मिलन-अंगने शोभन-मंगल साजे
कलुष-कल्मष विरोध विद्वेष होउक निःशेष
चित्ते होक जोतो विघ्न अपगत नित्य कल्याण काजे
स्वर तरंगिया गाओ विहंगम, पूर्व पश्चिम बंधु-संगम
मैत्री-बंधन पुण्य मंत्र पवित्र विश्वसमाजे।

मई आते-आते मन कुछ स्थिर हो चला है, ज्यों नियति को स्वीकार लिया है मेरे मन ने। अब आत्मीय-परिजन वैसी शिद्दत से नहीं याद आते। तो क्या आत्मीय-परिजन भी एक अभ्यास ही होते हैं, जिनको देखते-सुनते मोह ही जीवन्त हो उठता है। और मोह होता क्या है, जितना मोह उतनी विकलता, मोहभंग होने पर भी स्मृतियाँ ही तो जीवित रहती हैं। स्मृतियों के सहारे जीवन-समुद्र पार करने वाले को दुनियादारी की भाषा में मूर्ख कहा जाता है। लेकिन जीवन के कठोर वास्तव के धरातल पर मोह कैसे लेन-देन में बदल जाता है? आप मोह में बँधे रहिए दुनिया अपने रास्ते चलती रहेगी। नदी का कोई पानी रुका नहीं रहता आपके लिए कि आप जाएँ और पुरानी डुबकी की ठंडक से तरोताज़ा हो जाएँ। रुका हुआ पानी सड़ाँध देने लगता है। ज़्यादा खोजने-खँगालने पर कीचड़ और गाद में लिपटी आपस में उलझी सेवार ही हाथ लगती है, साफ़ पानी तो कब का आगे बहकर सागर का रास्ता खोज चुका होता है। ज़्यादा आत्मीयता खोजने पर शून्यता ही हाथ लगती है।

वैसे मैं अब उस खोज में हूँ जिस ओर आंद्रियाना मेस्त्रोविच ने इशारा किया था, बिना यह अनुमान किये कि आने वाले महीनों में इस तरह की जिज्ञासाएँ दिलो-दिमाग़ को पूरी तरह आच्छादित कर लेंगी। लिलियाना के निजी जीवन के बारे में विशेष जानकारी नहीं थी, वैसे भी किसी के निज की तफ़तीश असभ्यता ही मानी जाती है। प्रेमचन्द ने भी कहा है कि ऐसा कोई भी प्रश्न जो सामने वाले को असुविधा में डाल दे, नहीं पूछा जाना चाहिए। *सिमोन* द *बोउवार* के लेखन के साथ सफ़र करते-करते युद्धोत्तर यूरोप और

उसकी बदली परिस्थितियों के बारे में जानना चाहती हूँ और इसके लिए एक बन्द दरवाज़ा है मेरे सामने लिलियाना का, वह युद्ध-पीड़ित (वार-विक्टिम) है, ऐसी सूचना मरियाना ने भी दी थी। मुझे जो जानना है वह या तो लिली बता सकती है या दुष्का। दुष्का बहुत भावुक है। पता नहीं मेरी बात का क्या अर्थ निकाले। अपने घावों को ख़ुद नखोरना-कुदेरना और बात है और दूसरों के सामने खोलकर रख देना...लिलियाना को विदेशी पसन्द हैं विशेषकर गन्दुमी साँवली रंगत। मेरे पास हैदराबाद से लाए हुए कुछ मोती हैं। उन्हें 'गिफ़्ट रैपर' में लपेटकर मैंने लिलियाना के घर जाना तय किया है। दुष्का साथ है। लिली ख़ूब स्वस्थ, लम्बी-चौड़ी, लगभग पचास की उम्र छूती महिला है, जो सिर्फ़ सफ़ेद टायलेट पेपर ख़रीदती है—रंगीन टायलेट पेपर के इस्तेमाल से कैंसर हो जाता है ऐसा विश्वास है उसे। सन की तरह सुनहरे सफ़ेद बाल, मैजेंटा रंग की गहरी लिपस्टिक, कड़कड़ाती ठंडी शाम में भी वह गर्दन और वक्ष का ऊपरी भाग खुला रखती है। लोगों को देख ढलके वक्ष को थोड़ा सहारा देकर, ऊपर उठा, गर्दन अकड़ाकर चलना उसकी आदत में शुमार है। हाई-हील और ऊँची स्कर्ट पहने वह सम्भ्रान्त लोगों के बीच उठती-बैठती है उसके हाव-भाव मेरी अब तक की जानी-चीन्ही स्त्रियों से अलग हैं। सन् 1992-95 के दौरान क्रोएशिया, बोस्निया-हर्ज़ेगोविना में जो स्त्रियाँ सर्ब सेनाओं के दमन का शिकार हुईं—लिली उनमें से एक हैं। युद्ध के दौरान बलात्कार, यौन-हिंसा के हज़ारों मामले आए, कुछ मामले सरकारी फ़ाइलों में दब गए, कुछ भुला दिये गए और कुछ शिकायतें वापस ले ली गईं। कुछ स्त्रियाँ मार दी गईं। कुछ अवसाद और अन्य रोगों का शिकार हो गईं। हालाँकि जेनेवा कन्वेशन में युद्ध के दौरान यौन हिंसा और सैनिकों द्वारा स्त्रियों के एकल या सामूहिक बलात्कार को मानवता के विरुद्ध जघन्य अपराध माना गया लेकिन पूरे विश्व में युद्ध नीति के तहत स्त्रियों के प्रति यौन-हिंसा एक अलिखित चर्या है। युद्ध काल के बलात्कार सामान्य बलात्कारों से अलग माने जाते रहे हैं। इनमें से बहुत से वाकयों की तहक़ीक़ात भी नहीं हो पाती। कई बार शोषिताएँ और धर्षिताएँ सामने भी नहीं आतीं। लिलियाना उन 68 बोल्ड औरतों में से एक हैं जिसने व्यापक सामूहिक बलात्कार की घटना की न सिर्फ़ रिपोर्ट दर्ज की, बल्कि वक़्त और परिस्थितियों

के आगे हार नहीं मानी, मृत्यु और जीवन, चुप्पी और बोलने में से जीवन का चुनाव किया, चुप नहीं रही। प्रथम और द्वितीय दोनों विश्वयुद्धों में कई देशों में सैन्य और अर्ध सैन्य बलों ने सामूहिक बलात्कार की अनगिनत घटनाओं को अंजाम दिया। प्रथम विश्वयुद्ध के दौरान बेल्जियम और रशिया औरतों के लिए सामूहिक मरणस्थली बने, वहीं दूसरे विश्वयुद्ध के दौरान रूस, जापान, इटली, कोरिया, चीन, फ़िलीपींस और जर्मनी में बड़े पैमाने पर स्त्रियों को धर्षित किया गया। आपसी छोटी-बड़ी मुठभेड़ों में अफ़ग़ानिस्तान, अल्जीरिया, अर्जेंटीना, बांग्लादेश, ब्राजील, बोस्निया, कम्बोडिया, कांगो, क्रोएशिया, साइप्रस, अल सल्वाडोर, ग्वाटेमाला, हैती, भारत, इंडोनेशिया, कुवैत, कोलम्बो, लाइबेरिया, मोजाम्बिक, निकारागुआ, पेरु, पाकिस्तान, रवांडा, सर्बिया, सोमालिया, टर्की, युगांडा, वियतनाम और जिम्बाम्वे जैसे देशों की लम्बी सूची है—जहाँ यौन हिंसा और स्त्री धर्षण की घटनाएँ हुईं और बड़े-बड़े भाषणों, राजनीतिक समझौतों के बीच प्रतिरोधी आवाज़ें दब गईं, दबा दी गईं। विश्लावा शिम्बोर्स्का की कविता है—'वियतनाम'—जिसमें उन्होंने युद्ध-हिंसा की शिकार स्त्री के बारे में लिखा है—

स्त्री, क्या नाम है तुम्हारा?
नहीं पता मुझे
कितनी उम्र है तुम्हारी? कहाँ से हो?
नहीं जानती
क्यों खोदी ये खन्दक?
नहीं पता
कब तक छिपी रहोगी यूँ?
नहीं जानती
मेरी उँगली क्यों काटी तुमने?
मुझे नहीं पता
नहीं जानती तुम कि हमसे तुम्हें नहीं पहुँची कभी ठेस?
मुझे नहीं पता
किसकी तरफ़ हो तुम?

नहीं पता
युद्ध है ये किसी एक को तो तुम्हें चुनना होगा
मुझे नहीं पता
क्या तुम्हारा गाँव रह छूटा है?
मुझे नहीं पता
क्या ये तुम्हारे बच्चे हैं?
हाँ।

अनुवाद—**अपर्णा मनोज**

अब मुझे लिलियाना का पैर हिलाते हुए कंसर्ट सुनना, अन्धाधुंध सिगरेट पीना, एक आँख को हल्का दबाकर हँस देना अटपटा नहीं लगता। स्प्लित के चार सितारा होटल का मालिक आजकल लिली पर दिलोजान से फ़िदा है। लिली का कहना है, इन गर्मियों में वह स्प्लित जाकर पूरे साल का ख़र्चा निकाल लेगी। वह 'एस्कोर्ट' है। जिसके साथ के लिए व्यापारी, पर्यटक अच्छी रकम ख़र्च करते हैं। लिली अपने बारे में गम्भीरता से बात नहीं करती। उसने यौन हिंसा और सामूहिक बलात्कार झेला है। वह हँसती है ज़िन्दगी पर। उसके साथ कई स्त्रियाँ (जो ज़ाग्रेब में हैं) सर्ब सैनिकों से कई बार धर्षित हुईं। इनमें से कई तो यौन-दासियों के रूप में सैन्य शिविरों में रहीं और अच्छी संख्या उन वृद्धाओं की थी जो किसी न किसी बलात्कार की साक्षी रहीं। इनमें से कई युवा स्त्रियाँ बलात्कार के कारण गर्भवती हुईं जिनमें से अधिकांश ने शर्म और अपमान से बचने के लिए गर्भपात करा लिया। कुछ ने सन्तान पैदा करके सरकारी अनाथालय में मुक्ति पाई। लिली का एकमात्र बेटा जो ड्रग के शिकंजे में सरकारी पुनर्वास योजना का मेहमान बना हुआ है, 1996 में ही जन्मा। लिलियाना को सब कुछ याद है ब्योरेवार, लेकिन याद करना नहीं चाहती। मैं भी उसे ज़्यादा परेशान नहीं करती और अपने फ़्लैट पर वापस आ जाती हूँ।

नींद नहीं आ रही। क्या हुआ होगा लिलियाना जैसी सैकड़ों लड़कियों का? क्या गुज़री होगी उन पर। मैं घुप्प अँधेरे में हूँ...कोई चेहरा नहीं, सिर्फ़ कराहें... विक्टर फ्रैंकल ने द्वितीय विश्वयुद्ध के बाद *मैन्स सर्च फ़ॉर मीनिंग* शीर्षक पुस्तक लिखी थी, जिसमें आउशवित्ज़ के यातना शिविर की दैनन्दिनी है। फ्रैंकल का कहना है कि जिस रूप में बन्दी अपने भविष्य के बारे में सोचता था उसकी उम्र उसी पर निर्भर करती थी। उसने 'लोगो थेरेपी' का सिद्धान्त दिया और बताया कि जिनके पास जीने का कोई कारण होता है, वे कैसे भी जी लेते हैं। इन यौन दासियों के पास जीने का क्या कारण होगा। पति, बच्चों, माँ, सास के सामने निर्वस्त्र और बलात्कृत की जाती, महीने दर महीने साल-भर उनके अपमान और यातना की कोई सीमा नहीं। उनके पास जीने का क्या कारण बच रहा होगा? अर्ध-निद्रा में मुझे आउशवित्ज़ का यातना शिविर दीख रहा है। बेचैनी, पसीना और घबराहट...गोद में बच्चा लिये लिलियाना दौड़ रही है। काँटेदार बाड़ के पास सैनिक ही सैनिक, गोरे लाल मुँह वाले लम्बे-चौड़े सैनिक। लिलियाना को नोच रहे हैं। घसीट रहे हैं। उसके मुँह पर थूक रहे हैं। पैरों को फैला रहे हैं। बछड़ा पैदा करती गाय-सी डकरा रही है वह। उसके ऊपर एक-एक करके लद गए हैं। लिली...लिली...लिलियाना...अपनी चीख़ से नींद टूट गई है...उठकर देखा है फ़ोन पर कुछ सन्देश आए हैं...। पानी पिया है कभी की पढ़ी पंक्ति याद आती है—

तुमि गुछिए किछू कथा बोलते पारो ना
शुधू समय निजेर गल्पो बोले जाए

(तुम ख़ूब सँवारकर कोई बात कह नहीं पाते, सिर्फ़ समय ही अपनी कहानी कहता जाता है)

ठीक ही तो, कहाँ लिख पा रही हूँ ख़ूब व्यवस्था से। लिलियाना जैसी अनेकानेक ने मेरा चैन छीन लिया है। दिन-रात उन्हीं के बारे में सोचती हूँ और...और जानना चाहती हूँ। जिनकी कथा समय ही लिखेगा लेकिन कब?

पिछला सप्ताह मैंने अजीब से अकेलेपन में गुज़ारा है, परीक्षाएँ चल रही थीं सो कक्षाएँ नहीं थीं। अनुवाद और डायरी लिखना यही दो काम थे। पर मनुष्य का विकल्प तो कुछ भी नहीं। दो लोग अगर एक-दूसरे को समझने वाले मिल जाएँ तो फिर वे ही मिलकर पूरी दुनिया हो जाते हैं। तुर्की के इज़मीर की गुलदाने कालीन यहाँ तुर्की और अंग्रेज़ी पढ़ा रही हैं, बहुत ही शालीन और समझदार। हम विश्वविद्यालय में अक्सर मिलते-जुलते हैं, गुल मेरी बातें समझती है। शनिवार को लिलियाना और ईगोर ने मुझे पार्टी में चलने को कहा है। मैं थोड़े पसोपेश में हूँ। शाकाहारी और मदिरा से परहेज करने वाला भारतीय संस्कार चोले में मुँह दबाए हँस रहा है। पिता को मालूम चला या मेरे भाई-बहनों को तो वे अविश्वस्त नेत्रों से ताकेंगे भर मुझे। लिली बताती है कि वहाँ कुछ औरतें मिलेंगी मुझे, जो हो सकता है अपने बारे में कुछ बोलें। ख़ैर हम शलाटा जाते हैं जहाँ से 'पॉट पार्टी' में जाना है। इसके बारे में मुझे कोई विशेष जानकारी नहीं। लेकिन पहुँचते ही लगा नशीले धुएँ से भरा माहौल दम घोंट देगा। कई लोग जिनमें लड़कियों की संख्या बहुत थी—हशीश, चरस, गाँजा आदि का सेवन कर रहे हैं। बिना पिए ही सिर चकराने लगा। लोग चुप लेटे हैं, कोई छत ताक रहा है कोई दम लगा रही है। हल्का संगीत बज रहा है। ध्यान से सुना श्री श्री रविशंकर की सभाओं में बजने वाला हरे कृष्णा...राधे राधे यहाँ की हवाओं में झंकृत है। मैं बाहर जाना चाहती हूँ। इस दमघोंटू माहौल में आकर ग़लती की...उफ़ नहीं आना चाहिए था। दीवार से सटकर एक जोड़ा खड़ा है। लड़के ने आगे बढ़कर मुझसे कुछ कहा है और हौले से मेरे बाल छुए हैं 'जेलिम दोटाक्नुटी स्वोजे क्रेन ड्लाके' (मैं तुम्हारे काले बाल छूना चाहता हूँ) सुनते ही मैं दौड़कर बाहर आ गई, जैसे नरक कुंड से बचकर लौटी हूँ। लिलियाना और ईगोर का कुछ पता नहीं। मैंने तीन ट्रामें बदली हैं और सुरक्षित लौट आने के सुकून ने मुझे गहरी नींद दे दी। अगले रविवार लिलियाना हँसकर कहती है, 'नेमोज्त्ते से प्रेपाला' यानी डरो मत। यहाँ ज़बरदस्ती कोई कुछ नहीं करेगा, तुम्हारे बाल काले हैं, जो यहाँ वालों के लिए कुतूहल है।

तुर्केबाना येलाचीचा जाते हुए ट्राम लोहे की ईंटों की सड़क के बीचोबीच बने हुए ट्रैक पर मुड़ती है। गोल इमारत के ऊँचे-ऊँचे काँचदार दरवाज़े जिनके भीतर भाँति-भाँति की दुकानें हैं। ऊनी, सूती वस्त्र, जो अधिकतर भारत और चीन के टैग से सुसज्जित हैं। जूते वियतनाम और थाईलैंड के बिक रहे हैं। दुकानदार की शक्ल दुमकटे लोमड़ जैसी है। सपाट चेहरे पर लाल नाक और गहरी कंजी आँखें, व्यवहार में विनम्र दीखता है लेकिन लाल भूरे बालों के भीतर रखे सिर में कुछ ऐसा खदबदा रहा है, जिसे मैं 'रंगभेद' समझती हूँ। साँवली रंगत का मनुष्य उसके बहुत सम्मान का पात्र नहीं। ऐसी गन्ध मेरी छठी इन्द्रिय को मिल रही है। दुकान के बाहर कोने पर छह-सात वर्षीय गोरे, चित्तीदार चेहरे वाला एक लड़का शीशे से अपनी नाक सटाए है। बड़ा-सा लबादा पहना हुआ है उसने, पैरों में नाप से बड़े फटे-से जूते। दुकानदार को बाहर आता देख वह ख़रगोश की तरह फुदककर ग़ायब हो जाता है। इसके बाद ही ज़ाग्रेब की मशहूर केक की दुकान है। जहाँ क्रोएशियन और जर्मन केक की ढाई सौ से अधिक क़िस्में अपने पूरे शबाब के साथ शीशे की पारदर्शी अलमारियों में भारी जेब के दिलदार खवैयों का इन्तज़ार कर रही हैं। गुलदाने कालीन ने इस दुकान की पेस्ट्री की तारीफ़ कई बार की है। आज सोचा खा ही लूँ। इन केक्स की ख़ूबी इनकी क्रीम है जो मनुष्य के मेदे और वज़न को चुनौती देती है। मनचाहा सजीला-सँवरा, क्रीम में लिपटा, बारीक डिज़ाइनदार केक का रसीला बड़ा-सा टुकड़ा प्लेट में सामने है। क़ीमत है पचास कूना यानी लगभग पाँच सौ रुपये। अपने यहाँ भी 'बरिस्ता' में लगभग यही दाम है। केक का पहला टुकड़ा काटती हूँ कि दुकान का मैनेजरनुमा आदमी बाहर खड़े बच्चे को दुरदुराता हुआ चिल्लाता है। हाथ में आलू चिप्स का फटा पैकेट लिये बच्चा दुकान के बीचोबीच आ गया है। कर्मचारी लड़का उसका लबादा खींचकर घसीट रहा है, दुकान में सुरक्षा सायरन बजने लगा। बच्चा कुछ बोल नहीं पा रहा है, मेरे पहुँचते-पहुँचते बच्चा फुटबॉल की तरह सड़क पर फेंका जा चुका है। पूछने पर वह दुकान के कूड़ेदान की ओर इशारा करता है। 'जा सम ग्लादना' (मैं भूखा हूँ) कहकर जार-जार रो रहा है। अनुमान करती हूँ कि किसी के

अधखाए चिप्स उठाकर बच्चा पेट भर रहा होगा और दुकान मालिक ने देख लिया होगा। मुझे अब केक नहीं खाना। शायद कभी नहीं। ख़ून से बच्चे की नाक रँग गई है। केक ख़रीदती हूँ उसके लिए वह सुबकता हुआ जा रहा है। शायद शरणार्थी है। हाथ की मुट्ठी में दबे केक की सफ़ेद क्रीम लाल हो रही है। उफ़ मेरे मौला ऐसे न जाने कितने बच्चे दर-बदर हो भटक रहे हैं—सम्मानहीन, भोजनहीन, आश्रयहीन, स्वयंसेवी संस्थाएँ हैं, सरकारें हैं, लेकिन हम अपना सुख भोग छोड़कर इनकी तरफ़ देखते हैं क्या? मन नम है और बाहर बरसात शुरू हो गई है—

पास रहो डर लग रहा है
लग रहा है कि शायद सच नहीं है यह पल
मुझे छुए रहो
जिस तरह श्मशान में देह को छुए रहते हैं
नितान्त अपने लोग,
यह लो हाथ
इस हाथ को छुए रहो जब तक पास में हो
अनछुआ मत रखो इसे,
डर लगता है
लगता है कि शायद सच नहीं है यह पल
जैसे झूठ था पिछला लम्बा समय जैसे झूठा होगा अगला अनन्त

—नवनीता देवसेन

बहन से अक्सर बात होती है, उसे लगता है, मुझे गहन अवसाद में जाने से पहले भारत लौट जाना चाहिए। उसे मेरी बहुत चिन्ता रहती है। परिवार बसाने के अनुभव ने उसे अचानक परिपक्व बना दिया है, उससे जब भी मैं युद्ध के अनुभवों और स्त्रियों की समस्याओं पर बात करती हूँ, उसका कलाकार मन अस्थिर हो जाता है। उसने पत्र में लिखा है कि मुझे वापस जल्दी लौट जाना चाहिए।

आज उसे ही उत्तर लिखा है मैंने—

प्रिय उक्की,

मैं अब पहले से बेहतर हूँ और इन दिनों युद्ध पीड़ित स्त्रियों के बारे में और जानने की कोशिश कर रही हूँ। तुम मेरी फ़िक्र न करना क्योंकि दुष्का, लिलियाना, गुलदाने और क्रेशो मेरा हाल-चाल लेते रहते हैं। बावजूद इसके कि मेरा वज़न लगभग 5 किलो कम हो गया है, मुझे अपनी तबीयत ठीक लगती है। वहाँ से लाया हुआ बहुत-सा सामान वैसे ही रखा हुआ है। एक कमरे में मैंने हीटिंग नॉब बन्द कर रखी है, ताकि खाने का सामान ख़राब न हो यहाँ ऐसी कई दुकानें हैं जहाँ चीज़ के बने व्यंजनों की भरमार है, पर सच कहूँ ख़रीदकर खाने का मन होता है तो तेरी याद आ जाती है, जैसे हम बचपन में हों और एक टॉफी को आधा-आधा बाँटकर खा रहे हों। तू यहाँ होती तो हम कितना मज़ा करते, ख़ूब खाते, ख़ूब घूमते। लड़ते और ख़रीदारी करते। मैं तो ख़रीदारी के मामले में बहुत बुद्धू हूँ, क्योंकि सालों से तो तू ही मेरे लिए सब ख़रीदती रही है। जब भी कोई सुन्दर सामान देखती हूँ, तू झट आँखों के सामने आ खड़ी होती है। मेरे देश लौटने का तेरे अलावा इन्तज़ार ही किसे होगा, सब लोग अपने जीवन में व्यस्त होंगे। दिल्ली में पापा से स्काइप पर बात हुई थी, दरअसल मेरा ही मन नहीं मानता, पापा कभी भी बेटियों को नहीं समझते, उनका मानना है कि मुझे ये असाइनमेंट लेना ही नहीं चाहिए था। वैसे अपने देश में, ख़ासकर पुरानी पीढ़ी में बेटी की ज़रूरत ही किसे है, बेटियाँ तो एक्सिडेंटल हुआ करती हैं। उनकी बातचीत में आत्मीयता की सख़्त कमी झलकती है। लेकिन अब जो दुनिया देख रही हूँ, जिस तरह के लोगों से मिल-जुल रही हूँ, उनके सामने हमारा अतीत, छोटे-छोटे दुख, उपेक्षाएँ सब और भी ज़्यादा छोटे होते जा रहे हैं। यहाँ न आती तो इतना सब सुन-जान पाती क्या?

इस हफ़्ते मैं ज़ाग्रेब के पुनर्वास केन्द्र में गई थी, जहाँ औरतें जीवन-यापन के लिए छोटे-मोटे काम सीखती हैं, जिनमें सामान की पैकेजिंग, मुरब्बे, जैम, अचार, मसाले इत्यादि बनाना शामिल है। बोस्निया-हर्ज़ेगोविना, क्रोएशिया के ख़िलाफ़ युद्ध में सर्बिया ने नागरिक और सैन्य क़ैदियों के कुल 480 कैम्प बनाए थे। क्रोएशियन और बोस्निया नागरिकों को डराने के लिए उनकी स्त्रियों पर बलात्कार किए गए। आक्रमणकारी छोटे-छोटे समूहों में गाँवों पर हमला करते जिनका पहला निशाना होतीं लड़कियाँ और औरतें। सामूहिक बलात्कार का सार्वजनिक प्रदर्शन किया जाता ताकि दूसरे गाँवों को अपने हश्र का अन्दाज़ा हो जाए। 1991-1995 के दौरान सर्ब सैनिकों ने सैन्य कैम्पों, होटलों, वेश्यालयों में बड़े पैमाने पर यौन-हिंसा के सार्वजनिक प्रदर्शन किए। बोस्निया और हर्ज़ेगोविना पर जब तक सर्बिया का क़ब्ज़ा रहा। किसी उम्र की स्त्री ऐसी नहीं बची जिसका यौन-शोषण या बलात्कार न किया गया हो। लिली और दुष्का को पर्यटन विभाग में नौकरी मिली और वह ज़ाग्रेब चली आईं। सर्ब होते हुए भी वे दोनों क्रोएशियन नागरिक थीं और उससे भी पहले थीं लड़कियाँ—ताज़ा, ज़िन्दा, टटका स्त्री मांस। लिली उन अभागी लड़कियों में से एक थी, जिन्हें नोचा-खसोटा और पीटकर क़ैद में रखा गया। कई लड़कियों को अश्लीलता के सार्वजनिक प्रदर्शन के लिए बाध्य किया जाता रहा, यौनांगों को सिगरेट से दागा गया और एक दिन में कई बार बलात्कार किया जाता रहा। इस पुनर्वास केन्द्र ने ऐसी स्त्रियों को स्वावलम्बी बनने में मदद की थी और यह सिलसिला अब भी ज़ारी है। युद्ध शुरू होते ही परिवार के परिवार गाँवों को छोड़कर भाग जाते, पीछे छूट जाते खेत, ढोर-डंगर और पकड़ ली गई औरतें। जिनकी उम्र दस से लेकर साठ-सत्तर वर्ष की हुआ करती। अन्तरराष्ट्रीय स्तर पर इस तरह के अत्याचारों को युद्ध अपराध की संज्ञा दी गई, युद्ध थमने के बाद भी यौन-हिंसा की शिकार इन औरतों के लिए कोई

ठोस सरकारी नीति नहीं बनी। विश्व के कई देशों, मसलन सोवियत यूनियन ने द्वितीय विश्वयुद्ध के बाद जर्मनी पर आधिपत्य जमाने के लिए 'बलात्कार' का हथियार के रूप में इस्तेमाल किया। इसी तरह बांग्लादेशी स्त्रियों का पाकिस्तानी सैनिकों द्वारा बड़े पैमाने पर धर्षण किया गया, युगांडा के सिविल वार और ईरान में स्त्रियों से ज़बरदस्ती यौन सम्बन्ध बनाकर अपमानित करने की घटनाओं से हम सब वाक़िफ़ हैं। चीन के नानकिंग में जापानी सेना द्वारा स्त्रियों का सामूहिक यौन-उत्पीड़न, दमन और श्रीलंकाई स्त्रियों के यौन-शोषण के हज़ारों मामले 'नव साम्राज्यवाद' को फैलाने के लिए ज़ोरदार और कारगर हथियार बने। कई स्त्रीवादियों ने वृत्त-चित्रों, फ़िल्मों द्वारा इस तरह की घटनाओं के ख़िलाफ़ जनमत संग्रह के कारगर प्रयास भी किए, लेकिन बोस्निया और हर्ज़ेगोविना की औरतों की बात अन्तरराष्ट्रीय स्तर पर गम्भीर चर्चा का विषय कभी बनी ही नहीं। क्रोएशिया से सटे बोस्निया जाने का मैं सोच रही हूँ।

हो सकता है, कुछ दिन मुझे इंटरनेट की सुविधा न मिले, इसलिए सम्पर्क न हो पाने की स्थिति में चिन्ता न करना। अपना ख़याल रखना। ई-मेल करती रहना, किसी कैफ़े में तो ई-मेल देख ही लूँगी।

स्नेह

दूतावास से बोस्निया जाने की अनुमति आसानी से ही मिल गई लेकिन वहाँ के अधिकारी बड़े दबे स्वर में उपहास करते हैं—'लोग तो पेरिस और इटली, जर्मनी घूमते हैं, मज़े करते हैं और आप 'वार विक्टिम्स' के पीछे पड़ी हैं।' बोस्निया में लूट, भ्रष्टाचार, झूठ, राहजनी सभी कुछ है लेकिन हरियाले खेतों के बीच से जाती सड़क का रास्ता बुरा नहीं। लिलियाना और बोजैक मेरे साथ हैं। बोजैक बोस्नियाई विद्यार्थी है, जो ज़ाग्रेब में पढ़ता है साथ ही कुछ रोज़गार

भी। उसकी उम्र पचास के ऊपर ही है। उसके सामने ही उसकी आठ वर्षीया बेटी और पत्नी को बार-बार धर्षित किया गया। बच्ची तीन दिन तक रक्त में डूबी रही, सैनिक उससे खेलते रहे। इस बीच कब उसने अन्तिम साँस ली, पता नहीं। बोजैक वह जगह दिखाता है जहाँ उसकी पत्नी दिल की बीमारी और अवसाद से मर गई। 'लाइफ़ मस्ट गो ऑन' कहकर बोजैक फटी आँखों से हँसता है और अगला युद्ध कैम्प दिखाने चल पड़ता है। बच्ची को खोकर, बाद के वर्षों में उसकी पत्नी प्रभु यीशु से अपने अनकिए पापों के लिए दिन भर क्षमा माँगा करती। उसका पाप क्या था? इसके उत्तर में बोजैक कहता है—'औरत होना...'। शान्ति स्थापित होने के बाद भी जिन्होंने युद्ध को अपनी देहों पर रेंगता, चलता, बहता महसूस किया, एक बार नहीं अनेक बार जिनकी कोख ने क्रूर सैनिकों के घृणित वीर्य को जबरन वहन किया, वे हमेशा के लिए हृदय और मानसिक रोगों का शिकार हो गईं। रवांडा में तो अकेले 1994 में लगभग 5,000 बच्चे युद्ध हिंसा के परिणामस्वरूप जन्मे थे। क्रोएशिया में ऐसे बच्चों की सही संख्या का पता कोई एनजीओ नहीं लगा सका, क्योंकि अधिसंख्य मामलों में लोग चुप लगा गए, पड़ोसी नातेदार सब जानकर भी घाव कुरेदने से बचते रहे। युद्ध सबके दिलो-दिमाग़ में पसर गया। बलात्कार की शिकार या गवाह रही अधिकांश स्त्रियाँ मृत्युबोध से ग्रस्त हैं। वे सामाजिक सम्बन्ध भी स्थापित नहीं करना चाहतीं। कई तो बस सालों तक टुकुर-टुकुर ताकती रहीं। कुछ बोल नहीं पातीं। कुछ ने अपना घर-बार छोड़ दिया और फिर कभी यौन सम्बन्ध स्थापित नहीं कर पाईं। एक मोटे अनुमान के अनुसार बोस्निया में युद्ध के दौरान लगभग पचास हज़ार लड़कियाँ-औरतें बलात्कार का शिकार हुईं और उधर 'इंटरनेशनल क्रिमिनल ट्रिब्यूनल फ़ॉर द फ़ार्मर यूगोस्लाविया' यौन दासता और बलात्कार को मानवता के प्रति अपराध के रूप में दर्ज कर काग़ज़ काले करता रहा।

संयुक्त यूगोस्लाविया का विखंडन बोस्निया और हर्ज़ेगोविना, क्रोएशिया, मैसीडोनिया गणतंत्र, स्लोवेनिया जैसे पाँच स्वायत्त देशों में हुआ था, जो बाद में चलकर सर्बिया, मांटेग्रो और कोसोवो में बँटा क्रोएशियाई लोगों के बीच जो युद्ध और झड़पें हुईं, उनमें से अधिकतर भूमि अधिग्रहण को लेकर थीं।

आज भी सात हज़ार से अधिक क्रोएशियन शरणार्थी बोस्निया और हर्ज़ेगोविना में हैं और इस देश में लगभग 1,31,600 लोग विस्थापित हैं। क्रोएशिया और बोस्निया की 935 कि.मी. की सीमा साझा है। हमें यहाँ पर धोखाधड़ी से बार-बार क्रोएशियन दूतावास द्वारा, जो सराएवो में है—आगाह किया गया है। रास्ते में कई बार पासपोर्ट और वीज़ा 'चेक' किया गया। मुझे यहाँ के खस्ताहाल संचार साधनों और सड़कों को देखकर भारत के कई छोटे शहरों की याद आती है। पूरे इलाक़े में बारूदी सुरंगों का ख़तरा है, इसलिए पुलिस ट्रैफ़िक को रोककर घंटों पूछताछ करती है। पुराने लोग अंग्रेज़ी नहीं समझते जबकि नई पीढ़ी अंग्रेज़ी बोलती और समझती है। युद्ध के दौरान कई बोस्नियाई जर्मनी भाग गए थे, इसलिए इनकी भाषा में जर्मन शब्दों का आधिक्य है। हमें उना नदी में रिवर राफ्टिंग का आमंत्रण है लेकिन मेरा ध्यान कहीं और है।

कल लिली ने 1993 के *लास एंजिल्स टाइम्स* में प्रकाशित मिरसंडा की आपबीती मेल की थी। होटल लौटकर मैंने वही टुकड़ा उठाया है—"रोज़ रात को सफ़ेद चीलें हमें उठाने आतीं और सुबह वापस छोड़ जातीं। कभी-कभी वे बीस की तादाद में आते। वे हमारे साथ सब कुछ करते, जिसे कहा या बताया नहीं जा सकता। मैं उसे याद भी नहीं करना चाहती। हमें उनके लिए खाना पकाना और परोसना पड़ता नंगे होकर। हमारे सामने ही उन्होंने कई लड़कियों का बलात्कार कर हत्या कर दी, जिन्होंने प्रतिरोध किया, उनके स्तन काटकर धर दिये गए।

ये औरतें अलग-अलग शहरों और गाँवों से पकड़कर लाई गई थीं। हमारी संख्या लगभग 1,000 थी। मैंने लगभग चार महीने कैम्प में बिताए। एक रात हमारे सर्बियाई पड़ोसी के भाई ने हममें से 12 को भगाने में मदद की। उनमें से दो को सैनिकों ने पकड़ लिया। हमने कई दिन जंगल में छुपकर बिताए अगर पड़ोसी हमें न बचाता तो मैं बच नहीं पाती, शायद अपने को मार लेती, क्योंकि मैं जिस यातना से गुज़री, उतनी यातना तो मृत्यु में भी नहीं होती।

कभी-कभी मुझे लगता है कि रात के ये दुःस्वप्न मेरा पीछा कभी न छोड़ेंगे। हर रात मुझे कैम्प के चौकीदार स्टोजान का चेहरा दीखता है। वह उन सबमें सबसे निर्मम था, उसने दस साला बच्ची को भी नहीं बख़्शा था। ज़्यादातर बच्चियाँ बलात्कार के बाद मर जाती थीं। उन्होंने बहुतों को मार डाला। मैं सब कुछ भूलना चाहती हूँ, नहीं तो मर जाऊँगी।"

पढ़कर मेरा मन घुटन से भर गया है, भूख, नींद ग़ायब हो गई है। स्काइप खोलकर देखा है। कोई मित्र-आत्मीय ऑनलाइन नहीं है। किसी ने कहा था कि मित्रहीन होने से बड़ी भाग्यहीनता कुछ भी नहीं है। खिड़की के बाहर देखती हूँ स्ट्रीट लाइट्स जल रही हैं, यहाँ मेघाच्छन्न आकाश के समय भी अँधियारा-सा घिरते ही स्वचालित बत्तियाँ जल जाती हैं। सब ओर चुप्पी छाई हुई है, वियेस्निक डी. डी. की ऊँची इमारत पर लाल रंग की तीखी बत्ती, जैसे अथाह और अपार समुद्र के बीचोबीच खड़ा लाइट हाउस। इस समय भारत में आधी रात होगी। 'मेघेर पोरे मेघ जोमे छे आंधारकोरे आशे'—बादल घिरे हों तो वैसे भी मेरी नींद खुल जाती है, गहरी नींद में भी मुझे बादलों की नम गन्ध बेचैन कर देती है। दो बिस्किट खाए हैं, पानी भी पी लिया पर दिल बहलता नहीं। बाल्कन प्रदेश के पार से आती गुमसुम बोझिल हवाओं के घोड़ों पर सवार लम्बे क़द्दावर क्रूर सर्बियाई सैनिक दीखते हैं। हवा में तैरती चीख़ें और पुकारें हैं। 1992 में फोका की स्कूल जाने वाली लड़की बताती है कि कैसे जोरान वुकोविच नामक आदमी ने उससे ज़बरदस्ती संसर्ग किया और बाद में दूसरों के आगे परोस दिया। स्कूल में सैनिकों का जत्था घुसा और आठ लड़कियों को चुनकर उनसे निचले कपड़े उतारकर फ़र्श पर लेटने को कहा। पूरी क्लास के सामने इन आठों का जमकर बलात्कार किया गया। सैनिकों ने बोस्नियाई मुसलमान लड़कियाँ चुनीं, उनके मुँह में जबरन गुप्तांग ठूँसे और कहा—"तुम मुसलमान औरतें (गाली देकर) हम तुम्हें दिखाते हैं।" उसके पास कोई शब्द ऐसा नहीं, जो उसकी यातना व्यक्त करने में सक्षम हो—बार-बार यही कहती है, 'एक औरत के साथ इससे बदतर कुछ हो ही नहीं सकता'।

उसे बाद में पाट्रीजन स्पोर्ट्स हॉल में, अलग-अलग उम्र की लगभग साठ अन्य स्त्रियों के साथ बन्धक बनाकर रखा गया। वे बारी-बारी सर्ब सैनिकों द्वारा ले जाई जातीं और बलात्कार के बाद लुटी-पिटी घायल अवस्था में स्पोर्ट्स हॉल में बन्द कर दी जातीं। सर्ब सेनाओं ने घरों, दफ़्तरों और कई स्कूलों की इमारतों को यातना-शिविरों में बदल डाला था। एक बोस्नियाई स्त्री ने बताया कि "पहले दिन हमारे घर पर क़ब्ज़ा करके परिवार के मर्दों को ख़ूब पीटा गया। मेरी माँ कहीं भाग गई—बाद में भी उसका कुछ पता नहीं चल पाया, बहुत ढूँढ़ा हमने। वे मुझे नोचने, खसोटने लगे। डर और दर्द से मेरी चेतना लुप्त हो गई...जब जगी तो मैं पूरी तरह नंगी और ख़ून से सनी हुई फ़र्श पर पड़ी थी...यही हाल मेरी भाभी का भी था...मैं जान गई कि मेरा बलात्कार हुआ है...कोने में मेरी सास बच्चे को गोद में लिये रो रही थी...। उस दिन से हमें हमारे ही घर में क़ैद कर दिया गया। यह मेरी ज़िन्दगी का सबसे बुरा वाकया था...वे हमेशा पंक्तिबद्ध कर सैनिकों के सामने ले जाते और हमें परोस देते। मकान में वापस लाकर भी अश्लील हरकतों के लिए मजबूर करते और हमें रौंदते...हमारे बच्चों के सामने भी हमें खसोटते। ये सब एक साल तक चला, अधिकतर औरतें या तो मर गईं, पागल हो गईं या वेश्याएँ बन गईं।"

युद्ध के बाद 'डेटन एकार्ड्स' नाम से शान्ति समझौता हुआ था, जिसके अनुसार यौन-हिंसा पीड़िताओं को घर-वापसी पर मकान और सम्पत्ति दी जानी थी लेकिन ऐसी बहुत कम औरतें थीं, जो घर वापसी के लिए तैयार थीं अधिकांश ने अपने मकानों में लौटने से इनकार कर दिया क्योंकि वहाँ उनकी यातना और अतीत के नष्ट जीवन के स्मृति चिह्न थे।

हासेसिस नामक ख़ूबसूरत, ख़ूब चिकनी गुलाबी जिल्द वाली गोलमटोल-सी औरत एक रेस्टोरेंट चलाती है। व्यंजन पकाने में उसने कई पुरस्कार भी जीत रखे हैं। यहीं हम खाना खाने पहुँचे हैं, विदेशी चेहरा देखकर उसने एक सलज्ज आत्मीय मुस्कराहट दी है, उसने ख़ूब आवभगत की है हमारी, थोड़ी-बहुत अंग्रेज़ी सीख चुकी है, सिर पर काही रंग का स्कार्फ पहन रखा है, हाथ-पैर

के पंजे छोटे-छोटे, मक्खन के लोंदे से गढ़े गए हों जैसे। मेरे आग्रह पर उसने दोपहर तीन बजे अपने बारे में बताने का वायदा किया है क्योंकि उस समय रेस्टोरेंट में भीड़ नहीं रहती। छोटे से साफ़-सुथरे रेस्टोरेंट में तीन और औरतें काम करती दीख रही हैं, हासेसिस कैश बॉक्स भी सँभालती है, मुस्कुराकर ग्राहकों का स्वागत करती है। रेस्टोरेंट में भीतर और बाहर दोनों जगह बैठने का इन्तज़ाम है। हर कोने में रखे मौसमी फूलों के बड़े-बड़े गमले, सिज्लर के लिए इस्तेमाल होने वाले चारकोल की गन्ध और एक बड़े पैन में गर्म और ताज़ा फ्राइड आइसक्रीम के तले जाने की मिली-जुली ख़ुशबू अच्छी लग रही है। लिलियाना को ठंडी वेनीला आइसक्रीम को अंडे और सूखे मेवे के घोल में तलकर खाना पसन्द है कहा जाता है कि रोम में नीरो अपने सैनिकों को आइसक्रीम के पकौड़े खिलाया करता था। आजकल इस रेसिपी में तरह-तरह के प्रयोग किये जाते हैं, हासेसिस ने ख़ूब गाढ़ी चॉकलेट सॉस के साथ इसे हमें खाने को दिया है। दिन के डेढ़ बजे हैं, हम बीच का समय यहीं काट लेंगे जब तक हासेसिस भी ख़ाली हो जाएगी। कुर्सियाँ प्लास्टिक की हैं पर बेंत जैसी दीखती हैं। धूप से बचने के लिए हर टेबल पर कपड़े की छतरी लगी है। सड़क के उस ओर गिटार का संगीत सुनाई दे रहा है, अवाँगार्द-सा एक आदमी खड़े होकर गिटार बजा रहा है, साथ में गाता भी है सामने अपनी जैकेट खोलकर बिछा दी है, जिस पर कुछ सिक्के पड़े हैं। हम दोनों टहलते हुए इधर निकल आए हैं। अब उसने अंग्रेज़ी गीत शुरू किया है, लिलियाना मुस्कुरा रही है मुझे समझने में दिक़्क़त नहीं हो रही कि वह 'होटल कैलिफोर्निया' गा रहा है—

On a dark desert highway, cool wind in my hair
Warm smell of colitas, rising up through the air
Up ahead in the distance, I saw a shimmering light
My head grew heavy and my sight grew dim
I had to stop for the night.
There she stood in the doorway;
I heard the mission bell
And I was thinking to myself
'This could be heaven or this could be Hell'

Then she lit up a candle and she showed me the way
There were voices down the corridor,
I thought I heard them say
Welcome to the Hotel California
Such a lovely place (such a lovely place)
Such a lovely face.
Plenty of room at the Hotel California
Any time of year (any time of year) you can find it here

ईगल्स का यह गीत जब भी सुनती हूँ नया ही लगता है, इसे 1978 का ग्रैमी अवार्ड मिला था। गिटार पर यह गीत अद्‌भुत प्रभाव पैदा करता है। लिलियाना भी गीत में खो गई है। संगीत हमें जिस उच्चतर अनुभव से रूबरू कराता है उसी के बारे में इस गीत के रचनाकार डॉन हेनले ने कहा था—'यह मासूमियत से अनुभव की यात्रा का गीत है'—यह अमूल्य है, जैसे हर अनुभव अपने आप में अमूल्य होता है। तालियाँ बज रही हैं और संगीतकार के चेहरे पर थोड़ी ख़ुशी और आँखों में व्यावसायिक चालाकी है। मैंने बीस कूना का नोट वहाँ रख दिया है। अब हर्वात्स्की गाना शुरू हो रहा है। गीत की धुन गुनगुनाते हुए हम हासेसिस के पास लौट आए हैं। उसने अब एप्रिन उतारकर अपने बाल सँवार लिये हैं और हम रेस्टोरेंट के भीतर बैठे हैं।

अप्रैल 1992 का दिन इतने वर्षों बाद भी हासेसिस भूल नहीं पाई है, वह बड़ी हिचक और संकोच से अपनी बातें रिकॉर्ड करवा रही है, लिलियाना मेरे लिए अनुवाद कर दे रही है। हासेसिस को अच्छी तरह वह दिन याद है जब सर्ब सैनिक उसे विजेग्राद के पुलिस स्टेशन के तहख़ाने में ले गए—"उस कमरे में लकड़ी का बहुत-सा सामान था कुर्सियाँ वग़ैरह। वहाँ मैंने मिलान लूसिक और स्ट्रेजो लूसिक को देखा। मैं मिलान को अच्छी तरह जानती थी। उसने चाक़ू लहराते हुए कहा—"अपने कपड़े उतारो—लगा वह मज़ाक़ कर रहा है...लेकिन सच यही था कि इतना पुराना सर्बियाई पड़ोसी कई सैनिकों के साथ मुझे अपमानित करने पर तुला था...।" हासेसिस ने कितने दिन तहख़ाने में गुज़ारे उसे ठीक याद नहीं, बाद के दिनों में तो ऐसा हुआ कि सर्बियाई पड़ोसियों की आवाज़ सुनते ही वह कपड़े उतारकर ख़ुद ही फ़र्श पर लेट

जाती। यातना जितनी जल्दी ख़त्म हो उतना अच्छा। दिन में एक वक़्त उसे खाना दिया जाता। सर्ब सैनिकों के तरीक़े इतने भयानक थे कि हासेसिस ने तय कर लिया था कि किसी सैनिक के आते ही वह अपने आप को जल्दी से परोस देती। रिलैक्स होते ही दूसरे सैनिक को इशारा कर दिया जाता था, और इस तरह वह मार-पिटाई से बच गई। वह बताती है कि उसे उम्मीद थी एक न एक दिन इस यातना का अन्त होगा और वह अपने नन्हे-मुन्ने बच्चों के पास लौट पाएगी। लिलियाना ने पूछा है तुम्हें बहुत तकलीफ़ होती थी न? हासेसिस का जवाब है—जब मैं उनके नीचे लेटी होती थी, वे निबट रहे होते थे तब लगता था मैं एक नाली हूँ जिसमें गन्दगी बहाई जा रही है, एक न एक दिन इसका अन्त होना ही है। मेरी बेटी का मासूम चेहरा ही था कि मैंने अपने मन को मज़बूत किये रखा। हाँ, इतना ज़रूर हुआ कि घर लौटने पर मेरे पति ने तलाक़ ले लिया क्योंकि मैं बिस्तर में बर्फ़-सी ठंडी थी। पर अब मैं ख़ूब मेहनत करती हूँ और अपने बच्चों को अच्छी ज़िन्दगी मैंने दी है।"

कितना आसान है सुनना और कितना कठिन होगा झेलना...जितने भी मूल्य हैं, साहस उनमें सर्वाधिक महत्त्वपूर्ण है, साहस के बिना किसी और मूल्य की रक्षा आप नहीं कर सकते। आप सच्चे, दयालु, आत्मविश्वासी, आत्मीय कुछ भी हो सकते हैं...लेकिन ऐसा बनने के लिए आपको हर समय साहस की आवश्यकता होती है, और इसका मतलब युद्धभूमि में खड़े होना नहीं है, साहस से तात्पर्य है आपके भीतर का साहस, जो आपके आत्म को दूसरे मनुष्यों को दिखाने में मदद करता है। इतना साहस लाने के लिए भी कितने साहस की ज़रूरत होती होगी। हम जैसे साधारण लोग छोटे-छोटे दुखों, तकलीफ़ों को कितना बड़ा करके देखते हैं और जिसने इतनी भीषण यातना पाई वह! जैसा, जितना बच रह गया जीवन है, उसे बेहतर बनाते हुए जी रही है।

कल हम लोग स्पाहोटल 'विलिना व्लास'—जो आज पर्यटकों के आकर्षण का केन्द्र है—गए थे। ख़ूब साफ़-सुथरा होटल। लिलियाना अपने पेशे के सिलसिले में यहाँ के कर्मचारियों से भलीभाँति परिचित है। शायद अक्सर आती

होगी यहाँ। वैसे भी उसे होटल वाले ही क्लाइंट्स देते हैं। ज़ाग्रेब विश्वविद्यालय के सहयोगियों को मालूम नहीं है कि मैं किस-किस तरह की जगहों पर जा रही हूँ। वरना स्त्रियों की मॉरल पुलिसिंग शुरू होते देर लगती है क्या। ये काम स्त्री-पुरुष दोनों करते हैं। आप सारा दिन घर में बन्द रहें, अनजान लोगों से न मिलें, न अनजान जगहों पर जाएँ, और कहीं जाना भी हो तो किसी को साथ लेकर जाएँ, ऐसी नसीहतें बार-बार सुनने को मिलती रहती हैं। इन नसीहतों पर कान दिये जाएँ तो आप कहीं यात्रा ही न कर पाएँ क्योंकि हर जगह आपके मनमाफ़िक़ कोई व्यक्ति साथ हो यह ज़रूरी तो नहीं और यह भी ज़रूरी नहीं कि जो मुद्दे आपके लिए मानी रखते हों वे दूसरों के लिए भी महत्त्वपूर्ण हों। विश्वास नहीं होता पर मुझे बताया जाता है कि यहाँ दो सौ औरतों को बन्द करके रखा गया था। फ़र्श की सफ़ाई करने वाली बूढ़ी बाल्कन स्त्री मिली है, जिसे अपना पेट पालने के लिए यहाँ नौकरी करनी पड़ी है, उसे तारीख़ याद नहीं लेकिन वाकया बख़ूबी याद है—"मैं अपने बेटे को लेकर जंगल में छिप गई थी। 16 साल का बेटा मेरे साथ था लेकिन बेटी को मैंने घर के तहख़ाने में छिपा दिया था, क्योंकि सुनने में आया था कि वे लड़कियाँ उठा ले जाते हैं। उन्होंने मुझे पकड़कर धमकाया, बेटे के सामने मेरे कपड़े उतारे और चाक़ू से बेटे का गला रेत दिया। 'मम्मा' यही अन्तिम शब्द था। जो मेरा बेटा बोल पाया। कभी-कभी वे मुझे दो दिन के लिए कैम्प ले जाते, फिर होटल वापस छोड़ जाते। मैं गिनती ही भूल गई कि उन्होंने कितनी बार मुझसे बलात्कार किया। होटल के सारे कमरों में ताले लगे रहते, वे खिड़की के रास्ते हमें रोटी फेंकते, जिसे हमें दाँतों से पकड़ना पड़ता, क्योंकि हमारे हाथ तो पीछे बँधे रहते। सिर्फ़ बलात्कार के वक़्त ही हमारे हाथ खोले जाते। हमें समय का ज्ञान भूल गया। हमारी देह को सिगरेट से जलाया जाता, जीभ पर चाक़ू चलाकर मांस का टुकड़ा काट लिया जाता। हममें से अधिकांश औरतें न बोलती थीं, न रोती थीं। कुछ ने अपनी जान भी ले ली और कई तो दर्द और भूख से मर गईं। कई औरतों का सात से नौ घंटे के बीच नौ-दस बार बलात्कार हुआ। कुछ बलात्कारों की रिकॉर्डिंग भी की गई, जिनका इस्तेमाल पोर्नोग्राफ़ी के बाज़ार के लिए किया गया।"—क्या कहूँ, कैसे लिखूँ इसे!

अलेक्जेंडर पोप ने कहा था कि आसान लेखन को पढ़ना बहुत मुश्किल होता है और ठीक इसके विपरीत बात भी सही है कि जो आसानी से पढ़ा जाए उसे लिखना बहुत कठिन होता है। यह वृद्धा जो दो वक़्ती खाने के एवज में यहाँ काम कर रही है, उसके लिए जीवन की क्या आशा बाक़ी होगी। मुझसे सीधा संवाद तो मुमकिन नहीं लेकिन उसकी मिचमिचाई-सी आँखों में अजीब-सा उजाड़ जैसा दीखा। लोग कही हुई बात भूल जाते हैं, किये हुए काम भी लेकिन अनुभव नहीं भूलते। मैंने उसे सौ कूना दिये हैं बूढ़ी औरत के चेहरे पर मुस्कान खिल गई है, उसने नीली यूनिफ़ार्म की जेब में जल्दी से नोट घुसा लिया है और सफ़ाई का टब लेकर फुर्ती से सीढ़ियाँ उतर गई है। अयाचित धन की उपलब्धि ताज़गी ले आती है।

ये बलात्कार किसी सरकार द्वारा नहीं बल्कि व्यक्ति विशेष द्वारा किये गए थे, इसलिए कई अन्तरराष्ट्रीय संगठनों का मानना था कि ये मानवाधिकारों का उल्लंघन नहीं है क्योंकि उन्हें लगता था कि सिर्फ़ सरकारी संगठन ही मानवाधिकारों का उल्लंघन कर सकते हैं, लेकिन बाद में जब बोस्निया सरकार ने अन्तरराष्ट्रीय न्यायालय में सर्ब सैनिक टुकड़ियों की हिंसा को 'जेनोसाइड' कहा और 1993 में संयुक्त राष्ट्रसंघ ने पहली बार 'अन्तरराष्ट्रीय युद्ध अपराध ट्रिब्यूनल' की घोषणा की, तब ऐसे कुछेक मामलों की सुनवाई आरम्भ हुई। इन सुनवाइयों में कभी आरोपी की पहचान से इनकार किया गया तो कभी मुद्दई ने आरोप वापस ले लिये। दिलचस्प यह भी था कि ट्रिब्यूनल के पास सुनवाइयों की व्यवस्था के लिए धन का नितान्त अभाव था, जिसकी पुष्टि 7 दिसम्बर, 1994 के *न्यूयॉर्क टाइम्स* की रपट करती है। दुखद आश्चर्य था कि ट्रिब्यूनल की 18 सदस्यीय जाँच समिति में मात्र तीन स्त्रियाँ थीं। लम्बी प्रक्रिया के बाद बोस्निया में यातना शिविर चलाने और हिंसा के लिए 21 सर्ब सैनिक कमांडो को दोषी पाया गया। न्यायालय ने कहा कि "ओम्सिका कैम्प में स्त्रियों को बन्धक बनाया गया, बलात्कृत कर जान से मारा गया। कई को बुरी तरह पीटा और अन्य बर्बर ढंग के बर्ताव किये गए।" न्यूयॉर्क में अन्तरराष्ट्रीय

मानवाधिकार क़ानून की विशेषज्ञ रोंडा कोंप्लोन का मानना था कि स्त्रियों की अनुमति/सहमति के बिना ऐसे मामलों में उनकी पहचान को सार्वजनिक करना ग़लत है। बोस्निया की मुस्लिम-बहुल आबादी में ऐसी स्त्रियाँ बहुत कम थीं, जो आरोपियों को पहचानने के लिए आगे आईं।

सेम्का से भी बोजैक ने ही मिलवाया है, जिसकी बातें मैंने रिकॉर्ड कर ली हैं। सेम्का एजिक अब पचपन साल की है, उत्तर-पूर्वी बोस्निया के एक छोटे से शहर जिविनय में जीवन गुज़रा उसका कहना है—"जब भी मुझे बीती घटनाओं के बारे में बताना पड़ता है मुझे पसीना और चक्कर आने लगते हैं, जिसे रोकने के लिए दवाएँ पहले से ही लेनी पड़ती हैं।"

सेम्का ने विस्तार से आपबीती सुनाई है। सुनने के बाद मन अजीब सा हो आया है, मुँह में कड़वा-कसैला स्वाद, बाईं करवट लेते ही घबराहट सी-होती है। इस बार इस यात्रा की एक रात भी मुझे निर्विघ्न नींद नहीं मिली। धीरे-धीरे भोजन के प्रति भी उत्साह मरता जा रहा है, बस चावल और दही खाती हूँ, यहाँ का मुख्य मांसाहार ही है। रात में डायरी और विवरण लिखते कुछ खाने की इच्छा नहीं होती। सेम्का एजिक को जुलाई 1992 में सर्ब अर्द्धसैनिक बलों की एक टुकड़ी ने जासा विचा भेज दिया उसका किशोर बेटा द्वेजद गोली का शिकार हो गया, बेटे के ग़म में ग़ाफ़िल, अपने-आप से बिलकुल बेख़बर सेम्का का कहना है—"मुझे क्या मालूम था कि मौत से भी बदतर हालात अभी झेलने बाक़ी हैं।" जासा विचा के एक ख़ाली घर में औरतों के झुंड में उसे भी रखा गया। बुरी तरह पिए सर्ब सैनिक ने बन्दूक़ की नोक पर ज़बरदस्ती एक एक को कमरे में ले जाकर पूछा—क्या मुझे बन्दूक़ का इस्तेमाल करना पड़ेगा इसके बाद शारीरिक प्रताड़ना का लम्बा सिलसिला चलता रहा तब तक, जब तक सर्ब और बोस्नियाई क़ैदियों के पारस्परिक आदान-प्रदान की प्रक्रिया में उसकी रिहाई नहीं हुई। सेम्का को न्याय मिलने की कोई आशा नहीं, गाँव के घर में, पशुपालन और खेती से जीवनयापन करती, कभी न लौटने वाले बेटे की प्रतीक्षा किया करती है। गाँव वाले कहते हैं कई महीनों तक तो वह दिन

भर बस स्टैंड पर ही बैठी रहती थी कि शायद किसी बस से उसका बेटा उतर आए। इलाज ने धीरे-धीरे उसे स्थितियों से समझौता सिखा दिया, लेकिन वह सामान्य नहीं हो पाई है।

सोचा करती थी यूरोप में स्त्रियों की स्थिति एशियाई स्त्रियों से कहीं बेहतर होगी लेकिन ऊपर से दीखता प्रमुख बीयर उत्पादक देश अपने भीतर लहूलुहान इतिहास छिपाए हुए है। पूर्वी और पश्चिमी बंगाल के विभाजन के समय लाखों निर्दोष लोग बेघर हुए और लगभग एक लाख स्त्रियाँ यौन शोषण और हिंसा की शिकार हुईं। ऐसा क्यों होता है...युद्ध कहीं हो...किसी के बीच हो, मारी जाती हैं औरतें। एक फ़िल्म देखी थी—द *चिल्ड्रेन ऑफ़ वार*—फ़िल्म में सेना के कुकृत्य और वृहत्तर राष्ट्र निर्माण की इच्छा से किये गए दमन और शोषण का अंकन है। सेना ने ग़ैर-सुन्नी मुसलमानों और बंगाली हिन्दुओं पर सबसे अधिक कहर ढहाए, वहाँ पर औरतों का बलात्कार उसी जिहादी मानसिकता का प्रदर्शन था जिसके तहत यह माना जाता है कि बलात् सम्पर्क से एक पूरी की पूरी जाति को समूल नष्ट किया जा सकता है स्त्री तो कोख है सिर्फ़ उसका महत्त्व इतना ही है कि वह वीर्य वहन करे—इच्छित अथवा अनिच्छित—वह हमेशा पराजित है। औरतों से उत्पन्न सन्तान बलात्कारी के डीएन से उपजेंगे, उन्हीं की मानसिकता के अनुयायी होंगे। विभिन्न धर्मों ने वैश्विक स्तर पर अपना प्रसार ही इसी आधार पर किया। भारत में इस विचारधारा का पुर्तगालियों द्वारा सबसे अधिक घृणित प्रदर्शन गोवा में किया गया जहाँ पुर्तगालियों को भारतीय स्त्रियों से बलात्कार करने और सम्भोग कर सन्तान उत्पन्न करने की खुली छूट दे दी गई थी और विरोध करनेवालों को भयंकर यातना और पीड़ा दी जाती थी। ये एक तरह का धार्मिक जेनोसाइड था।

पिछला महीना मेरे लिए सुखद नहीं रहा, जितना ज़्यादा बोस्निया-हर्ज़ेगोविना के बारे में जानती हूँ, उत्सुकता, बेचैनी और ख़ेद बढ़ते जाते हैं। शायद इसीलिए

अडोर्नो ने आउशवित्ज़ के नरसंहार के बाद कहा था कि अब कविता कभी लिखी ही न जा सकेगी। क्या सब अनाप-शनाप दिल-दिमाग़ पर छाया हुआ रहता है। उक्की कहती है सिमोन के अनुवाद ने मुझे अवसादग्रस्त कर दिया है, वरना मेरी ख़ुशमिज़ाजी तो संक्रामक थी। ऐसा बोस्निया से लौटने के बाद ही हुआ है। सोच रही हूँ कि कुछ दिनों आराम करूँ और भूल जाऊँ सब बीता हुआ, वरना ये आख्यान तो मेरी नींदों में दृश्य बनकर आने लगे हैं।

मैंने इधर कुछ क्रोएशियाई कवियों को पढ़ना शुरू किया है। बीसवीं शताब्दी के कवि इवान गोरान कोवाचिच की कविता ने तो बेचैन कर दिया, जो द्वितीय विश्वयुद्ध के दौरान उत्पीड़न की इन्तिहा को बयान करती कविता है—

दिन की रोशनी और रात के अँधियारे में ख़ून ही ख़ून है
रात की नियति मेरे गालों पर टाँक दी गई है
देखता हूँ अब सिर्फ़ मन की आँख से
आँख की कोटरों से आँसू नहीं, निकलती है आग
मेरा दिमाग़ है बेचैन-रुद्ध है साँस
जबकि मेरी चमकीली पनीली कौतुकी भोली आँखें मर रही हैं
मेरी अपनी ही हथेलियों पर।

निर्वासन, उत्पीड़न शोषण की संवेदनाओं से क्रोएशियाई कविताएँ भरी दिखती हैं, जहाँ इवान गोरान कोवाचिच को पाठ्यक्रम में अनिवार्यतः स्थान दिया जाता है। वहीं निर्वासन पर कविताएँ लिखने वाली द्रुबावका युरेसिक ने बहुत से अन्तरराष्ट्रीय सम्मान पाए। इवान स्लेमनिग (1930-2001) वैविध्य के कवि और अनुवादक थे, अंग्रेज़ी साहित्य का अनुवाद क्रोआती में करके नई पीढ़ी को साहित्य के वैश्विक परिदृश्य से परिचित कराने का महत्त्वपूर्ण कार्य किया। उनका एंतोलोजिया हर्वात्स्का पोएजिए मुझे मिला है, जिसमें क्रोआती कविता के आरम्भ से 19वीं सदी के प्रारम्भिक कवि संकलित हैं। रनजिनी टेंक का *वूंडेड कैनन* पढ़ना अच्छा लग रहा है। इच्छा है कि स्लावेंका द्राकुलिच

के लिखे को पढ़ूँ क्योंकि सेर्गेई मिखाइलिच ने बताया है कि उनके उपन्यास और निबन्ध क्रोएशिया समेत पूरे यूरोप के राजनीतिक तापमान और स्त्रीवादी विमर्श की दिशा का पता देते हैं। फिलहाल क्रोएशिया में हाइकू की रचना बड़े पैमाने पर हो रही है और हाइकू की प्रतियोगिताएँ भी प्रचलित हैं—यहाँ हाइकू की शुरुआत ब्लादीमीर देविदे ने की, जो पेशे से गणितज्ञ थे, ज्वोंको पेट्रोविच और तोमिस्लाव मरेतिच ने हाइकू को नई ऊँचाइयाँ दीं। तोमिस्लाव पेशे से डॉक्टर और हृदय से कवि हैं, मुझसे भारत के बारे में ढेर सवाल करते हैं, मैंने महसूस किया कि वे चाहते हैं कि हाइकू भारतीय पाठकों तक भी पहुँचे। मन बदलने के लिए अनुवाद अच्छा काम है, अब मुझे ऐसा लग रहा है। जैसे आप कितने भी तनाव और विशृंखलित मानसिकता में क्यों न हों, गाड़ी के स्टियरिंग व्हील पर बैठते ही एकाग्रचित्तता अपने आप चली आती है—ध्यान, चेतना सब हाथ-पैरों और दृष्टि में एकतान हो जाती है। मरेतिच लिखते हैं—

सब कुछ बीतने के बावजूद
उसका कुत्ता
हमारे मिलने पर दुम हिलाता है
अब भी

और दूसरा हाइकू,

श्यामवर्णी समुद्र-पाखी
डुबकी लगाता समुद्र श्यामल हो जाता।

मैंने दूसरे हाइकू में जिसे श्यामवर्णी समुद्र-पाखी कहा है वह मूल में फिंच पक्षी है, जिसकी चोंच छोटी-सी होती है और रंग काला-सुनहरा होता है। आज बहुत दिनों बाद यूँ ही कविताएँ पढ़ते-पढ़ते सेर्गेई का ध्यान आया और उन्हें ई-मेल लिखने बैठ गई हूँ। पिछले कुछ महीनों से भारतीय सम्पर्क बहुत कम रह गए हैं, दरअसल, परिवार के लोगों के पास मुझसे चलताऊ हालचाल पूछने और मेरे पास वही घिसा-पिटा जवाब देने के अलावा कुछ बचा नहीं है। दूरियों से सम्बन्धों की गरमाहट क्या सच में ही कम हो जाती है—

प्रिय सेर्गेई मिखाइलीच,

मैं बिलकुल ठीक हूँ और इवान ने मेरे काम में बड़ी मदद की है। आपने क्रोएशियाई कवियों के बारे में जो कहा था वो सही है। इन दिनों मैंने बहुत से हाइकू पढ़े हैं और कुछ का अनुवाद भी कर रही हूँ।

विदेशी भूमि पर हूँ यह बात मन से कभी जाती नहीं। कभी-कभी कुछ पंक्तियाँ यूँ आँखें भिगो जाती हैं कि फिर और कुछ देखना सम्भव नहीं हो पाता। जिनसे मिले वर्षों हो गए वे भी पुनर्नवा होकर दृश्यपटल पर आते रहते हैं। आपने ठीक ही कहा था अच्छे सैलानी के लक्षण तो ये नहीं। तो अब कविता की बात...तोमिस्लाव मरेतिच के हाइकू में विषय-वैविध्य है, उनका चुटीलापन देर तक बाँधे रखता है, लेकिन उससे ज़्यादा उनसे बात करने का मज़ा है, वे साहित्य, इतिहास, संस्कृति, चिकित्सा पर लम्बे वक्तव्य देते हैं। जो कभी-कभी उबाऊ और छोटी-छोटी तफ़सीलों से भरे होते हैं। मिलने की जगह कॉफ़ी हाउस—जिसकी कुर्सियाँ ख़ाली नहीं ही रहतीं। एक बार कुर्सी मिल जाने के बाद डॉक्टर तोमिस्लाव कॉफ़ी के एक प्याले पर घंटों बिता सकते हैं। इवान आन्द्रेइच इस बात को समझ गए हैं कि मैं उनसे अक्सर युद्ध हिंसा के मुद्दे पर बात क्यों करती हूँ अब वे कुछ बताते ही नहीं। आपके देश में लोग अपना अतीत छिपाने में सिद्धहस्त हैं। मेरा देश होता तो गली के नुक्कड़ पर बैठे पानवाले से लेकर मुहल्ले का नाई अपने देश-काल का अतीत ऐसे बखान देता कि बस। कॉफ़ी हाउस में अक्सर हम तीन बैठते हैं लेकिन वक्ता की भूमिका तोमिस्लाव ही निभाते हैं। पहले मुझे लगता था कि औरतें ही बहुत बोलती हैं, लेकिन अब लगता है कि ऊपर से गुरु-गम्भीर दिखने वाला भी घंटों बोलता रह सकता है। मैंने यूँ ही एक थेरेपी-सी ईजाद की है कि यदि मुझे सर्बिया क्रोएशिया के बारे में और-और जानना है तो चिकित्सक

महोदय की रचनात्मकता के गुबार को धैर्यपूर्वक सुनना ही होगा। कई रविवारों को बक चुकने के बाद अब उन्हें विश्वास जमने लगा है कि इवान और मैं स्थायी श्रोता हैं, जो ऊबकर भागेंगे नहीं। मेरे पिता में दूसरों की बकवास सुनने का जो अपार धैर्य है, शायद मुझे भी विरासत में वही थोड़ा-सा मिल गया है। मरेतिच अक्सर ब्लैक कॉफ़ी पीते हैं, इवान बीयर पीते हैं और मेरे लिए पोवितिचु अखरोट और शहद से बनी ब्रेड है। जिसे देर तक कुतरना अब स्वाद देने लगा है, साथ में कॉफ़ी गर्म हो तो ठीक। मरेतिच देश-दुनिया के बारे में बताते-बताते ठंडी कॉफ़ी पीते हैं। कॉफ़ी हाउस में मिलने-बतियाने की संस्कृति कुछ बुरी नहीं लगती, जहाँ आपके घर, द्वार, खिड़की, सोफ़े, पर्दे को मेहमाननवाज़ी के लिए चुस्त-दुरुस्त करने की ज़रूरत नहीं, न ही पकवान का झंझट, न सही परिधानित रहने का तनाव। यहाँ आधे-एक किलोमीटर के फ़ासले पर कई कॉफ़ी हाउस हमेशा खुले रहते हैं। बस परिधानित होइए, छाता लेकर घर से बाहर, मिलिए-जुलिए और वापस अपने घोंसले पर। ये कॉफ़ी हाउस स्त्री मुक्ति के लिए बड़े सहयोगी साबित हुए हैं। आत्मीय से आत्मीय को आप कॉफ़ी हाउस से ही बड़ी शालीनता से टरका सकते हैं। तोमिस्लाव पहली दो पत्नियों से कॉफ़ी हाउस में ही मिल लेते हैं, जिससे तीसरी नावाक़िफ़ ही रहती है ऐसा उन्होंने ही बताया है। कॉफ़ी हाउस में ही वे पूर्व पत्नियों की ख़ैर-ख़बर ले लेते हैं, पुराने बच्चों की प्रगति पूछ लेते हैं, उन्हें अनुभव सम्मित सलाहें दे देते हैं, और उन बहुत सारी तवालतों से बच जाते हैं, जिन्हें घर में उपेक्षित करना असम्भव हो सकता है। वे बात करते-करते कभी-कभी बड़े उत्तेजित हो जाते हैं, और कल्पना में अपने-आप को सेनानी मानने लगते हैं, उन्हें अपने लेखन की ताक़त पर बड़ा भरोसा है। वे कोई बात कहते हैं, फिर कल्पना में उसकी हाइपोथिसिस सोच लेते हैं और उस बात को ब्रेकिंग पॉइंट पर ले जाकर अचानक पीछे लौट लेते हैं, मसलन—'मैं यह कर सकता हूँ, मैंने ऐसा किया होता

तो'...इसके बाद उसके सभी नकारात्मक पक्षों को बारम्बार दुहरा कर पुष्ट करते हैं। कुछ बातें समझ में आती हैं, कुछ नहीं, बीच बीच में कविताएँ भी उद्धृत करते हैं, ग़ज़ब की स्मृति।

आप कैसे हैं, इन दिनों लाइब्रेरी बन्द है इसलिए आपसे लाई पुस्तकें अभी मेरे पास ही हैं। जल्द ही लौटा दूँगी। आपकी सफ़ेद बिल्ली 'लियासा' कैसी है? सच बताऊँ मुझे यह जानकर बड़ा अजीब लगा कि आप और आपकी पत्नी पिछले 35 वर्षों से एक साथ कभी घर के बाहर गए ही नहीं, बिल्ली के कारण। यह बात आपके सामने कहना कैसा तो लगता, पर ई-मेल में यह साहस जुटा पाई हूँ। अन्यथा न लेंगे—

सादर
गैरी

इवाना उलिचीचा के दसवें मार्ग से अन्दर की तरफ़ जो सड़क सावा नदी के समानान्तर चलती है, वहीं इस हफ़्ते कॉफ़ी हाउस में तोमिस्लाव मरेतिच से बातचीत करना तय हुआ है। उनसे मिलने के पहले ख़ुद को तैयार करना पड़ता है। चूँकि वे काफ़ी पढ़े-लिखे हैं, इसलिए उनके पास से मेरे सवाल अनुत्तरित लौटेंगे नहीं, ये भरोसा है, पर वे कई ऐसी बातें भारत के बारे में पूछ बैठते हैं कि उनके ठोस उत्तर दिये जा नहीं सकते, टालमटोल करना मेरे स्वभाव में नहीं। तयशुदा दिन को हम कैफ़े में मिलते हैं। कैफ़े में, दोपहर के वक़्त भीड़-भाड़ नहीं है। फ़िलॉसफ़ी फैकुल्तेट—जहाँ मैं काम करती हूँ—के कुछ छात्र भी बैठे हैं, जिनके चेहरे पर अध्यापक को देखकर कोई प्रतिक्रिया नहीं उमगती। मुझे भी टोकने का मन नहीं होता, ये कोई भारतीय छात्र तो हैं नहीं कि अध्यापक को कॉफ़ी हाउस में देख उमग पड़े, मुस्कुराए या अभिवादन किया, शर्मीली या जिज्ञासु आँखों से साथ के आदमी को देखा, कुछ कयास लगाए, या नमस्ते कहकर परिचय की मुस्कान से आप्लावित कर गए। हमने

कॉफ़ी ऑर्डर की है, कॉफ़ी बनाने वाला लड़का ख़ूबसूरत-बाँका नौजवान है, और हरी कॉफ़ी कपों में डालकर हमें परोसता है। तोमिस्लाव आज कुछ गम्भीर हैं। एकाधिक गृहस्थी वाले लोगों के लिए तनाव के कारण भी दोहरे-तिहरे होते होंगे। सोचती हूँ जब एक गृहस्थी नहीं चल पाई तो दूसरी-तीसरी आजमाने से बेहतर है, अपने में ही लौट लिया जाए। लेकिन जिसे गृहस्थी में रहने की लत लग गई उसके लिए अकेला जीवन जीना मुश्किल होता होगा न। ख़ासकर पुरुष, जिसे जीवन के हर पड़ाव पर स्त्री चाहिए कभी माँ, कभी पत्नी, कभी दोस्त, कभी सेविका के रूप में—उसके लिए अकेला जीवन-जीना स्त्री की अपेक्षा ख़ासा कठिन होता होगा। ख़ैर ये मेरे अपने विचार हैं। मैंने रिकॉर्डर ऑन किया है पर तोमिस्लाव टुकड़ों में जवाब देते हैं उनका मानना है कि युद्ध में जितना शोषण और दमन होता है, कोई मुआवज़ा उसकी भरपाई नहीं कर सकता। वे अपनी पड़ोसन एमिना रह्मानोविच से मिलवाने के लिए बमुश्किल तैयार हुए हैं, जो 1992 में पन्द्रह वर्ष की उम्र में अपने परिवार से बोस्निया क्रोएशिया की सीमा पर बिछुड़ गई। उसका परिवार उन हज़ारों शरणार्थियों में शामिल था, जो क्रोएशिया की सीमा में रिश्वत के बल पर सुरक्षित घुसने में सफल रहे। दुर्भाग्य ने, एमिना को ट्रावानिच की सैनिक बैरकों तक पहुँचा दिया जहाँ 1993 की सर्दी के मौसम ने उसकी ज़िन्दगी बदल दी। वहाँ से जब वह जेनिका गई तब वह अकेली, बीमार और गर्भवती थी। युद्ध का उपहार जुड़वाँ बच्चे-बेटा और बेटी-अनाथालय में पले-बढ़े। आज तोमिस्लाव ने इतना ही बताया है। मैंने इवान से कहा है कि हमें एमिना से मिलना चाहिए।

एमिना के पति का फ़ोन नम्बर भी तोमिस्लाव से ही मिला है। इवान अपनी कार से मुझे उनके घर ले जाएगा, अगले बुधवार को। वैसे तो एमिना का घर लोअर टाउन में है लेकिन रोल्दा ने कहा है कि वो भी हमारे साथ जाएगी इसलिए उसे लेने पहले अपर टाउन जाना होगा। रोल्दा ने भारत में कुछ दिनों तक डच भाषा पढ़ाई है, उसके पास अनुभवों का ख़ज़ाना है। मैंने ट्राम से अपर टाउन में रोल्दा के पास जाना तय किया है, इवान वहीं कार लेकर आ जाएँगे, बाद में यही कार्यक्रम तय हुआ है। रोल्दा ने मुझे भग्न प्रेम-

सम्बन्धों का एक संग्रहालय दिखाने का वायदा किया है, यह संग्रहालय अभी 2010 में ही खुला है—जिसे ऐसे दम्पती ने बनाया जिनका सम्बन्ध विच्छेद तमाम वायदों के रहते हुए हो गया था, उन दोनों ने पूरे विश्व में घूम-घूम कर सम्बन्ध विच्छेद की ढेरों कहानियाँ, प्रेमोपहार, तस्वीरें संगृहीत कीं। प्रेम में टूटे हुए दिलों पर हम देर तक हास-परिहास करते रहे। मैंने रोल्दा से उसके निजी जीवन के बारे में पूछा है, वह कहती है—"मेरी दादी का एक फ़्लैट है, यहीं ज़ाग्रेब में। उनकी शर्त थी कि जो बुढ़ापे में उनकी देखभाल करेगा वह फ़्लैट पाएगा। यह ज़िम्मा मैंने ले लिया, सो घर के लिए निश्चिन्त हूँ। और प्रेम? वह टुकड़ों में आया, कभी पूरा नहीं। कोई शादीशुदा था तो कोई तलाक़शुदा, पी-एच.डी. करते-करते नखरे और मनुहार की कोमलता की जगह एक मेधावी चुप्पी तारी हो गई। भारत में पढ़ाने गई, उफ़ भारतीय काली आँखें ख़ूब भाने लगीं। ख़ूब दोस्तियाँ। दो-एक बार सहजीवन तक बात पहुँची तो मगर...उन सज्जन को विदेशिनी बालाएँ काफ़ी लुभाती थीं और मेरे गेस्ट रूम में मय जूतों के बिस्तर पर लेट जाते थे। खाना-नाश्ता सब वहीं। उन्हें हर काम में मेरी मदद चाहिए थी। 'रोल्दा! मेरे कपड़े कहाँ हैं? रोल्दा, इस ड्रेस पर ब्राउन शूज़ पहनूँ क्या?' शाम को वे अपने दोस्तों को ले आते टशन दिखाने कि वे मेरे साथ रह रहे हैं। मैंने महीने भर बर्दाश्त किया और उन्हें बाहर का रास्ता दिखा दिया। रोते-बिसूरते उन्होंने अपना सामान पैक किया। उसके बाद मैंने भारतीय पुरुषों के साथ घनिष्ठता से तौबा कर ली। जानती हो गैरी! ज़्यादातर भारतीय पुरुष अपनी पत्नी और दोस्त में माँ ढूँढ़ते हैं, जो उन्हें खिला-पिला-दुलरा कर सुला दे, सुबह उठाकर तैयार कर दे, और हर समय उनके लिए उपलब्ध रहे।" मुझे उसकी बातें सुनकर हँसी आ रही है, क्योंकि अन्दाज़ बड़ा दिलचस्प है, लेकिन उसके भीतर छिपी कातरता देख पा रही हूँ। बांग्ला में कहावत है—'घर आछे बर नेईं' जिसे घर बसाने की इच्छा हो और अनुकूल संग-साथ ही न मिले? क्या सच में बौद्धिक स्त्रियों के लिए उपयुक्त साथी बनाना ईश्वर के वश का भी नहीं। रोल्दा ने अपने भूरे बैग से वाइन निकाली है, सैंडविच हमने दुकान से लिये थे, हरी मिर्च के मेडिटेरियन स्वाद वाले, पच्चीस कूना में एक। म्यूज़ियम के पास एक चौड़ी दीवार पर हम दोनों बैठ गए हैं; हरियालेपन

की गन्ध को आपादमस्तक लादे मन्द-सी हवा बह रही है। रोल्दा की बात सुनकर कुछ गुनगुनाने का मन हो आया है, नथुनों में शान्तिनिकेतन के आमार कुटीर के हरड़ वृक्षों की ताज़ा गन्ध-सी भर रही है। कितने वर्षों बाद रोल्दा के लिए यूँ ही रवीन्द्रनाथ ठाकुर का गीत याद हो आया है—आमि चिनी गो चिनी तोमाये ओ गो बिदेशिनी, तुमि थाको शिन्धु पारे ओगो बिदेशिनी। आमि शौपेंछी तोमाये प्राने ओ गो बिदेशिनी, भूबन भ्रमिया शेषे आमि एशेछी नोतून देशे, आमि अतिथि तोमारेयी द्वारे ओगो बिदेशिनी! (ओ विदेशिनी मैं तुम्हें पहचानता हूँ, तुम रहती तो सिन्धु पार हो पर पहचानता हूँ तुम्हें, पूरा भुवन भ्रमण करके मैं तुम्हारे नूतन देश में आया हूँ, तुम्हारे द्वार पर अतिथि हूँ, ओ विदेशिनी)—वह कुछ न समझकर भी दीवार पर बैठी गीत की धुन पर पैर हिला रही है, गर्दन की त्वचा पर धूप का सुनहरा टुकड़ा चमक रहा है, हल्की भूरी चित्तीदार गर्दन का अन्त खुले गले के ऊनी ब्लाउज़ में है, रेशमी स्कार्फ़ गले को छोड़ हवा में उन्मुक्त फरफराने को तत्पर है, लेकिन छोटी-छोटी मिची आँखें बन्द हैं। सफ़ेदी की हद तक भूरी बरौनियों में हल्की-सी कँपकँपाहट है, होंठों पर सुबह की लगी लिपस्टिक पपड़ा-सी गई है, माथे पर के बाल ख़ूब बिखर गए हैं, लेकिन समूचे चेहरे पर एक अजब-सी शान्ति है, ज्यों कोई बेचैनी नहीं, कहीं और जाना नहीं, और कहीं पहुँचने की हड़बड़ाहट भी नहीं। हम ज्यों सदियों से यहीं, इसी मुँडेर पर बैठे हैं, हमें कहीं नहीं जाना, यह धूप, इस हवा की गुनगुनाहट में घुलता-मिलता ठाकुर का गीत—बस यही सच है। और वह मुझे गीत दोबारा गुनगुनाने को कहती है। गुनगुनाने की जगह मैंने उसका अंग्रेज़ी तर्जुमा ही कर दिया है, अचानक रोल्दा उचककर मेरे गले लग ज़ोर से रो पड़ती है और साथ मुझे चूमती भी जाती है। हतप्रभ तो हूँ पर...उसे, उसकी बाँहों को अलग करने का साहस मुझे नहीं है। भला हो इवान का, वह आ पहुँचा है और हम दोनों को चिढ़ाकर माहौल को हल्का करने की कोशिश में कामयाब होता है। रोल्दा सारे रास्ते चुप है, और मुझे गीत गाने का कैसा तो अफ़सोस जैसा भी हो रहा है।

कार ने एमिना के घर का रुख़ किया है। मैंने कैमरे और रिकॉर्डर की बैटरी जाँच ली है बिना यह जाने कि इन दोनों का उपयोग आज सम्भव नहीं

होगा। इवान ने दरवाज़े पर दस्तक दी है, दरवाज़ा उसी ने खोला है, वह अपनी असल उम्र से काफ़ी बूढ़ी दीखती है। उसने एड़ी को छूती एक लम्बी फ्रॉक पहन रखी है। कमर झुकी हुई, पैरों में ऊनी मोज़े, हाथों की त्वचा ढीली और झुर्रीदार, लेकिन आँखें ग़ज़ब की सफ़ेद-नीली। अपने समय में यह बहुत आकर्षक रही होगी। हम बैठक में हैं। निर्धनता की छाप—पुरानी घिसी हुई चीज़ें, जैसे नई चीज़ों ने वर्षों से घर का रास्ता न देखा हो, दीवारों में दरारें और सीलन है, जाली लगी लोहे की एक अलमारी है, गुज़रे ज़माने का भद्दा चौकोर, एक टाँग से टूटा रेफ्रिज़रेटर कोने में रखा हुआ है, खिड़कियों के फ्रेम जर्जर हैं, ठंडी हवा को रोकने के लिए दरारों में अख़बारी काग़ज़ और चीथड़े भर दिये गए हैं। हवा ने बरामदे में सूखे पत्ते और डालियाँ कोने में समेट दी हैं, चेरी का पेड़ घना है, उसकी डालियाँ दरवाज़े को छू रही हैं, वाशबेसिन का नल टूटकर लटका हुआ है, उसे तार से बाँधने की कोशिश की गई है, बेसिन पर ज़ंग के निशान हैं, पता नहीं कब से वह मरम्मत की राह देख रहा है। लकड़ी की पुरानी लम्बी मेज़ है, जिस पर हर्वात्स्की अख़बार बिछा दिया गया है, सूखी डबलरोटी के टुकड़े और अचार, मस्टर्ड सॉस की शीशियाँ भी। पीतल का समोवार भी है, जो आजकल देखने में नहीं आता। दरवाज़े का पर्दा तार-तार है, कभी उस पर ज़री का काम किया गया होगा। अच्छा हुआ मैंने स्ट्राबेरी की एक टोकरी और दो किलो सेब त्रेग से ख़रीद लिये थे। वो सब उसी मेज़ पर रख दिया है, एमिना ने उस तरफ़ एक निरपेक्ष दृष्टि डाली है। बुझी हुई नीली आँखों में कुछ कौंधा हो ऐसा नहीं लगता। कार्निस पर जुड़वाँ बेटी-बेटे की तस्वीर है—"ये दोनों मेरे जीवन की उपलब्धियाँ हैं। अब तो दोनों बड़े हो चुके हैं मैं बहुत कम ही उनसे मिलती हूँ। उन्हें देखते ही मुझे डर लगता है। अपमान और शोषण की स्मृति रोंगटे खड़े कर देती है, सच तो ये है कि मैं अपनी ही गिरफ़्त में हूँ। मुझे किसी पर विश्वास नहीं होता। मेरे भीतर अब तक डर है। ऐसे न जाने कितने लोग हैं जिन्होंने अपनों को युद्ध में खो दिया, लेकिन वे तो जी रहे हैं, मुझसे ये नहीं होता। शायद इसलिए कि मेरी उम्र बहुत कम थी, आज भी लगातार ये सवाल अपने-आप से करती रहती हूँ कि ऐसा मेरे साथ ही क्यों घटा। अतीत से उबरना बहुत मुश्किल है।" एमिना

लकड़ी की पुरानी नक़्क़ाशीदार टुटही आरामकुर्सी पर उठँग गई है। ये हमारे लिए जाने का संकेत है।

स्वयंसेवी संस्थाओं की मदद से वह जी रही है। स्वास्थ्य बहुत ख़राब है, प्रशासन द्वारा दिया जाने वाला 170 डॉलर प्रतिमाह का चिकित्सा भत्ता भी पूरा नहीं पड़ता। 'मेडिका जेनिचा' नामक स्वयंसेवी संस्था उसकी देखभाल करती है, वह प्रतिदिन दवा की 18 ख़ुराकें लेती है। अनिद्रा, रीढ़ का दर्द, अवसाद इत्यादि के लिए। वह कभी घर से बाहर अकेली नहीं निकलती। युद्ध पीड़ितों को अपेक्षित आर्थिक, मानसिक सम्बल प्रदान करने का काम सरकारी तंत्र का था, जिसमें बोस्निया सरकार सिरे से नाकाम रही। एमिना जैसी स्त्रियाँ बच पाईं तो इसलिए कि वे क्रोएशिया चली आईं। सरकार द्वारा उपलब्ध कराई मदद इतनी अपर्याप्त थी कि युद्ध पीड़ितों को अपनी ही ज़मीन पर, अपनी ही सरकार द्वारा छले जाने के अहसास से भर गई।

ज़ाग्रेब में मिली औरतें मुझे बार-बार बोस्नियाई औरतों पर भी सोचने के लिए मजबूर कर रही हैं। उस दिन के बाद रोल्दा से मेरी मुलाक़ात तो नहीं हुई लेकिन हम ई-मेल से सम्पर्क में रहते हैं। रोल्दा से मैंने बोस्निया के बारे में जो जानकारी चाही है उसका आज जवाब आया है—

प्रिय गैरी,

उस दिन के लिए माफ़ी चाहती हूँ, पता नहीं तुम्हें कैसा लगा होगा। तुमको ज़्यादा तो नहीं जानती लेकिन भारत से प्रेम होने के कारण तुम भी मुझे अच्छी लगती हो। बहुत अच्छी। तुम्हारी आवाज़ में एक मरमराहट और दूधियापन है इसलिए अपने प्रिय रवि ठाकुर के गीत को सुनकर मैं बहुत भावुक हो गई। हालाँकि यूरोप में निज दुख, करुणा, अवसाद का प्रदर्शन पिछड़ेपन की निशानी है। यहाँ देखोगी लोग अपनी निर्धनता और कातरता छिपाते फिरते हैं। सबका दर्द एक है पर कोई किसी के दर्द का हिस्सेदार नहीं। तुम्हारे देश में तो ऐसा नहीं न। मैंने भारत में औरतों को बेझिझक आँसू बहाते, पुरुषों को भी बिसूरते देखा है, छाती पीट-पीट कर अपना ग़म

बहाते देखा है। हमारे देश में तो मौत पर भी छिपकर आँसू बहाने का रिवाज है। दफ़नाने के तुरन्त बाद चाय-कॉफ़ी नाश्ते, शराब की व्यवस्था होती है ताकि सगे-सम्बन्धी जल्द से जल्द सामान्य हो सकें। तुम्हारे देश में तो तेरह दिनों का लम्बा शोक होता है। जन्म से लेकर मृत्यु तक कितने कर्मकांड-बच्चे की पैदाइश पर कितने आयोजन...नवागत का कितना तो सम्मान! मैं तो देखती ही रह जाती हूँ तुम्हारी परम्पराओं और संस्कृति को।

लो अब काम की बात। बोस्निया के सबसे बड़े एनजीओ 'वीवा जेने तुज्ला' से सम्बद्ध तेउफिका इब्राहीमेफेंडीच में बतौर मनोचिकित्सक जो कार्यरत हैं वे मेरे मित्र हैं। पिछले अठारह सालों से वे युद्ध में बच गए लोगों को पोस्टट्रामेटिक स्ट्रेस डिसऑर्डर, चिन्ता, अनिद्रा, अवसाद और उन्माद सम्बन्धी रोगों के निदान में मदद करते हैं। उन्होंने बोस्निया के समाज कल्याण विभाग का उपहास करते हुए बताया कि—"पूरे बोस्निया में केवल 612 ऐसे बलात्कार पीड़ित हैं जिन्हें 350 डॉलरों का मासिक भत्ता मिलता है, इसके लिए भी प्रति वर्ष किसी मान्यता-प्राप्त एनजीओ या सरकारी अस्पताल से बलात्कार प्रमाणपत्र लाना होता है। अक्सर प्रमाणपत्र लेने के लिए रिश्वत देनी पड़ती है। जो लोग ये नहीं कर पाते उनका भत्ता बन्द हो जाता है।"

बोस्निया में मानवाधिकार मंत्रालय की उपमंत्री सालिहा दुदरेजा बोस्निया सरकार की अक्षमता से वाक़िफ़ हैं और उनका कहना है कि "सरकार अभी तक युद्ध पीड़ितों के पक्ष में कोई ऐसी रणनीति या मुकम्मल योजना बनाने में कारगर नहीं हुई है और इसके मूल में राजनीतिक दलों का स्वार्थी एजेंडा है। सर्बिया के कुछ अग्रणी नेताओं का तो यह मानना है कि सर्बों ने बोस्निया में कोई अपराध नहीं किया, साथ ही सर्बों के ख़िलाफ़ जो युद्ध अपराध हुए, उनकी सुनवाई कभी नहीं हुई। बलात्कार जैसी घटनाएँ साबित करना भी चुनौती ही है।"

कुछ और जानकारी मिलेगी तो तुम्हें ज़रूर लिखूँगी। मेरे घर आओ

कभी, मेरी दादी ने कभी किसी भारतीय को नहीं देखा। ज़रूर आना।

—तुम्हारी
अपनी रोल्दा

तोमिस्लाव मरेतिच से बात करो तो ऐसा लगता है कि वे सनकी की तरह निरन्तर बोलते चले जाते हैं, उनके पास कहने को बहुत कुछ है, लेकिन अपने देश के नकारात्मक अतीत को परदे में छिपाना उन्हें बख़ूबी आता है। जब भी उनसे मैं युद्ध पीड़ितों के बारे में पूछती हूँ, या तो वे अपने हाइकू के अनुवाद पर बात करने लगते हैं या भारतीय समाज संस्कृति के बारे में। मैंने आजिज़ आकर इवान से कह दिया है कि कॉफ़ी हाउस आना मैं बन्द कर रही हूँ, और ये भी कि मुझे फिर से बोस्निया जाना है।

क्रोएशिया और बोस्निया के ख़िलाफ़ पूरे युद्ध का एक ही उद्देश्य था कि यहाँ के नागरिकों का जीवन इतना दूभर बना दिया जाए कि वे ख़ुद ही अपने गाँवों-खेतों और शहरों को छोड़कर चले जाएँ और वृहत्तर सर्बिया का सपना पूरा हो सके, सैनिकों ने सीधे जनसाधारण पर हमले किये—सामूहिक हत्या, व्यवस्थित बलात्कार और यातना शिविर भी, ख़ूब सोची-समझी रणनीति के तहत बनाए गए। इस बार की छुट्टियों में मैं उत्तर-पश्चिम बोस्निया की प्रिजेडोर नगरपालिका के अन्तर्गत आने वाले कुछ ऐसे लोगों से मिली हूँ, जो युद्ध से पहले यहाँ की कोयला खदानों, ईंट भट्ठों, लौह अयस्क की खदानों और अन्य खनिजों के उत्खनन एवं व्यापार से सम्बद्ध थे, 1992 की गर्मियों में सर्बियाई सैनिक बलों ने स्थानीय प्रशासन पर पूर्ण नियंत्रण कर लिया, बिना किसी सैन्य प्रतिक्रिया के ये पूरा इलाक़ा बड़े आराम से सर्बिया के पास आ गया, और तब शुरू हुआ घृणा, बर्बरता का खेल, जिस पर आने वाले समय को शर्मसार होना था।

एक सवाल उठता है मेरे मन में कि क्या ऐसे अपराधों के लिए माफ़ी मिलनी चाहिए? जाक देरिदा ने कहा था कि क्षमा अक्षमता की ओर इशारा करती है—वास्तव में क्षमा जैसी कोई चीज़ होती ही नहीं। इसके लिए कोई शर्त नहीं होती, यह अपवादहीन और निर्बाध होती है। सभ्य कहलाने वाले मनुष्यों को दंड और क्षमा के सम्बन्ध पर ज़रूर सोचना चाहिए। जब कोई अपराध घटित होता है तो अपराधी को अपराध का अहसास दिलाने के लिए क़ानून का सहारा लिया जाता है /सकता है, और दंडित किये जाने के बाद तो क्षमा के लिए बहुत कम जगह बच पाती है। यह भी विचारणीय है कि क्या कभी उस अपराधी को भी क्षमा किया जा सकता है, जिसने अपना अपराध ही कभी स्वीकार नहीं किया? क्या क्षमा का अधिकार उसे भी है जो सीधे-सीधे पीड़ित नहीं रहा, मसलन कोई संस्था! एक स्त्री जिसके बच्चे की हत्या उसकी आँखों के सामने होती है, यदि क्षमा देने का अधिकार है तो उसे ही है, न कि उस संस्था या एनजीओ को जो उत्पीड़ित के पक्ष में कार्यरत है। दरअसल, मैं इस मामले में देरिदा से सहमत हूँ जो कहते हैं—'हत्यारे को क्षमा करने का अधिकार सिर्फ़ उत्पीड़ित को है, किसी संस्था को नहीं।' अक्सर यह देखा जाता है कि किसी दंगे या दुर्घटना के बाद राजनीतिज्ञ, धार्मिक समुदाय के नेता या लीडरान किसी घटना के लिए सार्वजनिक क्षमा-याचना करते हैं, वे कहते ज़रूर हैं पर उन्हें अतीत की घटनाओं से कोई ग्लानि दरअसल होती नहीं। हमारे देश में तो ऐसे दृश्य आम हैं। यहाँ फिर सवाल उठता है कि ऐसे मामलों में क्षमा माँगने और देने का अधिकार किसका है? किसी व्यक्तिगत नुक़सान की भरपाई सार्वजनिक या संस्थागत क्षमा से हो सकती है? यदि कोई संस्था उत्पीड़ितों की ओर से माफ़ी माँगे या माफ़ी दे भी दे तो उत्पीड़ित की तकलीफ़ कैसे कम होगी? इसलिए क्षमा का संस्थानीकरण करना उचित नहीं है, केवल उत्पीड़ित को ही क्षमादान का अधिकार हो सकता है/होना चाहिए। हम ऐसे समय में हैं जहाँ आँख के सामने घटी वारदातों के साक्षी जुटाना कठिन और लगभग नामुमकिन है, सबको अपनी-अपनी पड़ी है।

आजकल मुझे अक्सर ऐसे सवालात तंग किया करते हैं। बोस्निया के इस भाग में सत्ताईस लोगों से मिलने का मौक़ा मिला है, जो युद्ध के पन्द्रह वर्षों

बाद भी ढूँढ़ते हैं—क़ब्रों में, गड्ढों में, नदी किनारे की सड़ाँध भरी दलदल में, उनको, जो सामूहिक नरसंहार के शिकार हुए। युद्ध की स्मृतियाँ भुलाए नहीं भूलतीं। बतौर सैनिक बोस्निया की सेना में काम करने वाले स्वेतो नामक दुकानदार ने जिस दिन सर्ब को अपनी दुकान में देखा कि वह बियर पीने आया है, उसने ग्राहक का नाम पूछकर पिस्तौल चला दी, जिसने उसकी बहन का रेप किया था। ऐसी घटनाएँ आम हैं, सरकारी स्तर पर क्षमा का आदान-प्रदान हो चुकने के बाद भी व्यक्तिगत नुक़सान की भरपाई का यह भावुकतापूर्ण बर्बर तरीक़ा है, यह जानते हुए भी मेरी सहानुभूति स्वेतो के साथ ही है। युद्ध बीतने के सालों बाद भी घृणा और बदले की कहानियाँ हवाओं में तैरती रहती हैं।

1993 में लगभग बीस हज़ार बोस्नियाई स्त्रियाँ सर्बों की यौन-हिंसा का शिकार बनीं, कई स्त्रीवादियों—मसलन एंलोए, ओटो, वांस ने अपने-अपने ढंग से युद्ध हिंसा को विश्लेषित किया। इनमें से अधिकांश का मानना था कि ऐसे हादसों को भूल जाने में ही भलाई है। इनका तो यह भी मानना है कि युद्धकालीन अधिकांश समागम ऐच्छिक थे। यह जानने के बाद मैं भीतर ही भीतर आहत हूँ, क्योंकि उन स्त्रियों और परिवारजनों से मिली हूँ जिनकी ज़िन्दगी युद्ध ने बदल दी, यौन हिंसा की शिकार हुई हजारों-हज़ार औरतें कमोडिटी में तब्दील हो गईं और उन्हें वे दर्द चुपचाप सहने पड़े। इतना तो तय है कि सामूहिक बलात्कारों को युद्धनीति के रूप में इस्तेमाल किया गया जिसके तीन लाभ थे—पहला तो आम जनता में भय का संचार करना, दूसरा नागरिक आबादी को विस्थापन के लिए विवश करना और तीसरे सैनिकों को बलात्कार की छूट देकर पुरस्कृत करना। रीगन राल्फ ने सर्ब सैन्य कैम्पों को 'रेप कैम्पों' की संज्ञा यूँ ही नहीं दी थी। 'इंटरनेशनल क्रिमिनल ट्रिब्यूनल फॉर फॉर्मर यूगोस्लाविया' ने बोस्निया-क्रोएशिया के सन्दर्भ में यह माना कि न्यायिक इतिहास में पहली बार ऐसे मामले सामने आए। स्त्री संगठनों के पुरजोर प्रयासों के फलस्वरूप ही यौन हिंसा को मानवता के प्रति अपराध और युद्ध अपराध की श्रेणी में रखा गया।

इन घटनाओं को भुलाए बिना जीवन का आगे सरकना नामुमकिन था, ऐसे प्रयास निश्चित तौर पर किये गए और कई स्त्रियों ने शर्म, परिवार मर्यादा और

न्यायिक कार्यवाहियों से बचने के लिए आपबीती को ज़हर की तरह पी लिया। इसलिए बोस्निआई स्त्रियों पर शोध करने वाली जेस्मिया हुस्नवोइच का कहना है—चोटों को भूलो, दर्द की जगह आनन्द और सुख के बारे में सोचो; अपनी कल्पना शक्ति और रचनात्मकता से आशा की राजनीति की ओर बढ़ो और राजनीति की मुक्ति-योद्धाओं के रूप में सामने आओ। जीवन से बड़ा कुछ भी नहीं, स्मृतियाँ और यातनाएँ भी नहीं, अतीत के उत्पीड़न से जीवन का वर्तमान तो ख़त्म नहीं हो जाता, जीवन को सहज जीने के लिए किसी न किसी दर्शन की ज़रूरत पड़ती ही है। अन्तहीन यातनाएँ भी अतीत बन जाती हैं और समूल नष्ट कर दिये गए वृक्ष की जड़ें फिर अँखुआ जाती हैं। युद्ध-हिंसा के बाद जो लोग बच रहे हैं उन्हें सामाजिक परिवर्तन के एजेंट्स के रूप में देखा जाना चाहिए, और युद्ध को? जितना देखती हूँ सराएवो के लम्बे क़ब्रिस्तानों को, उतनी ही शिद्दत से मानने लगी हूँ कि युद्ध एक उद्योग के अलावा कुछ नहीं, युद्ध के दौरान घटे हादसे संगोष्ठियों और कार्यशालाओं के लिए विषयवस्तु देते हैं, राष्ट्रीय और अन्तरराष्ट्रीय स्तर पर बहुत सारा धन युद्धकालीन स्थितियों के विश्लेषण और आँकड़े इकट्ठे करने के लिए फ़ील्ड-वर्क में ख़र्च होता है, हम कई ऐसी जगहों के बारे में इसलिए जान पाते हैं जहाँ सामूहिक हत्याएँ और बर्बर कृत्य हुए थे, किगाली और स्रेबेनिसे जैसी दुर्भाग्यपूर्ण जगहें पर्यटन-स्थल बन जाती हैं। जिन्हें मानव इतिहास के अँधियारे कोनों को जानने-समझने की भूख है उनके लिए वार स्पॉट्स बड़े काम के होते हैं। शोधार्थी युद्ध पर शोध करते हैं, ऐसी जगहों के दौरे शोधार्थी और विशेषज्ञ दोनों करते हैं, और काग़ज़ काले करके कभी समझ में न आने वाली लम्बी-लम्बी रपटें लिख डालते हैं। इस तरह की घटनाएँ कला और साहित्य के लिए कच्चे माल का भी काम करती हैं। कार्ल मार्क्स ने भी अपराध को बुर्जुआ समाज की जड़ता को खंडित करने के लिए अनिवार्य बताते हुए व्यंग्य किया था कि अपराधविहीन समाज में अपराध-विज्ञान केन्द्रों, वकीलों, न्यायाधीशों, क़ानूनी पुस्तकों, प्रकाशकों और पुस्तक वितरकों के मुनाफ़े की सम्भावनाएँ नष्ट हो जाएँगी।

सवाल मन में है कि इन सबसे उत्पीड़ितों का क्या भला होता है, क्योंकि मैंने इस क्षेत्र में काम करते हुए पाया कि शोधकर्ताओं द्वारा उन औरतों को भी धर्षिता-बलात्कृता मान लिया गया, जो हिंसा का शिकार नहीं हुईं, साथ ही विश्लेषकों में एक सामान्यीकरण की प्रवृत्ति लक्षित हुई, जिसमें समूचे बोस्निया की औरतों को धर्षिताएँ या यौन शोषिताएँ करार दे दिया गया। यदि उन्हें सामान्य मनुष्य की तरह देखने का प्रयास किया जाता तो हो सकता है, युद्ध के कुछ और पहलू सामने आते और नागरिकों को सामान्य होने में ज़्यादा मदद मिलती।

क्रोएशियाई संसद ने यह निर्णय लिया कि युद्ध के दौरान यौन हिंसा की शिकार स्त्रियों को एकमुश्त एक लाख कूना (लगभग 14,504 डॉलर) और प्रतिमास 2,500 कूना दिये जाएँगे तथा आजीवन मुफ़्त क़ानूनी एवं चिकित्सा सुविधा भी मुहैया करवाई जाएगी। ये तब सम्भव हो पाया जब सन् 2008 में 'संयुक्त राष्ट्र सुरक्षा परिषद्' ने बलात्कार को युद्ध-अपराधों की श्रेणी में शामिल कर दिया, क्योंकि क्रोएशिया के पड़ोस में ही बोस्निया और फिर रवांडा में इस तरह के हज़ारों मामले सामने आए। मारिया स्लिस्कोविच, जो 'वीमेन इन द होमलैंड वार सिविल ग्रुप' की संस्थापक हैं, का मानना है कि यह क़ानून दूसरे देशों के युद्ध पीड़ितों के लिए भी मार्गदर्शक का कार्य करेगा। उत्पीड़ितों को मिलने वाले मुआवज़े पर सबके अलग-अलग विचार हैं, रुज़िचा बर्बरीक अब पैंसठ वर्ष की हैं, नवम्बर 1991 में वुकोवर पर सर्ब सैनिकों के हमले के दौरान वे बुरी तरह प्रताड़ित हुईं, वे सरकार के इस फ़ैसले का स्वागत करती हैं पर इसे समस्या का अन्तिम समाधान नहीं मानतीं। स्नेज़ना मल्जैक जो डैन्यूब के छोटे से एक शहर में जीवन गुज़ार रही है उसे इस सरकारी राहत की प्रतीक्षा है, छोटे-मोटे काम कर जीवन गुज़ारने वाली स्नेज़ना अब थक चली है—'ये धन मुझे मिल जाए तो शेष जीवन मैं आराम से गुज़ार लूँ' स्नेज़ना का कहना है कि जब तक अपराधी छुट्टे घूमते रहेंगे उसे चैन नहीं मिलेगा और अपराधियों से वह पूछना चाहती है कि उस जैसी मासूम औरतें, जिन्हें अपने देश की भौगोलिक और राजनीतिक स्थिति का भी पूरा ज्ञान कभी नहीं रहा, जो अपनी खेती-गृहस्थी में जी-जान से रमी हुई थीं उनका जीवन नष्ट करने का अधिकार किसको और क्यों दिया गया? कुछ उत्पीड़ित,

मुआवज़े की घोषणा से ख़ुश भी हैं, ज़ेबा का कहना है कि 'देर से ही सही कुछ तो मिला...न्याय सिर्फ़ एक शब्द भर नहीं है। यह तो तय है कि यह क़ानून मेरा जीवन बदल डालेगा...मुझे आर्थिक दिक़्क़त से जूझना नहीं पड़ेगा पर इससे भी आगे इस क़ानून के बारे में सुनने पर ऐसा लगता है मैं मनुष्य योनि में वापस लौट आई हूँ, कम-से-कम इतना तो हुआ कि क़ानून की नज़र में हम जैसी औरतों को मनुष्य समझा गया, भले ही इतने सालों बाद'—एक दूसरी उत्पीड़ित का कहना है कि 'जितना भी मुआवज़ा दिया जाए, वह हमारे नुक़सान की भरपाई नहीं कर सकता, हमें न्याय और केवल न्याय चाहिए।' दो दशकों का लम्बा समय बीतने के बाद और शल्य चिकित्सा के कई दौरों के गुज़रने के बावजूद ऐना होर्वन्तिनेक उस हादसे को भुला पाने में अक्षम है, उसका कहना है—"वे संख्या में छह थे, उन्होंने मेरी बेटी के साथ जो किया उसे देखने के लिए मैं मजबूर थी और मेरे साथ जो हुआ उसे देखने के लिए मेरी बेटी। उसके बाद बेटी तो मर गई लेकिन मैं जिस दुर्गति से गुज़री उसका ख़ामियाज़ा कौन भरेगा, मैं अपराधियों का हश्र देखने की आग सीने में दबाए ज़िन्दा हूँ, बूढ़ी, बीमार और अकेली।"

जितनी औरतों से मिलती हूँ, उतना ही जी बेचैन हो जाता है, सच है अज्ञानता में बड़ा सुख है। डायरी के कुछ हिस्से मित्र निशा जी को भेजे हैं, वे बहुत परेशां हो गई हैं, लेकिन मुझे ये काम बीच में न छोड़ने की सलाह देती हैं। तिरुअनन्तपुरम के एक मित्र का कहना है—ये सब पढ़कर तो हम लोग अपनी-अपनी पत्नी से सामान्य सम्बन्ध न रख पाएँगे और दोस्त शीबा असलम फहमी ठीक ही कहती हैं ऐसी घटनाएँ दिल-दिमाग़ को बुरी तरह घायल कर देती हैं। क्या करूँ छोड़ दूँ लिखना, मूँद लूँ आँखें पिछली सदी के इस घृणित और यातनाप्रद अतीत से? देखूँ गगनचुम्बी अट्टालिकाएँ, पढ़ूँ प्रेम और आनन्द की कविताएँ, सराएवो की क़ब्रगाहों पर उगे घने सुर्ख़ गुलाबों के गुच्छे देखूँ, भूल जाऊँ कि उनकी जड़ों में अनगिन सपने लिये कोई मासूम दफ़न है, जिसके शरीर के कुछ ही हिस्से उसके रिश्तेदारों को मिल पाए, खोपड़ी के

अधूरे टुकड़े को देखकर अपने आत्मीय चेहरे को पहचानने की कोशिश और मन मारकर पूरे रीति-रिवाज के साथ दफ़नाकर हर रविवार को उसी क़ब्र पर फूल चढ़ाने आने वालों की भीगी आँखों और मन में उठते तूफ़ान को कर दूँ अनदेखा...कैसे करूँ यह!

इन दिनों मैंने किसी को पत्र नहीं लिखा, कैसे और किसको बताऊँ कि औपचारिकता से मेरा मन विद्रोह करता है, इसलिए इस सप्ताह मैंने अपने आप से वायदा किया है कि ख़ुश रहूँगी और इन युद्ध पीड़ितों पर तो बिलकुल ध्यान ही नहीं दूँगी। ये क्या बात हुई 'आए थे हरिभजन को ओटन लगे कपास'—हर आत्मा ही मुझको अधीरा दीखने लगी है। अवसाद से बचने के लिए ज़रूरी है कि आप अपने आप से बाहर निकलें, तरह-तरह के लोगों से मिलें-जुलें, बोलें-बतियाएँ, दूसरों के लिए कुछ करें और अपने जीवन की सार्थकता का पुनराविष्कार करें। जो लोग आजकल हमें मिलते हैं वे ख़ुद से ही दूर हैं, खोखली हँसी, झूठी जल्दबाज़ी, मिथ्या औपचारिकताएँ, मोबाइल और कम्प्यूटर में सिर घुसाए हुए लोग, कोई किसी से नज़रें मिलाने को तैयार नहीं। ये पूँजीवाद का प्रसाद है। हम हर पल सिर्फ़ अपने बारे में, अपने सुख-दुख के बारे में सोच-सोच कर हलकान हुए जा रहे हैं। हाउ आर यू का जवाब जानते हुए भी पूछते हैं, जवाब वही—आई एम फ़ाइन। समय और क्षमता ही नहीं कि रुककर आत्मीयता से बात करें। ट्राम-बस में चढ़ते ही कान में ईयर-प्लग लग जाता है, कहीं कोई अप्रिय बात न सुनाई दे जाए। जीवन की कान्ति अपने संगीत के साथ पेड़ों की फुनगियों पर जा बैठी है, उसकी ओर देखना ही तो भूल गए हैं। ये सिर्फ़ पश्चिम का परिदृश्य ही नहीं, अब भारत में भी ऐसा ही है। मेट्रो में बिलकुल अनजान बनकर सफ़र करना आधुनिकता की निशानी है। हम सब नये मिज़ाज के शहर के नागरिक हैं। घर सँवारना, किताबों को सलीक़े से रखना, कपड़ों को तह करना, बागबानी ऐसे कई काम हैं जिनमें हमारी रचनात्मकता विस्तार पाती है, ये सिर्फ़ स्त्रियोचित कार्य नहीं हैं। हैदराबाद के दोस्तों की याद आती है। अनुपमा, बैशाली, वासन्ती सबको

देखने का जी करता है, पर...जो भी हो यहाँ पर दोस्तियाँ ढूँढ़नी होंगी, मित्रहीन जीवन तो असाध्य होता है न। सोचती हूँ इवान, क्रेशो, मिरता, बोज़ैक सबको बुलाए हुए बहुत दिन बीत गए। इन सब ने भारत से आने पर मुझे बड़ा भरोसा दिया था सो क्रेशो को फ़ोन किया है, सब तैयार हैं शनिवार का दिन तय हुआ है। मेरी प्रिय गुलदाने नहीं आ पाएगी क्योंकि तुर्की से उनकी बहन क्रोएशिया घूमने आई हुई हैं। वे अंग्रेज़ी में बात करती हैं तो मुझे ख़ूब सुविधा होती है। भारतीय भोजन का नाम सुनकर मेहमानों की संख्या में इज़ाफ़ा हो जाएगा, इसका ख़ास अन्दाज़ा मुझे नहीं था। क्रेशो की पत्नी साशा, मिरता भी इस भोजन में शामिल हो गए हैं। आज सुबह से ही बारिश और तेज़ हवाएँ चल रही हैं। मैंने कई तहों में कपड़े और ऊपर से गाढ़े हरे रंग का लॉन्ग कोट पहना है, भारत से लाए सब जूते बेकार हो गए हैं, उनके भीतर बर्फ़ीला पानी घुस ही जाता है। इतनी तैयारी के बाद ही मैं ज़रूरत की चीज़ें ख़रीदने बाहर निकल पाई हूँ। यहाँ चीज़ की ढेरों क़िस्में मिलती हैं। कुछ हरी सब्ज़ियाँ, दूध और चीज़ का गोला मैंने ख़रीदा है, रेड वाइन तो पहले से रखी हुई है। क्रेशो का कहना है रेड वाइन को उबालकर फिर ठंडा करके पीना चाहिए। वैसे इसका इस्तेमाल यहाँ पेयजल के विकल्प के तौर पर किया जाता है, क्योंकि इसमें नशा नहीं होता। चीज़ पराँठा, सब्ज़ी, रायता और सलाद से ज़्यादा तैयारी मेरे वश के बाहर है, दुष्का ने एप्पल पाई बना दी है, मेरे हिसाब से तो मेज़ पर्याप्त आकर्षक दीख रही है। एप्पल पाई मुझे बहुत पसन्द आती है, इसे बनाना दुष्का से सीख रही हूँ। इसमें खुँसी हुई लौंग मुझे बनारस के लौंगलत्ता की याद दिलाती है। चाशनी में डूबा हुआ मीठे खोए से भरा रसीला लौंगलत्ता—लगता है, सदियाँ बीत गईं वो स्वाद ज़ुबान पर धरे हुए। कुछ स्वाद अपने पूरे सौन्दर्य के साथ ज़ुबान पर धरे ही रह जाते हैं, और नदी का पानी बहता चला जाता है। वैसे यह फ़्लैट बहुत सुन्दर सजा हुआ है, इसके लिए एल्वीरा मेस्त्रोविच के सौन्दर्यबोध को दाद देने का मन करता है। फ़्लैट दो कमरों का है, एक बड़ी-सी जगह भोजन की मेज़ और बैठकी के लिए अलग से। खिड़कियाँ बड़ी-बड़ी, जिनमें काँच और सफ़ेद परदे लगे हैं। हम लोग भारत में सफ़ेद रौशनी के अभ्यस्त हैं और यहाँ बल्ब की पीली रौशनी ही हर खिड़की से छनकर बाहर आती है। मैंने

दूतावास से कहा है कि पढ़ने के कमरे में सफ़ेद रौशनी की व्यवस्था करवा दें। पीली रौशनी मुझे उदास करती है। शाम के छह बजे हैं और एक-एक करके सब लोग आ रहे हैं। घर उनके लाए फूल और चॉकलेट से भर गया है। इवाना के साथ आन्द्रियाना भी आई है, उसे भारत बहुत पसन्द है, और भोजन भी। हम सबने भोजन शुरू किया है, आन्द्रियाना की आँखें कुछ खोज रही हैं, इवाना उसे कुछ अबूझ इशारा कर रही है। मुझे कुछ समझ नहीं आ रहा। सब लोग ज़ोर-शोर से क्रोआती और अंग्रेज़ी में बात कर रहे हैं। मेज़बान हूँ इसलिए मेरा ध्यान उनकी प्लेटों की ओर है। परिवेशन भी वे लोग ख़ुद कर रहे हैं। इवान बाहर जाकर एक बड़ी बोतल ले आया है, अब ये लोग भोजन और पेय एक साथ ग्रहण कर रहे हैं। ओह! तो यह बात थी। मैंने मदिरा की व्यवस्था नहीं की थी। घर धुएँ और व्हिस्की की गन्ध से भर रहा है। मिरता, इवाना और मैं नहीं पी रहे। मुझे ये सारा माहौल पराया-सा लग रहा है। इवान और आन्द्रियाना का साथ साशा दे रही हैं, पराँठों की सात्त्विकता मद्य ने भंग कर दी है। इन लोगों की गपशप अनन्त है, मुझे लगता है इनमें से किसी को वापस लौटने की जल्दी नहीं है। भोजन ख़त्म होने का नाम ही नहीं ले रहा। मुझे बड़ी थकन-सी हो रही है, थोड़ा अफ़सोस भी। इतना सरअंजाम करने की ज़रूरत क्या थी मुझे। पीते-खाते आन्द्रियाना रोने लगी है, बाक़ी लोग उसे चुप करा रहे हैं। मिरता कहती है कि कंठ से पेट में द्रव्य जाते ही उसे अपने सभी भग्न, विच्छिन्न प्रेम-प्रसंग, अधूरी प्रतिश्रुतियाँ बेतरह याद आने लगती हैं। वो रोते-रोते भी धुआँ उड़ा रही है। रात के बारह बजने वाले हैं। मैंने उनसे कहा है कि अब उन्हें लौटना चाहिए। बाहर गीला और बेतरह ठंडा मौसम है, लेकिन साशा ने कोट उतार दिया है, सुरूर में भी आज के भोजन की तारीफ़ करना वह नहीं भूलती। मेरी पड़ोसन द्रागित्सा अभी तक जगी हुई है। हल्ला-गुल्ला पार्टी पाँचवीं मंज़िल से नीचे उतर गई है। पार्किंग में दोब्रोवेचर (शुभरात्रि) की आध घंटे लम्बी कवायद चली है। एक बजने जा रहा है, मुझे फ़्लैट में चीज़ें व्यवस्थित करनी और ढेर सारी अगरबत्तियाँ जलानी हैं।

ज्यों ही मौसम कुछ बदला है, पेड़ों ने अपनी डालियों पर से बर्फ़ के फ़ाहे उतार दिये हैं, मिस्लाव से मिलना कम ही हो पाता है, क्योंकि उनकी कक्षाएँ देर शाम को होती हैं, वैसे भी वे साइंस अकादेमी के सदस्य हैं और अक्सर जोड़-तोड़ में लगे रहते हैं। उन्हें मेरे काम के बारे में ज़्यादा अन्दाज़ा तो नहीं, पर वे बेहद तमीज़दार औंर गम्भीर हैं। यह भी तय है कि उन्हें इंडोलॉजी के बहुत कम लोग पसन्द करते हैं, वे सबमें सीनियर हैं, लगभग साठ साल के और शायद दूसरे किसी की तरक़्क़ी में कहीं बाधक भी बनते होंगे, जिसके संकेत मुझे क्रेशो ने दिये थे। प्रोफ़ेसर येरिच मिस्लाव ने अपने घर दोपहर के भोजन के लिए आमंत्रित किया है, घर दूर है पर गनीमत है कि खिली ठंडी धूप में ट्राम यात्रा करना इतना बुरा नहीं लगता। मुझे सलवार क़मीज़ पहने देखकर ट्राम स्टेशन पर बैठे एक जोड़े ने 'इंडिया' कहकर हाथ जोड़कर अभिवादन किया है, मैंने प्रत्युत्तर में हँसी दी है। विशाल इमारत, राख के रंग की जिसमें मिस्लाव का घर पाँचवीं मंज़िल पर है, लिफ़्ट नहीं है इस पुराने घर में। सीढ़ियाँ चौड़ी और पुरानी हैं। पाँचवीं मंज़िल तक साठ सीढ़ियाँ, अच्छा है भोजन के पहले ही तगड़ा व्यायाम हो गया। दरवाज़े के बाईं तरफ़ जूते-चप्पलों का स्टैंड है और खूँटियों पर बरसाती कोट टँगे हुए हैं। दरवाज़ा खुला और बड़ी ही आत्मीय मुस्कराहट से मेरा स्वागत किया गया है। मिस्लाव को नाती पैदा हुआ है, जिसका नाम उन्होंने सबास्टीन रखा है। बेटी-दामाद भी आमंत्रित हैं। दामाद एक दुबला-पतला, बड़ी झपीली आँखों पर मोटा चश्मा लगाए हुए ताज़ा ग्रेजुएट है, ख़ूब बातें कर रहा है। मिस्लाव की बेटी चुप-चुप है और यूरोपीय अहंकार की जीती-जागती मिसाल, जिसने उसे साँवली रंगत के प्रति घृणा सिखाई है। उसका चेहरा उकताहट से भरा गोरा और भरा है, जिसमें कोमलता ढूँढ़ना मुश्किल-सा है। उसे इंडियंस से ख़ासी हिकारत है, ऐसा उसके हाव-भाव से लगता है। मिस्लाव येरिच की पत्नी इवाना लगभग साठ वर्ष की हैं कई साल पहले उन्होंने भारत में कुछ महीने गुज़ारे हैं, भोजन सादा लेकिन स्वादिष्ट है, सूखे आलू, केक, सलाद, पकौड़े—बेचारी इवाना ने जितने भारतीय व्यंजन सीखे थे सब बना डाले। भोजन के बाद मिस्लाव *अमरूकशतक* के बारे में बताते हैं जिसका अनुवाद वे क्रोआती में कर रहे

हैं, इसकी रचना नवीं शताब्दी में अमरूक ने संस्कृत में की थी जिसमें सौ से अधिक श्रृंगारिक श्लोक संकलित हैं। लेकिन किसी भारतीय विद्वान को अपना अनुवाद नहीं दिखाते। मैंने अक्सर यह कमी महसूस की है। यहाँ के लोग इंडोलॉजी के क्षेत्र में स्वयंभू हैं, क्योंकि उन्हें मालूम है कि भारत में कोई उनका क्रोआती में किया हुआ काम नहीं पढ़ेगा।

पिछले सप्ताह ही येरिच भारत गए थे, तिरुपति में संस्कृत संगोष्ठी में भाग लेने, मैंने उनसे कहा था हैदराबाद भी जाने को। वे लौटकर आए हैं और फ़िलॉसफ़ी फैकुल्तेत (दर्शन संकाय) में इस बार की भारत यात्रा के चित्रों की प्रदर्शनी लगाई है। प्रदर्शनी में जाना अपने-आप में एक अनुभव था—एक विदेशी की आँख से देखा भारत था मेरे सामने—रुग्ण, कराहता, घायल भारत। सभी चित्र बहुत अच्छे थे लेकिन सबके पीछे थी भारत की बीमार छवि को बाहर लाने की कोशिश मसलन रेलपटरी पर निवृत्त होते लोग, घाव पर से मक्खियाँ उड़ाती गाय, घनी बस्तियों पर केबल और टेलीफ़ोन तारों का सघन गुंजलक और चारमीनार की तंग गलियाँ, गली के मुहाने पर चारख़ाने की लुंगी पहने आँखों में सुरमा आँजे दलाल-सा दीखने वाला एक आदमी, साड़ी के लहरियादार घेरे में नाचते किन्नर, जीर्ण दरवाज़े पर बैठी किसी ग्राहक का इन्तज़ार करती गजरे वाली प्रौढ़ा स्त्री, पान की पीक से रँगी बनारस विश्वविद्यालय की दीवारें, चौराहे पर बैठे कोढ़ी और भिखारियों के क्लोज-अप, तिरुपति के अतिथि-गृह की सीलन-भरी दीवारें और टूटी बाल्टियाँ, हड्डियाँ चिचोड़ते मरियल आवारा कुत्ते, रेलवे प्लेटफ़ॉर्म पर वमन करता हुआ बूढ़ा भिखारी, यमुना नदी के किनारे की धुमैली गाद और डूबता हुआ धुँधला सूरज...देखकर मन अजीब हो आया। क्या ये सज्जन भारत की यही छवि विद्यार्थियों को दिखाना चाहते हैं! नया मध्यवर्ग, चौड़ी-चिकनी सड़कें, प्रशस्त हवाई अड्डे, आधुनिक भारत के स्वस्थ-सुन्दर बच्चे, स्वस्थ बौद्धिक ऊर्जस्वित युवा, मेट्रो...ये सब उनकी निगाह को बाँध ही नहीं सका। एक भी चित्र ऐसा नहीं, जिसे देखकर भारत भ्रमण की इच्छा हो। मैं प्रदर्शनी में और अधिक देर रुक न सकी। क्रेशो से मैंने यह बात साझा

की। उसका कहना है कि येरिच पुराने भारत की छवि हृदय में बसाए हुए हैं, और नये भारत के बारे में जानना नहीं चाहते, उनके लिए ये अब भी साधू, ठग और सँपेरों का देश है। सच है हम जो देखना चाहते हैं, वही तो दीखता है। जानती हूँ कि ये तो दृष्यकार का अपना चयन है, निजी दृष्टि! मुझे क्यों बुरा लग रहा है, ये दृश्य तो आम हैं न भारत या किसी भी विकासशील देश में। शायद ये तस्वीरें भारत को अविकसित राष्ट्र के रूप में प्रस्तुत करने का तरीक़ा हों, एक यूरोपीय की दृष्टि से देखा भारत।

विश्वविद्यालय के इस सत्र में सप्ताह में सिर्फ़ तीन दिन कक्षाएँ पढ़ानी हैं मुझे। येरिच मिस्लाव की शोध छात्रा भी इस सत्र में आ गई हैं, सो मेरा कार्यभार कम हो गया है। वे भारत कई बार जा चुकी हैं और इस नाते अपने-आप को भारतीय मामलों का विशेषज्ञ समझती हैं। येरिच मिस्लाव मंत्रमुग्ध होकर अपनी छात्रा की ज्ञान-प्रदायिनी बातें सुनते हैं। क्रेशो कर्नित्ज़ मज़ाक़ उड़ाते हैं। वे प्रेमचन्द की कहानियों का क्रोआती में अनुवाद कर रहे हैं। गुरु गुड़ रह गया है और चेला चीनी बन गया है। ज़ाग्रेब का पर्यटन विभाग तीसेक पन्ने की एक पुस्तिका निकालना चाहता है, मुझसे हिन्दी में उल्था करने को कहा गया है। अंग्रेज़ी से अनुवाद में एक सप्ताह लगा है, मैंने पर्यटन विभाग और येरिच को अनूदित सामग्री भेज दी है। रविवार को क्रेशो ने हँसते हुए यह सूचना दी है कि येरिच और उनकी शोध-छात्रा अनूदित सामग्री को सुधार रहे हैं। बहुत हँसी आ रही है क्योंकि इन दोनों विद्वानों की हिन्दी में जो गति है मैं उससे पूर्णत: अवगत हूँ, वे लोग गूगल के वाहियात अनुवाद को इस्तेमाल करने से गुरेज़ नहीं करते। वैसे मैंने बड़ी ही मुलायमियत से आपत्ति ज़ाहिर कर दी है और पारिश्रमिक से इनकार भी।

डायरी लिखना अजीब-सा अनुभव है यह, अपने आप में अलग ज्यों अपने आप से लगातार संवाद चलता हो, मालूम नहीं कि मेरे लिखे पन्ने कभी प्रकाश का मुख देखेंगे या नहीं, लेकिन लिखना रोज़ की चर्या में शामिल हो गया है, और आश्चर्यजनक ढंग से मैंने पिछली गर्मी की छुट्टियों के अकेलेपन को

डायरी के पन्नों से भर लिया है। आमि हृदयेर कथा बोलिते ब्याकुल शुधाइले ना केऊ (मैं अपने हृदय की बात कहने को आकुल हूँ, लेकिन कोई सुनने आया ही नहीं)...अब तो किसी को कुछ सुनाने की व्याकुलता भी नहीं होती। घर के लोग भी रोज़-रोज़ व्यथा-कथा सुनने से ऊब चुके होंगे, मेरे पास तो यहीं की कथाएँ हैं। नदीन गोर्डिमर ने लेखन को एक तरह का दुख कहा था जो सबसे ज़्यादा अकेलेपन और आत्मविश्लेषण की माँग करता है। हम ख़ुद को कितने मुग़ालते में रखते हैं—तोमार कथा हेथा केहो तो बोले न कोरो शुधु मिच्छे कोलाहल(तुम्हारी तो यहाँ कोई चर्चा भी नहीं करता और सिर्फ़ बेकार कोलाहल करते रहते हैं)—सच ही है न, मेरे ही मन में अपने माँ-पिता की याद बनी रहती है, और वो अपने जीवन में सुखी-तृप्त भाव में स्थित हैं। लेखन के लिए सामग्री जुटाने के लिए हमें ख़ूब यात्राएँ करनी चाहिए लेकिन इन यात्राओं की क़ीमत क्या होती है, ये लेखक के अलावा कौन जान सकता है, सामग्री जुटाने के बाद तो उसे काम तो अकेले ही करना है, रोलाँ बार्थ ने इसी विरोधाभासी आन्तरिक एकान्त की वजह से लेखन को, जिन लोगों के बीच हम रहते हैं, उनके और दुनिया के बीच 'ज़रूरी संकेत' बताया है, यह सर्वोत्तम वस्तु देने के लिए बढ़ा हुआ हाथ है। क्या मैं दे पाऊँगी सर्वोत्तम? सन्देह है क्योंकि मेरी दृष्टि तो आच्छादित हो गई है—

हमज़ुबां कोई मिले तो उससे सरगोशी करूँ
वरना बेहतर है कि अपनी नज़रें ख़ामोशी करूँ

कभी-कभी यहाँ बड़ा अकेलापन लगता है, अफाट सन्नाटा, सब कुछ अचानक ही अपरिचय की गन्ध से भर जाता है। पड़ोसन द्रागित्सा बहुत सदाशय हैं, उनका कहना है मुझे अमेरिका जाना चाहिए, यदि पढ़ाकर पैसे कमाने हैं तो। वे भारतीय सांस्कृतिक सम्बन्ध परिषद् के बारे में कुछ नहीं जानतीं, जानतीं, तो ही आश्चर्य होता, और उनको अपने असाइनमेंट के बारे में समझा पाने जितनी हर्वात्स्की मुझे आती नहीं। मुझे उदास देखती हैं तो कहीं बाहर जाने का प्रोग्राम बना लेती हैं, सो इस रविवार को वे पुरानी चीज़ों के बाज़ार में मुझे ले जाएँगी। ज़ेग्रुदे स्टेशन से हमें 295 नम्बर की बस लेनी है जो हरेलीच बाज़ार पहुँचा

देगी। बाज़ार रविवार की सुबह लगता है, दोपहर तक सब अपने-अपने ठीये पर लौट जाते हैं। इसलिए हम लोगों को ख़ूब सुबह उठना होगा। चूँकि इन दिनों मन वैसे भी उचटा हुआ है, इसलिए रविवार की यह सैर ताज़गी लाएगी इस उम्मीद में मैंने हामी भर दी है।

मित्र-परिचित सबका स्काइप समय मुझसे अलग है, इसलिए जब यहाँ शाम होती है, तब तक भारत में लोग तन्द्रालस हो चुकते हैं। ऐसा महसूस भी होता है कि हमारे अपनों के पास भी अब बहुत कुछ कहने को बचा ही नहीं है। वैसे दूतावास में आर्यन हैं, जो बतौर सुरक्षाकर्मी कार्यरत हैं और अपने सद्व्यवहार, योग-ज्ञान के बल पर ज़ाग्रेब में बड़े लोकप्रिय हो गए हैं, वे हरियाणा के हैं और अध्यापकों के प्रति बहुत सम्मान का भाव रखते हैं। उन्होंने मुझे बहुत कम पैसे में फ़ोन पर कॉल करने की सुविधा के बारे में जानकारी दी थी। चाहूँ तो इस माध्यम से भी घंटों बातचीत हो सकती है, लेकिन जब आप भौगोलिक दूरी पर रहते हैं तो धीरे-धीरे अपनी जगह पर आप अप्रासंगिक होते जाते हैं, आपको पता भी नहीं चलता कि कब आप अपने लोगों के बीच ही मूकदर्शक मात्र रह जाते हैं, बहुत कम बातों के पूर्वापर सम्बन्ध जोड़ पाते हैं, नये सम्बन्धों के समीकरण के बीच आपकी इयत्ता एक अजनबी की होकर रह जाती है। पहले लगता था पश्चिमी व्यक्ति की नियति तो हमारी हो ही नहीं सकती, लेकिन बदले हुए समय और समाज में अमानवीय अजनबीपन हमें जीवन-विरोधी ही तो बना रहा है। कभी बहुत परिचित रहे सम्बन्धों में अजनबीपन और कृत्रिमता आती जाती है, और आप हैं कि विवश हैं, कुछ कर नहीं सकते। अजनबीपन की दीवारें ढहाने की कोशिशें आपको उपहासास्पद बना डालती हैं, भाव का लोप और उसकी जगह विचार...बुद्धि...धुँधलापन, अन्धकार, रौशनी की कोई किरण नहीं, बुद्धि से काम लो, भावुकता से जीने वाला आदमी अप्रासंगिक हो जा रहा है। कोई मित्र नहीं, न कोई शत्रु, सबसे कामचलाऊ सम्बन्ध रखिए, जीवन समुद्र को पार करने का यही तरीक़ा है। और उनका क्या जिन्होंने जन्म दिया, समय ने उन्हें अपनी सन्तान को विस्मृत

करना सिखाया, बता दिया कि पुत्र का पिता होने का गर्व-बोध, प्रौढ़वयस में शिशु पुत्र की आमद का आनन्द—पिछला सब कुछ भुला देने में कारगर होता है। लगभग पैंतीस वर्ष पहले वो कौन थी जो अपनी नन्ही बेटियों को पढ़ते-लिखते देख सब कुछ भूल जाती थी, भूल जाती थी कि देबू बाबू की बेटी ने पुत्ररत्न पैदा नहीं किया, बेटियों को जी-जान से अंग्रेज़ी, गणित पढ़ाया करती, थाली में साग काटते, मटर छीलते पहाड़े रटवाया करती, भरी-निचाट दोपहरी में हमें होमवर्क करवाया करती, लेख लिखा करती, प्रार्थनाएँ सिखाती। बत्तीस वर्ष चार महीने की कुल उम्र और तीन बेटियाँ, बेटे का सपना आँखों में लिये-लिये दिल्ली के कपूर हॉस्पिटल से अधूरी कहानी ख़त्म, उसी की कहानी ख़त्म जो गुनगुनाया करती—"तोमारेई कोरे आछि, जिबोनेर ध्रुवतारा, एई समुद्रेर आर कोभू हबो न पथ हारा" (तुमको मैंने अपना ध्रुवतारा बना लिया है, अब कभी इस जीवन सागर में दिशाहारा नहीं होऊँगी)—गुनगुनाहट अजीब-से गर्व से भर दिया करती, लगता इतना जानने-समझने वाली, कलफ लगी सूती साड़ी, सिन्दूर का टीका लगाए, हमें पढ़ो-पढ़ो कहने वाली यह इकहरी देहयष्टि की औरत हमारी माँ है। उफ़, कितना कुछ जानती है, कितने तरह के पकवान, कितनी देखभाल और ठोस स्वाभिमान की मिट्टी से बनी देबू बाबू की बड़ी बेटी की बात तो स्वयं देबू बाबू नहीं टाल सकते थे। लगता था, जीवन सब समय एक सा ही रहेगा, हर दिन सुबह—

नमामीशमीशान निर्वाणरूपं विभुं व्यापकं ब्रह्मवेदस्वरूपम्।
निजं निर्गुणं निर्विकल्पं निरीहं चिदाकाशमाकाशवासं भजेऽहं॥
निराकारमोंकारमूलं तुरीयं गिरा ग्यान गोतीतमीशं गिरीशं।
करालं महाकाल कालं कृपालं गुणागार संसारपारं नतोऽहम्॥

की तान को साधे हुए अगरबत्ती की सुगन्ध से हमारी नींद टूटेगी, हम स्कूल के लिए तैयार होंगे, टिफिन का ढक्कन खोलकर मेनू देख भर लेंगे, सन्तुष्टि की मुस्कान के साथ स्कूल जाएँगे, शिकायतों का बस्ता लिये लौटेगी दीदी, और माँ हमें खाना खिलाएगी, उसकी आँखें देखकर हमें तसल्ली हो जाएगी, कि जो दुनिया हम सुबह छोड़कर गए थे वो वैसी की वैसी है, हमारी गुड़िया,

पेड़-पौधे, कहानियों की किताबें, चॉकलेट-बिस्कुट के डब्बे, हमारे बिस्तर, कपड़े और माँ की वे काजल लगी कुछ सोचती-सी आँखें, दाहिने हाथ की मझली उँगली का चोटिल नाख़ून, माथे पर लगा बड़ा सिन्दूरी टीका—यह सब है तो हम हैं, हमीं तो हैं उसके जीवन का ध्रुवतारा—जेथाय आमि जाई ना को, तुमि प्रकाशित थाको, आकुल नयन जले ढालो गो किरणधारा (मैं जहाँ भी जाऊँ तुम मेरे ध्रुवतारे-सा प्रकाशित रहोगे, आकुल नयनों का जल किरणधारा-सा होगा)—सच ही तो गीत का सुर ही कानों में गूँजता रह गया और वह ख़ुद तारा बन गई, अन्तर सिर्फ़ यह था कि उसने अपने पीछे तीन बेटियों को दिशाहारा छोड़ दिया, उस उम्र में जब फ्रॉक के बटन लगाना एक बड़ा मुश्किल काम मालूम देता था। ध्रुवतारे अब धूल-धूसरित थे, भविष्य के बारे में सोचने-समझने की क्षमता अभी आनी बाक़ी थी। इतना भर सीखा था उससे कि किताबें पढ़ो, वहीं कहीं रास्ता मिलेगा। किताबों ने रोने-बिलखने की आड़ दी। किताबों के हर पन्ने पर माँ दीखती, वो होती तो कहती, पढ़ो-पढ़ो। वही एक रास्ता देख पाए हम। बड़ी लड़की भी वही रास्ता दिखाती, दोस्त नहीं, मित्र नहीं, परिवार की बदली संरचना में हम 'अन्य' थे, अपना-पराया आया तो कृत्रिम आर्थिक तंगी भी आई। तब भी किताबों ने ही थामा, ध्रुवतारे-सी राह दिखाई थी, इस राह में चलते-चलते किताबें ही बस अपनी रह जाएँगी, मालूम कहाँ था—जाबो कोथाय, जानी ना... (कहाँ जाना है मालूम नहीं)

देबू बाबू की बेटी के जाने के बाद उनकी पत्नी यानी हमारी नानी अहिल्या के पास जाना ऐसा भासता है, ज्यों कल की ही बात हो, गर्मी की छुट्टियों में उसका वात्सल्य मिलता, सीधे पल्ले की साड़ी पहने, पीतल की लुटिया और फूलों की डलिया लिये खेत की मेंड़ पर उसके पीछे-पीछे ख़ुदी बाबा की पूजा करने हम जाया करते। पान-ज़र्दे की सुगन्ध से भरे छोटे गोरे मुख के भरोसे कुछ दिन फ़सलें लहलहाती रहीं। उसके जाने के बाद किसे तो और क्यों पूछा जाना था? आशा ख़त्म। अहिल्या देवी, देबू बाबू। द्रौपदी देवी शेष बच रही

बालबंगरा (महाराजगंज) के खीरी, करौंदे, आम बीजू, लीची के पेड़ों तले लाल चींटों की गन्ध, गूलर के फलों के गुच्छ और रात में डरावने से लगते घर के पिछवाड़े लगे लम्बे ताड़ वृक्षों की स्मृति...स्मृतियाँ...अनेकवर्णी चित्र... सत्यनारायण भगवान की कथा, आटा-धनिया की पँजीरी भुनने की गन्ध, तारा रानी श्रीवास्तव का अँधेरी रात में लालटेन उठाए हुए आना, मामा-मौसियाँ, सुनीता का घर, तड़बन्ना, नहर में उतरना...आर्द्रा नक्षत्र की बारिश, दालभरी पूड़ी, खीर और मालदह आम की दावत, बड़ी मामी के साँवले तीखे नैन-नक्श, उनका देर रात मुझे नींद से जगाकर खाना खिलाना...पचरूखी चीनी मिल...गन्ने की ढोवाई, पेराई, धुआँ उगलती छोटी लाइन की महरगंजी रेल की सीटी, ज्यों वह हमें पचरूखी से महाराजगंज के बीच लाने-ले जाने के लिए ही बनी हो, जिसका अन्तिम स्टेशन ही महाराजगंज होता...सब दृश्य आँखों के आगे आते रहे और ज़िन्दगी आगे बढ़ गई। विश्वास था क्या कि जहाँ की हवा फेफड़ों में भरे बिना चैन न था उसी जगह पर गए बरसों बीत जाएँगे?

द्रागित्सा के फ़ोन की घंटी से नींद खुली है, अरे सुबह हो गई, मुझे नींद में बचपन दीखता है अक्सर...ऐसा लगता है, फिर वही स्कूल की लड़की बन जाऊँ...लेकिन अभी तो जाना है।

बस से हम पहुँचे हैं, घास के विस्तृत मैदान में, टॉम जोंस की गाई कविता 'ग्रीन ग्रीन ग्रास ऑफ़ होम' याद आ रही है, जिसमें कहा गया है कि हरी घास से घिरे घर को किसी और रंग की ज़रूरत नहीं होती। हरी घास और थोड़ी ऊँचाई पर बनी रेल की पटरी, मैदान के बीचोबीच क़तार से ज़मीन पर ही दुकानें सजी हैं। अब तक के देखे यूरोप से बिलकुल अलग धज का बाज़ार है यह। औरत, मर्द और बच्चे दुकानदार हैं, ज़्यादातर दुकानदारों ने ज़मीन पर ही बिक्री सजाई हुई है। कुछ दुकानें लकड़ी के तख़्तों पर भी लगी हैं। तरह-तरह के अचार, चटनी, जैम, मुरब्बे क़तार से लगे हैं, जो निहायत ही घरेलू स्तर पर बनाए लग रहे हैं, क्योंकि पैकेजिंग में पुरानी बोतलें और शीशियाँ हैं। सर पर स्कार्फ बाँधे, लम्बी स्कर्ट पहने चौड़े-गोरे चित्तीदार मुँह वाली औरतें ख़ूब कम

दाम में सामान बेच रही हैं। घर में सजाने के लिए पौधे और फूल, तरह-तरह के सूखे फल और मेवे, बीज, सिरका, पनीर, अंडे, सूखा मांस, जंगली बेरियाँ, दस्तकारी का सामान, ख़ासकर क्रोशिया के काढ़े हुए मेज़पोश, गिलाफ़ यहाँ मिल रहे हैं, और दाम—मत पूछिए, बाज़ार से एक-चौथाई। द्रागित्सा बताती हैं कि ये आसपास के गाँवों से आकर ज़ाग्रेब में सामान बेचते हैं हर इतवार को। एक बड़ी-सी दरी पर ढेरों खिलौने रखे हैं, प्रत्येक का दाम दस कूना (लगभग सौ भारतीय रुपये)—खिलौने पुराने और पानी से धुले हुए-से हैं, पर इस्तेमाल के लायक़ हैं, सम्पन्न परिवारों में ये खिलौने अपनी प्रासंगिकता खोकर सेकेंड हैंड बाज़ार में चले आए हैं, अच्छा ही है, इसी बहाने कुछ ऐसे बच्चे इनमें बचपन ढूँढ़ लेंगे, जिनके लिए बचपना दुर्घटना के सिवाय कुछ नहीं, वे चाहते हैं, जल्द-ब-जल्द बड़ा होना, ताकि दो वक़्त भरपेट खा सकें, खुले आकाश को छोड़कर छत का आसरा पा सकें। कई मध्य और निम्नवित्त परिवारों के लोग मोलभाव कर रहे हैं। मैंने भी एक टेडी बीयर लिया है, पता नहीं क्या सोचकर। कोई बात नहीं! बैठा रहेगा कुर्सी पर और मेरे लौटने की प्रतीक्षा किया करेगा यूनिवर्सिटी से।

बाज़ार में, द्रागित्सा पता नहीं कहाँ खो गई हैं, सबके चेहरे धप्प सफ़ेद, ज़्यादातर ने धूप से बचने के लिए टोपी पहनी हुई है, इधर-उधर देख लिया कहीं दीखी नहीं, मोबाइल में सिग्नल नहीं है। मैंने बाज़ारनुमा मेले में दौड़ लगानी शुरू कर दी है। उधर की तरफ़ तो नहीं निकल गई, इस तरफ़ फ़र्नीचरों की दुकानें लगी हैं, कुछ पुराने और कुछ नये फ़र्नीचर, द्रागित्सा कुछ सामान देख रही है, मनोयोग से। उसे देखकर मेरी साँस में साँस आई है। अकेले छूट जाने के डर से बहुत डर लगता है न! फ़र्नीचरों में वैविध्य है, कुछ पुराने-धुराने हैं। पचासों वसन्त देख चुकी ख़ूब इस्तेमाल की, घिसी हुई कुर्सियाँ, हत्थे पर लगातार हाथ रखने से पड़े निशान, लकड़ी पर बारीक बेलबूटे वाले रोज़वुड के विक्टोरियन पलंग, दाम बहुत ही कम, मैं आश्चर्य में हूँ, इतनी बारीक साफियाना कारीगरी, मसहरी लगाने के लिए पलंग के चारों कोनों पर लगे बतख़नुमा हत्थे, भोजन इत्यादि परोसने की ट्राली छोटे-छोटे स्टूल, बारीक तार की बिनावट वाले बुक शेल्फ़—किनका सामान

होगा यह। मुझे उत्सुकता है। इतना सुन्दर सामान इस बाज़ार में आया कैसे होगा, किसने उच्छिष्ट समझा होगा ऐसी सुन्दर कारीगरी के नायाब नमूनों को? द्रागित्सा कहती है ये सब 'जीवी समां' का है यानी अकेले रहने वाले लोग। तो ये मृतकों का सामान है—'रोबा प्रेमिनुओ'—वे जो कभी थे पर अब नहीं हैं, जाने वाले चले गए और ये फ़र्नीचर यहीं रह गया। महोगनी की बनी विशाल आरामकुर्सी हौले-हौले कम्पित है, ज्यों अभी-अभी इस पर से उठकर कोई चला गया हो, उसके हत्थे पर ज्यों नीली नसों वाला पुराना बूढ़ा हाथ टिका-सा रह गया हो, कुर्सी की पुश्त से टिकी पीठ अभी उठी हो बुक शेल्फ़ से कोई किताब उठाने को, और स्तोलिचा (कुर्सी) हिलती-सी रह गई हो। एक दुकान में तो किसी का पुराना सजा-सजाया कमरा ही बिक रहा है—किताबों से भरी अलमारी, मेज़, दीवारों पर टँगी पेंटिंग्स, कॉर्नर शेल्फ़। किताबों ने मुझे अपनी ओर खींच लिया है, दुकानदार पास आकर कह रहा है—'ओवे क्निजगे प्रिस्तुपच्ने, सिजेना येदन कूना' सिर्फ़ एक कूना में एक किताब—कविता-संग्रह, शब्दकोश, उपन्यास, एक किताब संगीत-लिपि पर भी है—किताब के पन्ने पीले और पुराने से हैं—लेकिन पढ़ी ख़ूब सँभालकर गई है—रेशमी डोरी का बुक मार्क भी लगा हुआ है। स्वर लिपियाँ और संकेत चिह्नों पर उँगली फिराती हूँ, ज्यों किसी की उँगलियों की छुवन अभी यहीं टिकी-सी हो। किताब पढ़ते-पढ़ते कोई उठकर गया हो कोने में, पुराने, तीन टाँग पर रखे पियानो की तरफ़, लिपि को धुन में साधने, अभी लौट आएँगी वे उँगलियाँ, अधूरी धुन को पूरा करने। खोलेंगे वे हाथ किताब को, उँगली को थोड़ा गीला करके पलटे जाएँगे पन्ने, सही पन्ने पर निगाह टिकते ही दौड़ जाएगा मन्द स्मित, कभी टिका दिया जाएगा किताब को क्लेविर (पियानो) के बुक स्टैंड पर, निगाहें फिरने लगेंगी संगीत लिपि पर और उँगलियाँ महावाद्य के अष्टकों में विभाजित 88 स्वरों में से मनचीते स्वरों को लगेंगी टटोलने। आबनूसी लकड़ी के बने हुए पियानो की कुंजियाँ ढीली पड़ चुकी हैं उन पर हाथ फिराते हुए संगीत में दक्ष किन्हीं लम्बी संगीतकार उँगलियों को छू पा रही हूँ, स्वर-सप्तक को नीचे से उठाते, मन्द्र तक लाते हुए अपने-आप को दे देने की जो अनुभूति उसे हुई होगी क्या वैसी ही अनुभूति स्वरों को ऊपर

से नीचे लाते हुए भी हुई होगी, उँगलियाँ अवरोह के स्वरों पर थिरकती होंगी और हृदय के तार आरोहित होते होंगे—त्रिसंध्या वेला में जब राग पूरिया धनाश्री बजता होगा, समूची प्रकृति आत्मस्थ हो जाती होगी या फिर रात के पिछले प्रहर में गुरु-गम्भीरता से राग यमन बजाते हुए वे उँगलियाँ देश-काल भेद को भूल जाया करती होंगी। मैं भी क्या सोच रही हूँ, यह तो ओपेरा का देश है, भारतीय राग यहाँ कहाँ! हो सकता है महावाद्य पर थिरकती उँगलियाँ मोजार्ट का प्रसिद्ध ओपेरा 'इडोमोनिया' बजा रही हों या कर रही हों ज़ाग्रेब में ख़ूब यशस्वी ओपेरा की गायिका मिरियाना रादेव के सुरों को संगत देने की कोशिश...या फिर यूँ ही जीवन से थक-हार कर संगीत में अपने आप को डुबोकर भुला देने की कोशिश कर रही हों। महावाद्य को स्पर्श करने का मन तो है, पर उसे अपना बनाने की इच्छा बिलकुल ही नहीं। अपना बहुत प्यारा, पसन्द कर ख़रीदा, ढेर-सा सामान यहीं छूट गया है, वादक का समय पूरा हो गया, रह गई हैं बहुत-सी राग-रागिनियाँ अधूरी। जाने से ठीक पहले क्या वे उँगलियाँ स्पर्श कर पाई होंगी, अपने दुलारे वाद्य को, या झिझक कर रह गई होंगी, कह नहीं पाई होंगी किसी परिचारक से कि वे अन्तिम बार कौन-सी धुन सुनना-बजाना चाहती हैं, हो सकता है कोई पास में ऐसा न भी रहा हो, वाणी अनन्त इच्छाएँ लिये हुए चिर-अवरुद्ध हो गई हो।

शरीर यहाँ है और मन यूँ ही भटका किया करता है—द्रागित्सा ने मेरा कन्धा ज़ोर से थपथपाया है, मुझे थोड़ा संकोच सा हो आया है—यह भी क्या सोचती होगी, क्या समझती होगी मुझे! वैसे हम ये अपेक्षा ही क्यों करें कि दूसरा हमें समझ पाए, अब के जीवन में ऐसे अवसर तो विरल ही होते जा रहे हैं। मुझे ही, जितना अवकाश विदेश में मिल पा रहा है, वह अपने देश में मिलेगा, सन्देह है।

आज कई महीनों बाद शहनाज़ का पत्र आया है। उसकी छवि आँख के आगे घूमती है, शान्तिनिकेतन छोड़ने पर वह भी मेरे साथ हैदराबाद विश्वविद्यालय आ गई थी, पी-एच.डी. करने। सुन्दर और गुमसुम रहकर सिर्फ़ आँखों से

बात करने वाली लड़की को अक्सर मुझसे डाँट पड़ा करती। धीरे-धीरे उसने संकोच त्यागा और कहानियाँ लिखने लगी। उसके पिता ने इसे छोड़ सब बच्चों को इंजीनियरिंग पढ़ाई, क्योंकि वे चाहते थे कि कम-से-कम एक सन्तान तो उनके पास बनी रहे। हिन्दी साहित्य की पढ़ाई पूरी हुई नहीं कि विवाह। उसकी तकलीफ़ मैं समझती हूँ, क्योंकि उसे अभी तक किसी कॉलेज में पक्की नौकरी नहीं मिल पाई है और वह भीतर से इतनी स्वाभिमानी है कि किसी से अपने आन्तरिक भाव शेयर नहीं करती। उसकी चिट्ठी का जवाब देना हमेशा मुझे ज़रूरी लगता है—

प्रिय शहनाज़,

मुझे यह अच्छी तरह अनुमान है कि ख़ूब डिग्रियाँ ले लेने के बाद बेरोज़गारी का आलम कैसा होता है। अपनी पहचान अलग बनाओ, मैंने ही तो यह मंत्र तुम्हारे कान में फूँका था। तुम मेरी इतनी पुरानी और आत्मीय छात्रा रही हो कि फ़ोन पर तुम्हारी आवाज़ की दरारें और चुप्पियाँ भी मुझसे बहुत कुछ कह जाती हैं। लगभग सात महीने हो गए यहाँ आए। और तो कुछ नहीं पर रह-रह कर शान्तिनिकेतन बहुत याद आता है। ये अक्टूबर का पहला दिन है। हवा में ठंडक ज़्यादा महसूस हो रही है। तेज़ हवाएँ, कभी-कभी बारिश भी। माहौल चुप्पी से भरा और उदास है। शान्तिनिकेतन में कास फूला होगा, दुर्गा पूजा के लिए दूर प्रान्तिक से नगाड़ों की आवाज़ आती होगी, रतन पल्ली पोस्ट ऑफ़िस के कोने पर रिक्शा वाला बाँसुरी की सुरीली धुन सरेशाम निकालता होगा, अँधेरा होते न होते हल्की-सी धुंध भरी रहस्यमयी चादर में पूरा आश्रम लिपट जाता होगा। घरों के भीतर अभ्यासरत संगीत सीखते छात्रों के तबले और तानपूरे की धुन 'मेला-माठ' के वृक्ष कान लगाए सुनते होंगे। क्या बजा होगा वहाँ? शायद रात के आठ जबकि यहाँ लगभग चार बजे हैं। कभी लगता है

क्यों हूँ इस पराये देश में! न ही आती तो क्या बुरा था। आई.ए. रिचड्‌र्स ने इच्छा जनित आवेग की बात कही थी। दुनिया देखने का आवेग-आवेश ही तो यहाँ लाया है कि नियत समय के पहले देश वापसी के सरकारी रास्ते बन्द हैं। ये दुनिया अगर मिल भी जाए तो क्या है, जहाँ मनुष्य की पहचान मनुष्य से नहीं। आप जितनी मात्रा में परायापन दिखा सकें उतने उत्तर-आधुनिक हैं। आँख के सामने क़त्ल हो जाए और जवाब हो 'आई डोंट नो एनिथिंग' हालाँकि हैदराबाद विश्वविद्यालय के कार्यालय ने नये मिज़ाज के शहर से परिचित करवा दिया है। प्रोफ़ेशनलिज़्म के नाम पर परायापन रूख़ी औपचारिकताएँ और मूर्खतापूर्ण अनात्मीय मुस्कराहटें जो आपको अमानुष बनाती जाती हैं धीरे-धीरे, इसकी अपेक्षा शान्तिनिकेतन का माहौल आत्मीयता और ग्राम्यत्व से भरा है जो बराबर आपके मानुष बने रहने की तस्दीक करता है। यहाँ ज़ाग्रेब में, रह-रहकर अतीत के मन पर दृश्य दस्तक दे जाया करते हैं। करने को काम कम है शायद इसलिए। आसपास के देशों की विज़िटिंग चेयर्स पर हिन्दी के कई प्राध्यापक तैनात हैं और अपने अनुभव शेयर करते रहते हैं। अधिकांश स्विट्‌जरलैंड घूम आए हैं। देख आए हैं उन वादियों को साक्षात्, जिन्हें अब तक सिर्फ़ फ़िल्मों में देखा था। रंगीन चश्मा, बर्फ़ीली वादियों की तस्वीरें फ़ेसबुक पर पोस्ट करते रहते हैं। ज्यों कहते हों देखा मेरा सौभाग्य! मैंने भी ऐसी तस्वीरों की दिखावटी तारीफ़ करना सीख लिया है। यही दुनिया है जो बराबर ठोंक-पीट कर दुनियादार बनाए बिना मानती नहीं।

क्या कहूँ? बस यही कि हर रास्ते की अपनी कठिनाइयाँ हैं। चूँकि हम अनैतिक नहीं हो सकते, इसलिए जोड़-तोड़ से अविचलित रहकर टुच्ची राजनीति का अंग बने बिना, सिर्फ़ एकेडमिक्स के बल पर नौकरी के लिए कोशिश करने के अलावा कोई रास्ता नहीं।

यहाँ देखती हूँ, रात-बिरात सड़कों, सुनसान रास्तों पर लड़कियाँ चलती जाती हैं, वे हर तरह की नौकरियाँ करती हैं। किसी काम को करने में उन्हें शर्मिन्दगी नहीं। लोग अक्सर परिवार नियोजित ही रखते हैं। बेरोज़गारी ख़ूब है, पर मेहनत भी कम नहीं। जब तक तुम्हें लेक्चररशिप नहीं मिलती और बच्चे बड़े नहीं हो जाते, अपने आप को थामे रहो मज़बूती से, हमेशा लिखती-पढ़ती रहो। तुम 'इस्लाम में स्त्री की भूमिका' पर काम कर रही थी न। क्या हुआ उसका बताना।

यहाँ कुछ अजीब-सा मन हुआ रहता है, इन देशों में जो स्त्रियों ने झेला है, वे अक्सर उसके बारे में मौन रहती हैं। हम लोग दूर से ही गोरी चमड़ी देखकर मुग्ध-मोहित हुए रहते हैं, बिना इन 'कोन्फ्लिक्ट जोंस' का इतिहास जाने। कई औरतों से मिलकर उनके नैरेटिव्स इकट्ठा कर रही हूँ, उनका क्या होगा मालूम नहीं, पर डायरी में नियमित ढंग से दर्ज कर ज़रूर लेती हूँ। भेजूँगी कुछ अंश पढ़ना और राय देना।

अपना ध्यान रखना—
दीदी

दूतावास में दीवाली के अवसर पर दावत का आयोजन किया गया है। मेरी रिहायश से दूतावास काफ़ी दूर है, पर साशा ने कहा है कि वे भी जाएँगी, सो हम एक साथ गए हैं। माहौल काफ़ी औपचारिक है, बहुत से भारत प्रेमी आए हैं या यूँ कहूँ भारतीय भोजन प्रेमी। राजदूत महोदय की पत्नी भी हैं, जो अच्छी बातचीत करने में माहिर हैं। शाम के पाँच बजे हम लोग अपने ठिकानों पर वापस लौटे हैं। माहौल में औपचारिकता है, इंडोलॉजी वाले राजदूत के आगे-पीछे घूम रहे हैं और गहरी रंगत वाले गोरी चमड़ी के पीछे...जहाँ कहीं से फ़ायदा मिल जाए।

वहीं जानकारी मिली है कि ओसियेक में संयुक्त राष्ट्र संघ ने युद्धोपरान्त आपसी मनमुटाव ख़त्म करने के उद्देश्य से सभा का आयोजन किया था। स्नेज़ना ओसियेक की ही है, हालाँकि उसने केदारनाथ के किसी गुरु से दीक्षा लेकर अपना भारतीय नाम भी रख रखा है, वह गम्भीर और मितभाषी है। ओसियेक जाने के रास्ते में टूटे-फूटे घर और रौंदी हुई प्रकृति के दृश्य दीखते हैं, ज़ाग्रेब की साफ़-सफ़ाई यहाँ नहीं, ये रास्ता मुझे उजाड़ और बियाबान लग रहा है...कोई दीख ही नहीं रहा है। यहाँ पर शुक्रवार से रविवार तक रहने का फ़ैसला मैंने किया है। इच्छा है कि युद्धोपरान्त आम आदमी की आपबीती को लिख सकूँ। स्नेज़ना के माता-पिता ओसियेक के स्कूल में पढ़ाते हैं और बेहद सादा जीवन जीते हैं, उन्हें युद्ध के दौरान और उसके बाद हुई घटनाओं की बख़ूबी याद है। संयुक्त राष्ट्र संघ की पहल पर आयोजित सभा में सर्ब, क्रोआती, बोस्निया और मुसलमानों को एक साथ आपस में बातचीत के लिए बुलाया गया। किसी को मालूम नहीं चल रहा था कि बात कैसे शुरू की जाए। उस सभा में स्नेज़ना के पिता भी थे, उनका विवरण इतना विशद है कि आँखों के आगे बारह वर्ष पहले का दृश्य साकार हो जाता है—'भागीदारी करने वाले अपना नाम बताने से हिचक रहे हैं, क्योंकि नाम बताते ही यह स्पष्ट हो जाएगा कि वे सर्ब, क्रोआती या मुसलमान हैं। नाम बताते ही युद्ध के दौरान उनकी भूमिकाओं की याद ताज़ा हो आएगी।' इंटरनेशल रेस्क्यू कमिटी द्वारा सन् 1996 से 2001 के बीच लगातार इस परियोजना जिसे 'बिल्डिंग सस्टेनेबल कम्युनिटी इन द आफ़्टरमाथ ऑफ़ वार' का नाम दिया गया—ऐसी सभाएँ आयोजित की गईं। इस परियोजना को संयुक्त राष्ट्र संघ के शरणार्थी फ़ंड से धन दिया गया, प्रतिवर्ष दो बार इस फोरम की बैठक होती थी जिसमें प्रतिभागियों की संख्या 60-90 तक रहती थी। ये वे लोग थे जो अपने देशों, समुदायों में बतौर सामाजिक कार्यकर्ता, चिकित्सक, नर्स, अध्यापक, प्रशासनिक पदों पर क़ाबिज़ थे। आपसी सहयोग बढ़ाने, मनमुटाव कम करने और युद्धोत्तर परिस्थितियों में उपजी समस्याओं मसलन सुरक्षा, स्वास्थ्य, शिक्षा और मूलभूत आवश्यकताओं की पूर्ति इत्यादि पर इस फोरम में बातचीत होनी थी, उद्देश्य तो बहुत नैतिक था लेकिन इसके शुरुआती प्रयास विफल रहे। यातना झेलने

से भी ज़्यादा भयकारक था यातना का स्मरण। मिश्रित समूहों में आपसी संवाद लगभग नामुमकिन था। युद्ध की बात आते ही कई बार लोग युद्ध को पुनः जीने लगते थे, अंड-बंड बकने लगते थे, सभा छोड़कर भाग जाते थे या शत्रु समूह के किसी व्यक्ति पर हमला बोल देते थे। इसके लिए ऐसी रणनीति का बनाया जाना अनिवार्य था जो बिना चोटिल स्मृतियों को कुरेदे उनकी समस्याओं और सामुदायिक रचनात्मक विकास के मुद्दों की ओर ध्यान दिलाए। संयुक्त यूगोस्लाविया के विखंडन के बाद देशों के सीमा सम्बन्धी एवं नागरिक विवादों को आपसी बातचीत से सुलझाया जा सकता था, तब शायद धुर पूर्वी यूरोप का यह हिस्सा भयंकर ख़ून-ख़राबे से बच जाता। शुरू में, फोरम में बहुत कम लोग आए, जो आए वे बूढ़े और बीमार लोग थे, स्त्रियाँ तो बात करने के लिए बिलकुल तैयार ही नहीं थीं, उन्हें लगता था यह सब उनके शोषण का जाल है। 99 प्रतिशत लोग ऐसे थे जो राजनीतिक प्रसंगों पर काष्ठ-मौन धारण कर लेते थे, मानो गहरे कुहासे की चादर ने सबको ढक लिया हो—ज़्यादा कुरेदने पर कहते—'उन दिनों के बारे में बात ही मत करो, पुरानी बातें रुलाती हैं, सीने में धधकती आग को बाहर निकालकर दिखाने की क्या ज़रूरत है, यातना की बातें दोहराने से यातना बढ़ती ही है, कम नहीं होती।' आश्चर्यजनक रूप से वे सब सभा में किसी प्रकार के राजनीतिक दख़ल के ख़िलाफ़ एकमत थे। वे सामाजिक पुनर्निर्माण के पक्ष में थे किन्तु सिर्फ़ मानवीय दृष्टि से, राजनीतिक दृष्टि से तो बिलकुल ही नहीं, ये राजनीति के क्रूरतम चेहरे को पहचान चुके अनुभवसम्पन्न लोग थे। सभाओं में लोगों ने कहा कि हम सब मनुष्यता से लबरेज़ हैं लेकिन जिन राजनीतिज्ञों के कारण हमारे परिवार, व्यवसाय तबाह हो गए, हम एक-दूसरे के ख़ून के प्यासे हो गए, हम उनके बारे में बात नहीं करना चाहते लेकिन व्यावहारिक सच्चाई यह थी कि सभा विसर्जन के बाद सर्बों, क्रोआतियों और बोस्नियायियों के गुट अलग-अलग हो जाते थे।

मैंने अपनी डायरी में फ़िक्रेत एकिक से मिलने की बात दर्ज की थी। वह पिछली बार मुझे बोस्निया में मिला था—"वह स्वभाव से हँसोड़ और ख़ुश

रहने वाला व्यक्ति है कौन कह सकता है कि पीले चेहरे पर भूरी-सूखी घास जैसे बाल लिये व्यक्ति का घर-द्वार सब जल चुका था, युद्ध छिड़ने के बाद महीनों घने जंगल में छुपा रहा, पेड़ों के पत्तों से भूख शान्त करता, वर्षा वन की ओस पीता रहा। शान्ति स्थापित होने पर माँ और भाई को ढूँढ़ा, माँ जिस स्थिति में मिली वह अकल्पनीय थी, वह चहारदीवारी से घिरे किसी भी मकान में जाने से थर-थर काँपती। फ़िक्रेत ने फ़ैसला किया कि वह अपना पुश्तैनी घर फिर से बनाएगा। पर मकान बना घर नहीं, भाई अधबीच रात में उठकर विक्षिप्तावस्था में कहीं चला गया, बाद में डेनमार्क के मानसिक अस्पताल में मिला, माँ भी वहीं चली गई। इतना सब कुछ होने और यातना शिविर से भागने के बाद वह जीवित कैसे रहा। उत्तर है हँसने की क्षमता 'स्मियांजेम मे रूपासियो'—मैं ऐसा आदमी हूँ जो हँसता रहा। मैं अपने मूर्खतापूर्ण चुटकुलों की वजह से जी पाया, जो मज़े से ज़्यादा उदासी पैदा करते थे। अपनी दुरवस्था पर यदि न हँसता तो बचना मुश्किल था। फ़िक्रेत खेतों में काम करता बूढ़ा हो रहा है और दुखद अतीत मज़े ले-लेकर सुनाता है। उत्तर-पश्चिम बोस्निया के प्रिजेडोर के अधिकांश लोग 1991 के पहले कोयला खदानों, ईंट भट्ठों, खनिजों और लौह उत्खनन के व्यापार सम्बन्धी पेशों में थे। 1992 की गर्मियों में सर्बियाई सैनिकों ने स्थानीय प्रशासन को पूरी तरह अपने नियंत्रण में ले लिया, प्रशासन की ओर से भी कोई सैन्य प्रतिक्रिया नहीं हुई। धन-धान्य और मेहनत के पसीने की गन्ध से लबरेज़ बोस्निया तबाह होता रहा, राजनीतिक आका अपना स्वार्थ साधते रहे।

अजर ब्लाजेविक और एडिना स्त्रीकोविच से भी मेरी बात हुई है जो ट्रेनो पॉले के क़ैदी शिविर में छह महीने रहे और रिहा होने पर हमेशा के लिए परदेश चले गए। एडिना तो बाल क़ैदी के रूप में ओर्मस्का के कैम्प में रही। बाद में अमेरिका पढ़ने चली गई उसने घर छोड़ा घर के लिए। कहती है—'आज भी दिल धड़कता रहता है, जाने कब क्या हो जाएगा, वापस बोस्निया लौट नहीं सकती पर वह मेरी स्मृति में जीवित है हरदम—बचपन का गाँव, खेत,

फ़सलें, पेड़-पौधे, पड़ोसी। इन सबको जीवित रखना चाहती हूँ स्मृति में ताकि आने वाली पीढ़ी को बोस्निया की समृद्ध सांस्कृतिक विरासत के बारे में बता सकूँ।' यातना शिविर में यंत्रणा पाए उसके माँ-बाप अब भी दहशत में रहते हैं और अस्थायित्व की भावना कभी उनके मन से जाती नहीं—

प्रिय सेर्गेई,

इस बाल्कन प्रदेश में मुझे तरह-तरह की स्त्रियाँ मिल रही हैं। आपने ठीक ही कहा था कि मनुष्य के मन की आन्तरिक शक्ति ही उसे जिलाती और मारती है। जानते हैं! मेरी मुलाक़ात याद्रांका से हुई, जिससे बात करके मुझे अद्भुत अनुभव हुआ। दरअसल उससे ट्रेन में ही मुलाक़ात हुई थी, हमने यूँ ही बातचीत करनी शुरू की थी। पहले तो वो बड़ी घमंडी-सी औरत लगी। लेकिन उसने ज़ाग्रेब वाले अपने फ़्लैट का पता दिया और परसों मैं उससे मिलने गई। छोटा-सा फ़्लैट, साफ़-सुथरा खुला सा किचेन था और खिड़की में बहुत सारी लताएँ सजी हुई थीं। यानी वह प्रकृति प्रेमी है और बच्चों के प्राथमिक स्कूल में पढ़ाती है। एक दृढ़-निश्चयी आत्मनिर्भर स्त्री। ठसके के साथ अकेली रहती है, मुझे उससे मिलकर बहुत अच्छा लगा। औरों की तरह उसमें आत्मदया का भाव बिलकुल नहीं। ख़ूब लम्बी है वो। जींस और जैकेट पहने हुए अड़तालीस के पेटे को छूती सीधी-सतर तनी गर्दन वाली याद्रांका से मिलने पर यह अहसास ही नहीं होता कि वह रेप विक्टिम है उसने उबले अंडों का सलाद और ग्रीन वाइन परोसी। कुर्सी खींचकर बैठी बड़े सुकून से दोनों हाथ टेबल पर रख ऐसे बताने लगी अपने बारे में, जैसे किसी दूसरे की कहानी कहती हो—"रात को सैनिक आकर हमारे दरवाज़े खटखटाते, हमें बाहर बुलाते। एक रात सर्ब सेना के कमांडर एलको मेजाविक ने मुझे बुलाया। मैं डर रही थी, फिर भी उसके पीछे-पीछे एक कमरे में, जहाँ छह-सात लोग बैठे थे, गई। शब्दों से पर्याप्त अपमानित करने के बाद मेजाविक ने नंगी फ़र्श पर

लेटने को कहा और शरीर के साथ मनमानी की, ऐसा लगभग चार घंटे चलता रहा। फिर मुझे घर वापस लौटा दिया गया। मैंने दुखते शरीर की आह को भीतर जज़्ब कर दिया, किसी को कुछ बताया नहीं, किसी ने कुछ पूछा नहीं। ये एक तरह का अनकहा नियम था कि औरतों के साथ जो भी घटता वे उस पर बात नहीं करतीं।" यातना के इसी दौर में याद्रांका की मुलाक़ात हसीबा से हुई, जिसने अपमान और हिंसा सहते-सहते ख़ुद से घृणा करना शुरू कर दिया था। लेकिन याद्रांका का कहना है—"रेप के बाद मैंने आत्मसम्मान गँवाया नहीं है, क्योंकि मैं तो उनके लिए वस्तु मात्र थी, व्यक्ति नहीं, व्यक्ति के रूप में तो मेरा आत्मसम्मान अक्षुण्ण है। रोटी के टुकड़े के लिए यदि मैंने शरीर दिया होता तब मेरा सम्मान नष्ट होता। स्वाभिमान है बलात्कारी के आँखों में सीधे देखना ताकि वह जाने कि वह जो कर रहा है मुझे मालूम है। ज़ोर-ज़बरदस्ती से शरीर को हानि पहुँचाई जा सकती है, आत्मसम्मान को नहीं।" घटना के छह महीने बाद ली गई तस्वीर उसने सँभालकर रखी है, तस्वीर में है पन्द्रह-सोलह वर्ष पहले की गालों की उभरी हड्डियों और स्वाभिमान से तने चेहरे वाली, घने बाल और तीक्ष्ण-मर्मभेदी आँखों वाली युवती, जो कहती है, जीवन से मुझे बड़ी शिकायत नहीं, जो घटना था घट गया बहुतों के साथ घटा, उसका बोझ क्यों ढोऊँ!

लेकिन सब याद्रांका जैसे हो पाते हैं क्या। शरीर पर लगे घावों का ज़ख़्म भर जाता है पर मन के ज़ख़्म हो जाते हैं नासूर। इन नासूरों से छलनी-छलनी हैं हज़ारों क्रोएशियाई-बोस्नियाई औरतें, मर्द, बच्चों के मन। बोस्निया के गोराजाद की मेलिसा के मन पर 1992 के अप्रैल का रक्तरंजित अन्तिम सप्ताह ताज़ा घटना-सा अंकित है, जब दस-बारह औरतें घर के तहख़ाने में छोटे-छोटे बच्चों के साथ भूखी-प्यासी छिपी हुई थीं, सर्ब टुकड़ियाँ गुज़र जाएँ तो वे बाहर निकलें। मन्द मोमबत्ती का प्रकाश, कुनमुनाते बच्चों के मुँह दुपट्टों से बाँध देती। कोई आहट न हो, किसी को अन्देशा न हो कि जान-प्राण

लेकर छुपी हैं इस अतल तहख़ाने में...। भूखी और निरीह। बच पाईं क्या, पड़ोसी सर्ब ने ख़बर कर दी और दस नकाबपोश आ पहुँचे गालियाँ, चीख़ें-चिल्लाहटें, जवान माँओं की गोद से दुधमुँहे बच्चे खींचकर अलग करते ये थे इन्हीं के पड़ोसी, जिनका चेहरा ढका भले हो, आवाज़ें पहचानी थीं। तीस वर्षीया सेम्सा यू: को कमरे में धकेला, ड्रेगन के और बोटा जे को तो मेलिसा अच्छी तरह जानती थी, लेकिन ये अन्दाज़ा कहाँ था कि जो 'दोबर यूत्रो' (सुप्रभात) कहकर आँखें झुका लेते थे वे चाक़ू की नोक पर निर्वस्त्र करेंगे। क्या पुरुष को सिर्फ़ एक अवसर मिलने क़ी देर होती है? पड़ोसी की सदाशयता का मुखौटा मेलिसा के सामने उतरा और उसके मुँह में कुछ ठूँस दिया गया, वे कृत्रिम उत्तेजना चाहते थे। मेलिसा के मुँह में तेजाबी खारा स्वाद भर गया, होंठों के किनारे फट गए, दूसरा पड़ोसी सैनिक वेश में कमर पर लातों से वार कर रहा था, ज्यों घोड़े को एड़ लगाई जाती है। मार खाने के बाद उसने अपनी बहन के पास ज़ाग्रेब पहुँचने की कोशिश की। राजधानी है, पुलिस-प्रशासन होगा। शायद बच जाऊँ, लेकिन युद्ध कहाँ नहीं था खेतों में, गाँवों में, रास्तों में...छुपती-छुपाती फिरती रही, कभी भूखी, कभी कुछ पत्ते चबा लिया करती। उल्टी आई तो लगा गर्भ ठहर गया है। पेड़ की टहनी तोड़कर गर्भाशय में घुसाकर घृणित भ्रूण ख़त्म करने की कोशिश की। दिसम्बर 1992 में ज़ाग्रेब अस्पताल में मृत बच्चे को जन्म दिया। बहन के घर रही, पति को कभी आपबीती जानने नहीं दी, डर था वह त्याग देगा, चरित्रहीन कहेगा।"

क्या छोड़ूँ और कितना लिखूँ, सुनते और डायरी में दर्ज करते-करते अनुपात ही भूल गई हूँ। आपको लिख भेजती हूँ तो मन पर से थोड़ा बोझ कम हो जाता है। कई बार ऐसा भी लगता है कि अतीत के गड़े मुर्दे उखाड़ रही हूँ। लेकिन कभी लगता है, ये मेरा दाय है। मेरी नियति भी। मैं ये चाहती हूँ कि आप लोगों के रक्तरंजित इतिहास के

वे पन्ने जो इन औरतों की यातना से रँगे हुए हैं, जिनको पढ़ने में किसी इतिहासकार की रुचि के विषय में मुझे सन्देह है—उन पन्नों से मेरा देश परिचित हो तो सही कम-से-कम। हालाँकि हो सकता है समय के साथ डायरी के पन्ने पीले और धूल-धूसरित हो जाएँ, और प्रकाश की कोई किरण उन तक कभी न पहुँचे।

क्या-क्या लिख गई हूँ। अन्यथा न लेंगे।

जल्द मिलूँगी।

सादर
गैरी

बोस्निया की ही एनिसा, जिसे सितम्बर 1992 में 16 वर्ष की उम्र में अपनी आँखों के सामने बूढ़े दादा और पिता का क़त्ल देखना पड़ा, छुपने और भागने की कोशिश की, सब व्यर्थ। सर्ब सैनिक घर में घुसकर नकदी, आभूषण, महँगी वस्तुएँ खोजते और जो स्त्री जिसको पसन्द आ जाती वही हत्थे चढ़ जाती। ये सैनिक अपने प्रतिवेशियों के शान्त स्वभाव से अच्छी तरह परिचित थे। सुन्दर, कोमल, पाकीज़ा धर्म भीरु मासूम लड़कियाँ, जो युद्ध छिड़ने के ठीक पहले तक कल्पना भी नहीं कर सकती थीं स्त्री शरीर धारण करना अभिशाप है। इसलिए तो उन्हें डरा-धमका कर गहने, नकदी छीनने के बाद अस्मिता हीन, पहचान हीन करने की साजिश रची गई। अब एनीसा सैंतीस वर्ष की है लेकिन दुर्दिन चलचित्र जैसे उसके सामने ताज़ा हैं—भूली कहाँ कुछ, कहती है—"उसके धमकाने पर मैं निर्वस्त्र हो गई। डर से हाथ-पैर थरथरा रहे थे, त्वचा के भीतर एक अजीब अहसास रेंग रहा था। लगा, मैं धीरे-धीरे मर रही हूँ। मैंने अभी तक देखा ही क्या था, बोस्निया में अपने शहर को भी कहाँ पूरा देख पाई थी। मेरी आँखें बन्द थीं, उसने मुझे धक्का देकर गिरा दिया और अकथनीय प्रताड़ना का सिलसिला शुरू हुआ। मेरी शुचिता नष्ट हुई, रोने-चीख़ने-चिल्लाने का

कोई असर नहीं। वह बाहर जाकर और दो सैनिकों को बुला लाया। उन दोनों ने पहले वाले का अनुकरण किया। मैं अचेत हो गई, पता नहीं वे मेरे शरीर के साथ क्या-क्या करते रहे...पता नहीं मैं कब तक वहाँ अकेली ख़ून के तालाब में लेटी रही। ऐसा लग रहा था कि अतीत, वर्तमान और भविष्य का ज्ञान खो चुकी हूँ, मैं ज़िन्दा हूँ या मुर्दा मालूम नहीं। धरती पर हूँ या आकाश में, स्वप्न में हूँ या चेतना में। मेरे साथ क्या सचमुच अघटनीय घटा था, या मैं दुःस्वप्न देख रही हूँ। मालूम नहीं। माँ कब आई ढूँढ़ती हुई, याद नहीं। मेरे शरीर पर कोई वस्त्र नहीं। वह मुझे देखकर दहाड़ें मारकर रोने लगी—मैं निर्वस्त्र-निःसहाय, घायल और अपमानित। माँ ने कपड़े पहनाए, सहारा दिया, उन्होंने योनि को काट-कूट दिया था, माँ गर्म पानी से मुझे धोती जाती और कहती जाती 'जास्तो सी रोदेन काओ जेना! दा उमरिएती दा उमरिएती' ('तू लड़की होकर क्यों पैदा हुई! मर जा, तू मर जा।') माँ की घुटन भरी रुलाई ने मुझे सच के सामने ला खड़ा किया था। अब मैं एक बर्बाद मुर्दा शरीर मात्र थी, अब मुझे कौन अपनाएगा। कौन देगा प्रेम! इस क्षत-विक्षत भग्न शरीर को। मेरे सारे सपने अधूरे और चूर-चूर हो गए। मैंने विवाह के मीठे सपने देखे थे, जिसने बहुत प्रेम किया था, उसके पास जाने का साहस था क्या? युद्ध के बारे में मुझे कुछ भी पता नहीं था, मैं तो अपने गाँव से बाहर भी कभी नहीं गई थी। लगता था मेरा शरीर गन्दगी से भर गया है, ख़ुद को ग्लानि के कुएँ में डूबा हुआ पा रही थी। क्यों जन्म लिया मैंने? शरीर की दुर्दशा हो गई थी। हमने ट्रानो पोल्जे तक का सफ़र कैसे तय किया इसकी याद बहुत धुँधली है, मवाद चोटों में भर चुका था, मन कहीं एक जगह टिकता न था, सोचती ये सब मेरे साथ ही क्यों हुआ? माँ की देखभाल और प्यार के बावजूद मुझे खाँसी और बुख़ार रहने लगा, शरीर में सूजन रहने लगी। मुझे बच्चे बहुत अच्छे लगते, उनकी हँसी, खिलखिलाहट, बोलना सब कुछ! पर मैं कभी माँ नहीं बन पाई। डॉक्टर कहते हैं, मेरे शरीर में अब भी संक्रमण है, वज़न लगातार घटता जा रहा है और शरीर की प्रतिरोधक क्षमता जवाब दे रही है। माँ जा चुकी है, कभी न आने के लिए। मैं संगीहीन, मित्रहीन हूँ। मेरी दुनिया में पुरुष, हिंसा और घृणित अनुभवों का प्रतीक है। मुझे पुरुष मात्र से घृणा है और उनसे मुझे

भय लगता है। इस घृणा पर मेरा कोई नियंत्रण नहीं।"—एनिसा जैसी स्त्रियाँ पोस्ट ट्रामेटिक डिसऑर्डर से जूझती हैं, जो रेप-विक्टिम्स के साथ न होना ही अस्वाभाविक है। डॉक्टर बोजेना कुक ऐसी कई औरतों की मदद कर चुकी हैं, लेकिन वे भी मानती हैं कि आन्तरिक इच्छाशक्ति ही ऐसे मामलों में सबसे ज़्यादा मददगार साबित होती है। अक्सर नींद न आना, समाज के लोगों से मिलने-जुलने में कतराना, भयभीत रहना, स्वयं को अपराधी समझना, अकेलेपन और अवसादग्रस्तता के लक्षण मानसिक विकारों के शुरुआती लक्षण होते हैं, समय पर यौन-हिंसा की शिकार स्त्रियों को मनोवैज्ञानिक मदद मिलने से वे सामान्य जीवन की ओर लौट सकती हैं। पर अधिकांश मामलों में ऐसा सम्भव नहीं होता। गाँवों तक मनोचिकित्सक और काउंसलर पहुँच ही नहीं पाते, और औरतें भी अपने अनुभवों को खुलकर शेयर नहीं कर पातीं। शहरों में ऐसे बहुत सारे मामले आए जिनमें औरतें ख़ुद काउंसलर के पास पहुँचीं और अपने बारे में बताकर सलाह ली। बोजेना कुक कहती हैं कि हम रेप-विक्टिम्स से कहते हैं कि उनके साथ जो भी घटा उसे वे रिकॉर्ड करवाएँ और बार-बार कहें और ख़ुद सुनें। लगभग एक साल के सेशंस के बाद यातनाओं का दंश मन्द हो जाता है और वह स्मृति का हिस्सा बन जाती हैं। सबसे ज़्यादा ज़रूरी है उन्हें किसी न किसी काम में जुटाए रखना, आत्मीय जनों का सद्व्यवहार तथा पैशनेट हियरिंग। बोज़ेना कुक जो कह रही हैं, वह सैद्धान्तिक तौर पर तो ठीक है पर व्यवहार में ऐसा हुआ होता तो शायद आज इस तरह की हिंसा की शिकार स्त्रियाँ सामान्य जीवन जी पा रही होतीं। अधिकांश मामलों में परिवार ने ऐसियों को भगा दिया, या वे ख़ुद में चुपचाप घुटती रहीं, जिनका प्रभाव उनके व्यवहार और स्वास्थ्य पर पड़ा। कुछ वैवाहिक जीवन जीने में अक्षम हो गईं और कई ने आत्महत्या कर ली, या अपने जानने वालों से दूर जाकर जीवन-यापन का कोई और तरीक़ा अपना लिया।

ज़ाग्रेब विश्वविद्यालय में कक्षाएँ अपनी पूरी रौ में चल रही हैं। सुबह आठ बजे से रात के आठ बजे तक ख़ूब चहल-पहल। निचली मंज़िल में भी नीचे

जिसे 'पोद्रुम' कहते हैं वहाँ ज़ेरोक्स सेंटर और कैफ़ेटेरिया है—यहाँ भी रौनक लगी रहती है। विश्वविद्यालय के कई विद्यार्थी यहाँ घंटे के हिसाब से काम करते हैं। यहाँ फूल और फलों की चाय मिलती है, मुझे तो भारतीय दूध वाली चाय का स्वाद ही भूलता चला जा रहा है। हवा में अक्सर भुने हुए कॉफ़ी बीजों की गन्ध रहती है, हर टेबल पर छात्र और अध्यापक अकेले-दुकेले और समूहों में गपशप करते दीखते हैं। जिस भी टेबल पर जगह मिल जाए, बैठना अच्छा लगता है। अक्सर मैं यहाँ बैठकर कुछ लिख भी लेती हूँ, क्योंकि अपने फ़्लैट में जाते ही अकेलेपन में दिल जैसे डूबने-सा लगता है। विदेश में अवसाद से बचने का यही तरीक़ा है कि आप लोगों से मिलते-जुलते रहें, न मिल सकें तो ऐसी जगहों पर कुछ घंटे ज़रूर बैठें जहाँ ज़िन्दगी अपने पूरे जोशो-ख़रोश में हो। कभी-कभी अपनी डायरी के पन्ने पलटते हुए दिल डूबने-सा लगता है। सच है अध्यापकीय पेशे में पढ़ना और पढ़ाना थेरेपी का काम करते हैं।

जुलाई का महीना है, पड़ोसन द्रागित्सा ऐड्रियाट्रिक समुद्र के किनारे धूप-स्नान के लिए जा चुकी है। अपार्टमेंट में तीस फ़्लैट हैं और अधिकांश पर ताला। गर्मियाँ ख़ुशनुमा संगीत लेकर आती हैं जाते-जाते वर्षा का उपहार देती हैं। आकाश मेघाच्छन्न है, दोपहर तीन बजे ही वेला झुक सी आई है। गली की बत्तियाँ स्वचालित हैं। अँधेरा घिरा और बत्तियाँ जलीं और पता नहीं ये कौएनुमा पक्षी दिन ढले खिड़की के परे लैम्प पोस्ट पर क्यों आ बैठता है। लैम्प पोस्ट काले रंग का और डिज़ाइन विक्टोरियन बग्घियों के सामने लगने वाले लैम्प का, भीतर पीली रोशनी। घिरे हुए बादलों के मौसम में ये पीली रोशनी मद्धम आँच-सी देती है, अक्सर ही देखती हूँ कोयल के रूप-रंग और आकार में लगभग डेढ़ फ़ीट का स्वस्थ पुष्ट पक्षी पोस्ट की रोशनी जलते ही आ बैठता है। ज्यों पथ आलोकित होने की प्रतीक्षा में हो...आवाज़ ऐसी जो घात-प्रतिघात, दुख वेदना झेले अनुभवी व्यक्ति के निरुत्साहित कंठ से निकलती हो, एक-दो बार टी...ईं...ईं करके चुप, ये पंछी कभी अपने जोड़े के साथ

नहीं दीखता। सोचती हूँ किसी छात्र या क्रेशो कर्नित्स से पूछूँगी इसका नाम! या फिर मोबाइल में तस्वीर ही ले लूँ! छात्रों को हिन्दी पढ़ने से ज़्यादा भारत के बारे में जानने में रुचि है। *देवदास* फ़िल्म में माधुरी दीक्षित का नृत्य और शाहरुख ख़ान, ऋतिक रोशन की रोमांटिक अदाएँ। वेलेंटीना स्नातक के तीसरे वर्ष में है और महाराष्ट्र के इंजीनियरिंग कॉलेज में पढ़ने वाले लड़के से मित्रता गाँठ रखी है। ऑनलाइन दोनों अपने-अपने कम्प्यूटर की स्क्रीन पर एक-दूसरे को निहारते सुख-दुख बाँटते रात का खाना साथ खाते हैं। वेलेंटीना ने बताया है मुझे कि वह भारतीय समय के नौ बजने का इन्तज़ार करती है। सर्दियों में साढ़े चार घंटे और गर्मियों में साढ़े तीन घंटे पीछे क्रोएशिया के समय से उसने मोबाइल में अलार्म लगा रखा है। जहाँ कहीं भी हो वह भोजन लेकर स्क्रीन के सामने हाज़िर हो जाती है। ठीक नौ बजे। इगोर हँसकर कहता है कि वेलेंटीना शाम के छह बजे के बाद इंडोलॉजी की क्लास कभी नहीं करती। ये समय उसके लिए दोबरोवेचर (शुभरात्रि) का होता है। इस 'स्काइपी' दूरस्थ प्रेम को लेकर मुझमें कौतूहल है, वेलेंटीना बताती है—"हम कभी मिले नहीं, फ़ेसबुक पर मित्र बने, वह फ़िल्मी हीरो जैसा दीखता है। पढ़ाई पूरी होने के बाद वह नौकरी करेगा, हो सकता है क्रोएशिया आए और हम घर बसाएँ। वह नहीं चाहता कि मैं क्रोआती ब्वॉय फ्रेंड के चक्कर में पड़ूँ। हम सुबह से लेकर शाम तक कम्प्यूटर या मोबाइल पर साथ रहते हैं। मैं वीक-एंड पर काम करती हूँ, हर छह महीने पर कुछ डॉलर भेजती हूँ ताकि वह सेमेस्टर फ़ीस भर सके, ग़रीब किसान का बेटा है। सूखे ने फ़सलें बर्बाद कर दीं। शादी योग्य दो बहनें हैं...वो ज़ाग्रेब आएगा और हम साथ रहेंगे।" दुबली, अंडाकार सुन्दर चेहरे वाली वेलेंटीना की छोटी-छोटी भूरी आँखों में गहरा समर्पण और प्रेम। भारतीय पुरुष पर अकाट्य विश्वास से पर्स से निकाले हैं चाँदी के बिछुवे, जो उसने बार्सिलोना से ख़रीदे थे, कहती है, गर्मियों में इन्हें पहनती हूँ क्योंकि आपके यहाँ तो ये सुहाग की निशानी हैं न, लेकिन सर्दियों में जूतों के भीतर नहीं पहनती। मेरे शंकाकुल मन को उसकी मासूमियत ने द्रवित कर दिया है, सप्ताहान्त में बचाए कुछ 'कूना', महीने के अन्त में उनका डॉलरों में तब्दील होना, फिर हर छह महीने पर भारतीय बैंक में उनका अन्तरण करने के लिए 'ज़ाग्रेबचका

बैंका' जाना। सुदूर धर्माबाद के किसी गाँव का कोई लड़का कोऑपरेटिव बैंक की टूटी इमारत से डॉलर पाता है, जिसके रुपये में तब्दीली से क़िस्मत और सफलता के तार जुड़े हैं। वह यदि कभी इस त्याग और समर्पण का प्रतिदान न दे पाए, भुला ही दे खाद-पानी देने वाले हाथों की मेहनत को—माई प्रेस्टीज विल बी ऑन स्टेक। मन में यही गूँजता है। मैंने वेलेंटीना से कहा—'मान लो उसके घर के लोग तैयार न हुए तो...' 'तो क्या, मैं चली जाऊँगी भारत। वह नौकरी या खेती करेगा मैं घर सँभालूँगी।' उसकी प्रतिश्रुति, समर्पण और उत्साह के आगे ऐसी जिज्ञासाएँ, शंकाएँ सब भोथरी हो जाती हैं। आमाय बोलो ना, गाहिते बोलो ना (मुझे गीत गाने को मत कहो—रवीन्द्रनाथ ठाकुर)

मैक्सीमीर पार्क में गिरे सूखे पत्ते पाँवों के नीचे चुरमुराते हैं। वेलेंटीना आगे बढ़कर मोबाइल कान से सटाए हुए है और मुझे...। पता नहीं क्यों ऐसा लगता है कि आज हुई सारी बातें...ठीक इसी तरह पहले भी हो चुकी हैं...यही तो देजा 'वू' है, जिसके बारे में वैज्ञानिकों का कहना कि यह हमारे मस्तिष्क में एकत्रित स्मृतियों का परिणाम है। वही स्मृति...हाँ वही तो दक्षिणी कोरिया की सुनदकशिन जो शान्तिनिकेतन आई थी हिन्दी पढ़ने। अचानक हिन्दी भवन आना बन्द कर दिया उसने। पाठ्यक्रम संयोजक होने के नाते विदेशी छात्र की पूरी जानकारी रखना विभागीय दायित्व में शामिल था। स्थानीय पुलिस की पड़ताल के परिणामस्वरूप उसका नया अवतार सामने आया। आषाढ़ की वह शान्तिनिकेतनी दोपहरी विस्मृत हो पाएगी क्या? सुबह मूसलाधार वर्षा के बाद निरभ्र आकाश, खिली धूप में धान के पौधों का रंग कुछ अतिरिक्त धानी हो चला था। पेड़-पौधे धुल-पुँछकर स्वच्छ, लाल कँकरीली ज़मीन ने जल सोखकर नमी का अनुपात बराबर कर लिया था। नारियल वृक्ष से उतरकर चींटियाँ कटहल के पके, भार से लगभग फट पड़ने को आतुर फलों की मीठी, मादक महुवाई गन्ध की तरफ़ अन्धी होकर दौड़ रही थीं, श्रमिक चींटियाँ आगे-आगे ढेर 'कोआ' लादने की फ़िराक़ में थीं और नारियल वृक्ष का सबसे निचला बड़ा-सा पुराना पत्ता तने से अधटूटा लटककर, गम्भीर बोझ और वहन

करने में असमर्थ महाप्रयाण के लिए अब-तब कर रहा था, बसन्त—मालती फूल के सुगन्धित गुच्छे अभी तक पानी टपका रहे थे, ठीक ऐसे ही समय में बंगाली ढंग से बाँधी पीली साड़ी में माथा मुड़ाए जो मूर्ति प्रकट हुई, उसे देखकर विश्वास करना कठिन था कि ये करोड़पति पर्वतारोही माता-पिता की एकमात्र उत्तराधिकारी है। जिसके लिए ढेरों भौतिक सुख-सुविधाएँ कोरिया में मुँह बाए बाट जोह रही हैं। वह अब बाउल है। राँगा माटी देश के बाउल गुरु ने उसे 'ज्ञान मार्ग' दिखा दिया है अब वह अतीत में लौटने को तैयार नहीं। तब भी मन बहुत विचलित हुआ था, जब गले में आँचल डालकर वह प्रणाम के लिए धरती पर बैठ-सी गई थी। क्या आशीष दूँ कि गुरु के मायाजाल से निकल आओ, लो पकड़ो मेरा हाथ ताकि छोड़ आऊँ तुम्हें, तुम्हारे अपनों के बीच...या यह कि बाउल गुरु पर तुम्हारी आस्था अक्षुण्ण बनी रहे, तुम्हारा प्रेम ही सत्य हो। और छह महीनों से सीखी बांग्ला से उसने 1921 में जोड़ा सांको वाले घर पर गाया रवीन्द्रनाथ ठाकुर का वही गीत दोहराया, जिसके बाद कुछ कहना-सुनना शेष था क्या?

आजि झड़ेर राते तोमार अभिसार
प्राण सखा बन्धु हे आमार
...
सुदूर कोन नदीर पारे, गहन कोन बनेर धारे
गोभीर कोन अन्धकारे होये छे तुमि पार
प्राण सखा बन्धु हे आमार

(आज इस तूफ़ानी रात में, हे प्राण सखा, हे मेरे बन्धु! तुम दूर नदी के किनारे, गहन वन-प्रान्तर के चरम अन्धकार को पार कर चुके हो)

जाती नहीं मन से, आतुर कंठ से गाए उस गीत की तान जो अपने सम्पूर्ण, अशुद्ध उच्चारण में भी उस कोरियाई बाला के नेत्र मूँदे दे रही थी। क्या खोज पाई थी उस प्राण सखा बन्धु को, जिसके लिए तूफ़ानी रात को पार कर वह बोलपुर चली आई थी, भू-शयन करने, गाँजे की चिलम भरकर, मैली-कुचैली उँगलियों में थमाते, फूस-मिट्टी के घर वाले भूरे-गेरुआ

वस्त्रावृत्त बाउल गुरु के बिवाई फटे, बड़े मैले, मिट्टी भरे नाख़ूनों वाले चरण कमलों में बैठकर इकतारे की संगत से सुर मिलाने के लिए ही छोड़ आई थी अपना सब कुछ। तूफ़ानी अँधियारी रात में पर्युत्सुक अभिसारिका विघ्न-बाधाओं को धता बताती बाउल गुरु को मिट्टी के चूल्हे पर माछ-भात राँधकर खिलाने, जी-जान से गुरु-सेवा की मनोदशा का स्थायित्व कितने दिन टिक पाएगा कह नहीं सकती, लेकिन फिर उससे मिलना कभी हुआ नहीं। वेलेंटीना को देख वैसा-सा कुछ होने लगा है जी चाहता है रोक लूँ उसकी बाँह पकड़कर, कहूँ कि स्त्री अपनी भावनाओं के कारण जितनी ताक़तवर होती है, उतनी कमज़ोर भी। जान लगा देती है प्रेम में, छोटी से छोटी सुख-सुविधा का ख़याल रखती है वह समर्पण में। पुरुष को प्रेम इतना ज़्यादा देती है कि वह वात्सल्य में परिणत हो जाता है और पुरुष उस वात्सल्य पाने की योग्यता का प्रयास भी कर ले तो देवता हो जाता है अन्यथा स्त्री अपनी बन्दिनी स्वयं हो जाती है। वह पुरुष के सुख-दुख, योगक्षेम का वहन करती जाती है, उसके भाव-अभाव को ओढ़-बिछा लेती है और प्रज्ञाहीन पुरुष उसे मूर्खा का ख़िताब देकर अपना रास्ता चुन लेता है। यौवन का आवेग भावुक स्त्री को पुरुष की सहज उपलब्धि में परिणत कर देता है। अक्सर ऐसा देखा गया है कि उसकी परिपक्वता की उम्र आते-आते प्रेम कहीं दूर ठहर जाता है, चाहकर भी उसे लौटाया नहीं जा सकता, वापस ठीक उसी रूप में पाया नहीं जा सकता। मैं कहना चाहती हूँ प्रेम में धन को मत लाओ क्योंकि धन देने से प्रेम नहीं, प्रलोभन पैदा होता है, यह भी कि हर स्त्री को आँख-कान खोलकर ही प्रेम में प्रवृत्त होना चाहिए। लेकिन...। कह कहाँ पाती हूँ...। जाने क्या सोचे वह?

जन्मदिन के महीने यानी श्रावण मास में अक्सर मुझ पर एक अतिरिक्त सा तनाव तारी रहता है। दादी बताती थीं मेरी पैदाइश के साल बड़ी भयंकर बारिश हुई थी। तहसीलदार बाबू जगनारायण के अग्रज, जिनका पेंशनयाफ़्ता जीवन पचरूखी शुगर मिल के बन्द होने से अचानक ही शुरू हो गया था। मांस-मदिरा

के बाद फ़ुटबॉल और कबीर से अद्भुत प्रेम रखते थे। जल-थल- आकाश के चर प्राणियों में से जितने 'खाद्य' हो सकते थे, उन पर बड़ी पैनी दृष्टि रखते। अंग्रेज़ों की फ़ुटबॉल टीम के सदस्य बनने का नास्टेल्जिक गर्व भूलते नहीं, फर्राटे से अंग्रेज़ी बोलते, देर रात लड़खड़ाते, मंझले भाई नगनारायण की दाम्पत्य सुख-भरी नींद को लक्ष्य कर गाया करते—

नगनारायण बाड़े अँगना, देखतारे कंगना
हम बानी दुअरा, देखतानी पुअरा

मध्यरात्रि के इस उटुंग गीत की तान दूर तक सुन पड़ती। पुआल की गर्मी में गुड़ी-मुड़ी लेटा कुत्ता उझकता, देह झटकार कर अँगड़ाई लेता और भौंकने लगता, अन्दर सोई बाबू नगनारायण की मोटी-ताज़ी दुलदुल कमसिन दुल्हन हड़बड़ाकर उठती, मुँह के भीतर दाँतों के आकार की समाई न थी अत: वे पुष्ट, मोटे होंठों पर ही लटके रहते, सिर पर आँचल ओढ़ती, लजाती, कुढ़ती जेठ के लिए दरवाज़ा खोलती, खुलते ही आस-पड़ोस की बिल्लियाँ, कुत्ते बाबू साहब के साथ ही आँगन में घुस आते जहाँ अल्युमिनियम के बर्तन में सगौती और ठंडा भात ढका रहता। बिल्लियाँ धैर्य से बाबू रामनारायण को प्रसाद पाते देखतीं, कुत्ते मछली-मीट के उच्छिष्ट की आशा में जीभ लम्बी करके आतुर लार गटकते रहते। थोड़ा-मोड़ा खाकर जजमान उठते और शेष इन प्राणियों के हिस्से। श्रीकान्ति चाची कहा करतीं, 'बाबूजी बिलाई सन के बड़ा खियावत रहनीं, ऐही से आपन वंस फूलत-फलत ना देख पइनी। वे जो रहे हों पर यह सच था कि पचरूखी के लोकल सन्त अलखानन्द के मठ पर उनका समय कबिराहा गाने और गाँजा फूँकने में बीता करता, मठ चारों ओर से सपाटू (चीकू) के पेड़ों से घिरा ठंडा और निरापद था। दाम्पत्य के वर्षों बाद भी छोटे बेटे के घर थाली न बज सकी, सो वंश चलाने का दारोमदार बड़े बेटे पर ही रहा, पहलौठी की पोती की ख़बर पाते ही बड़ी बहू को मठ की जादुई विभूति नियम से फँकाने लगे। बहू घूँघट काढ़े अपनी पढ़ाई-लिखाई को भूल कभी भभूत फाँक लेती कभी आँख बचाकर नाली के सुपुर्द कर देती, इस बार चिलम धूकते सन्तों ने पोता होने की गारंटी दी थी और इसके

बाद होना था वृहद् भंडारा...पर विधना प्रतिकूल हो तो क्या कीजिएगा? इस बार भी लड़की, गरजते-बरसते पानी के दिनों में नेल्सन मंडेला के जन्मदिन पर मिले पोस्टकार्ड की अशुभ सूचना ने बाज़ार की मधुशाला के विशिष्ट अतिथियों वाली बेंच पर ला बैठाया...वे रोए और फूट-फूट कर रोए, चिखना खाते रोए और द्रव्य ग्रहण करते हिचकियाँ लेते 'का हो रामजी कहाँ सूतल बानी', जितना रोते-कलपते उतनी सांत्वनाएँ मिलतीं, अधिकांश के पीछे था ईर्ष्या और जलन की परितृप्ति का भाव। रुपया-पैसा, खेती और ऊपर से सहरसा कचहरी की तहसीलदारी गाँव में द्वेष पैदा न करती तो आश्चर्य होता। पता नहीं क्यों, लेकिन जन्म की यह कथा सुनते-गुनते मुझमें ख़ुद को साबित करने की प्रवृत्ति ज़रूरत से ज़्यादा ही आ गई। चचेरे भाई राहुल भैया, काजल, चाचा विकास, नीरज सब मुझे चैलेंजिंग लगते। वे कुलदीपक थे और मैं थी लड़की...अपांक्तेय। हम कहीं भी क्यों न जाएँ मन और प्रवृत्तियाँ साथ नहीं छोड़ते।

आज मन में शान्तिनिकेतन की स्मृतियाँ हैं, जहाँ मैंने बहुत नज़दीक से प्रकृति को देखा और महसूस किया था। दिल्ली के महानगरीय परिवेश में तो धूल से लिथड़े, लोहे की तारों से बँधे अयाचित कराहते वृक्ष, जिनकी ओर ताकने की फ़ुरसत कब मिलती थी। शान्तिनिकेतन की हरियाली, नैसर्गिक सुन्दरता की ओर आकर्षण स्वाभाविक ही था। कोपाई नदी के किनारे स्कूटी से मालदा जाने वाली ट्रेन के समानान्तर रफ़्तार से चलना मेरा प्रिय शगल था। मंजूरानी सिंह ने शान्तिनिकेतन में एक लम्बी उम्र गुज़ारी पढ़ाई-लिखाई, नौकरी सब वहीं। रास्ता चलते पेड़-पौधों से परिचय करवाया करतीं। वे दीन-दुनिया के दुख से हमेशा व्यथित रहती हैं। मुझे लगता कि यदि वे उन्नीसवीं शताब्दी में होतीं तो कम-से-कम सावित्री बाई फुले के समकक्ष ज़रूर होतीं, समाजसुधार में उनका विश्वास अगाध है और व्यक्ति-सुधार के अनथक प्रयास निरन्तर किया करती हैं ख़ैर उन्हें पत्र लिखना है, कई दिनों से सोच रही हूँ। वे ई-मेल अभी इस्तेमाल नहीं करतीं। इसलिए दूतावास से जो साप्ताहिक डाक जाती

है, उसी से पत्र भेजना होगा। कलकत्ते की डॉ. चन्द्रकला पांडेय को भी पत्र देना है, वे देश-दुनिया ख़ूब घूमी-फिरी हैं। मेरे लिए बहुत स्नेह है उनके मन में, उन्होंने लम्बा जीवन अकेले गुज़ारा है लेकिन स्वाभिमान और ठसके के साथ। राजनीतिक जीवन की लम्बी पारी खेली है, इसलिए जी करता है कहूँ वे आत्मकथा लिखें। लेकिन आत्मकथा, और वो भी सच लिखने के लिए स्त्री को जिस साहस की ज़रूरत होती है, वे सत्तर पार करके भी जुटा नहीं पाई हैं।

मैं कभी कुछ निरन्तर नहीं लिख पाती। डायरी के पिछले पन्ने पढ़ने का मन नहीं होता, कभी यूँ ही खुल जाए तो दिल डूबने लगता है। स्त्रियों के कई आख्यान टाँक चुकी हूँ। जितने जीवन उतनी कहानियाँ, यों कहें कि हर जीवन ही एक कहानी है, जीवन इन्हीं कहानियों से भरता चला जाता है। भोक्ता के लिए पिछला भूलना नामुमकिन और याद करना पीड़ादायक। ठीक ही तो क्यों कोई यातनाओं का चर्वण करे, जीवन एक बार ही तो मिलता है। उसी एक बार मिले हुए जीवन का स्वप्न चूर-चूर हो जाए तो किरचें बटोरने में ही पूरा जीवन शेष। सुनने वालों के लिए बस क़िस्सा-कहानी। यूरोपीय स्त्रियों का एक वर्ग इतनी यातना सहकर भी फिर से जीवन की ओर प्रवृत्त है, ये बात कितनी ही क़ाबिले-तारीफ़ हो, इनकी व्यथा-कथा को ज़रूर सुनाना चाहूँगी उन्हें, जिनके हाथ में भविष्य की बागडोर है, जिनमें से कुछ का सपना है, एक बार यूरोप घूमना।

प्रिय चन्द्रा मैडम,

यहाँ आने पर बहुत से लोगों में आपको भी याद किया। मैं पिछले दिसम्बर में यहाँ आई। समय, सुविधा, मन सब कुछ को एकतान करके ही पत्र लिखूँगी, सोचा था, इसलिए देर होती चली गई।

विभाग में, ज़्यादा काम नहीं है। दिन-रात अंग्रेज़ी बोलने से ऐसा लगता है, ज़्यादा दिन यहाँ रही तो फिर भारत में हिन्दी माध्यम से पढ़ाने में दिक़्क़त न होने लगे। मेरे छात्रों ने मुझे क्रोअशियन सिखाने का ज़िम्मा लिया है। येदन, द्वा, त्रय...गिनती सीख ली है। कई बातें समझ भी लेती हूँ। यहाँ कई तरह के लोगों से इस बीच

मिलना-जुलना हुआ है, जिसके बारे में मिलने पर ही विस्तार से बता पाऊँगी, वैसे यूरोप यात्रा के दौर में किस-किस वन-प्रान्तर की कथा मुझे मिलेगी, इसका अन्दाज़ा था ही नहीं। होता भी कैसे, हम अपने देश, आन्तरिक राजनीति, छोटी-बड़ी समस्याओं में इतनी बुरी तरह उलझे रहते हैं कि सुदूर यूरोप की सूचनाएँ परायी लगती हैं। और, जब उनसे कभी साबका पड़ने की नौबत आती है, तो निज के अनुभव की दुनिया कितनी छोटी और तुच्छ लगने लगती है। कई बार ठीक इसके उलट भी होता है जब नज़दीकी हमारे दृश्य वितान को बाधित कर देती है, रवीन्द्रनाथ ठाकुर की कविता है न—

एकटी शिशिर बिन्दु
बहु दिन धरे, बहु कोश दूरे
बहु व्यय कोरे, बहु देश घूरे
देखते गियेछि पर्वत-माला, देखते गियेछी शिन्धु
देखा होए ना चक्षु मेलिया
घर होते शुधु दुई पा फेलिया
शारा देश घूरे, देखा होए न एकटी घास उपरे
एकटी शिशिर बिन्दु

(मैं कई वर्षों तक हज़ारों मील घूमा, ख़ूब ख़र्च करके बहुत सारे देशों में घूमता रहा, पर्वतमालाएँ-सागर देखता रहा, लेकिन इन आँखों ने उसे नहीं देखा जो मेरे घर से दो क़दमों की दूरी पर ही था। पूरा देश घूमकर भी जो चीज़ दिखाई न पड़ सकी वह थी—मैदान में घास के शीर्ष पर टँकी ओस की एक बूँद)

यहाँ से देखती हूँ तो बारम्बार भारत-पाक विभाजन, बांग्लादेश मुक्ति संग्राम के दौरान भारतीय-एशियाई स्त्रियों के साथ घटे अनगिन हादसे जो अब तक क़िस्से-कहानियों में पढ़े थे...जाने कैसे दृश्य चित्रों में

आँखों के सामने घटित से होने लगते हैं। जब कभी विभाजन पर आधारित 'शरणदाता', 'खोल दो', 'ठंडा गोश्त' जैसी कहानियाँ विद्यार्थियों को पढ़ाया करती थी, लगता था, वो सब तो घट चुका। वे कहानियाँ थीं जिनके वस्तु और शिल्प पर अकादमिक ढंग से बात होनी थी, लेकिन यहाँ की शोषित-पीड़ित स्त्रियों और अपने दुख को मन की अनगिन तहों में छुपाए उनके जिन क़िस्सों से रूबरू हूँ वे अपनी सात्यता में फिर से मंटो और अज्ञेय के चरित्रों को जीवन्त कर दे रहे हैं। यहाँ के आख्यान सुनती हूँ, सोचती हूँ अपने देश के बारे में—हज़ारों मील का फ़ासला ग़ायब हो जाता है—सब कहीं मानव नियति की आवर्तता। देश-काल, परिवेश जो भी हो, जिन कथाओं को पढ़ा भर था, जिया नहीं कभी, वे अपने कथानक और चरित्रों के साथ रूबरू हैं। एनिसा से बात करते वक़्त मेरे सामने मंटो की सकीना है, विभाजन की उठापटक में अपने परिवार से बिछुड़ गई, सिर्फ़ गोश्त का लोथड़ा रह गई सकीना है, एनिसा ही सकीना, सकीना ही एनिसा है, नीम बेहोशी में भी सिर्फ़ सुन पाती है एक ही बात 'खोल दो'।

"कुछ देर वह ऐसे ही अस्पताल के बाहर गड़े हुए लकड़ी के खम्भे के साथ लगकर खड़ा रहा। फिर आहिस्ता-आहिस्ता अन्दर चला गया। कमरे में कोई नहीं था। एक स्ट्रेचर था, जिस पर एक लाश पड़ी थी। सिराजुद्दीन छोटे-छोटे क़दम उठाता उसकी तरफ़ बढ़ा। कमरे में अचानक रोशनी हुई। सिराजुद्दीन ने लाश के जर्द चेहरे पर चमकता हुआ तिल देखा और चिल्लाया-सकीना।

डॉक्टर, जिसने कमरे में रोशनी की थी, ने सिराजुद्दीन से पूछा, क्या है?

सिराजुद्दीन के हलक़ से सिर्फ़ इस क़दर निकल सका, जी मैं... जी मैं...इसका बाप हूँ।

डॉक्टर ने स्ट्रेचर पर पड़ी हुई लाश की नब्ज़ टटोली और सिराजुद्दीन से कहा, खिड़की खोल दो।

सकीना के मुरदा जिस्म में जुम्बिश हुई। बेजान हाथों से उसने इज़ारबन्द खोला और सलवार नीचे सरका दी। बूढ़ा सिराजुद्दीन ख़ुशी से चिल्लाया, ज़िन्दा है—मेरी बेटी ज़िन्दा है?

इसी तरह यशपाल का *झूठा-सच* पढ़ते हुए लगता था यह तो कल्पना पर आधारित ऐतिहासिक उपन्यास है। अब उसकी पात्र तारा मुझे यहाँ दुष्का में प्रतिभासित होती है। दुष्का ने प्रेमी क्या खोया, जीवन की दिशा ही बदल गई। यशपाल की तारा ने प्रेमी खोया क्योंकि वह हिन्दू थी। विभाजन की त्रासदी झेली क्योंकि वह हिन्दू लड़की थी। विवाह के बाद भी जिसे सुरक्षा न मिल सकी। यशपाल लिखते हैं—

"यह तो हिन्दनी है। इन्हें ख़राब किया तो क्या? ये बेहया तो इसी लायक़ है।"

"तेरे लिए हिन्दू ऐसा कहें तो कैसा लगे? औरत को तो औरत का दरद होना चाहिए। ख़ुदा न करे तू किसी ऐसे के बस में पड़ जाए। अल्ला-ताला ने हिन्दू-मुसलमान मर्दों में तो फ़र्क़ किया है, औरतों में तो उसने भी कोई फ़र्क़ नहीं रखा।"

"मरे आपस में लड़ते हैं, मिट्टी औरतों की ख़राब होती है।"

"ख़ुदाबन्द ने तो मर्द पर फ़र्ज़ आयद किया है कि औरत पर रहम करे और उसकी हिफ़ाज़त करे क्योंकि औरत मर्द को अपने जिस्म से पैदा करती है और पालती है।"

"ख़ाक रहम और हिफ़ाज़त करते हैं। बेहया जहाँ से निकलते हैं, उसी को बेइज़्ज़त करते हैं। मर्द मुहब्बत करे तो, ग़ुस्सा करे तो, उनका तो सब ज़ोर वहीं उतरता है।"

आप भी क्या तो सोच रही होंगी कि मैं कौन से क़िस्से लेकर बैठ गई। आप आत्मकथा लिखना कब शुरू कर रही हैं? हिन्दी में तो राजनीतिक जीवन जीने वाली स्त्रियों की आत्मकथाओं का क्षेत्र सूना ही है, लिख डालिए, अब आपको किसके सुख-दुख की परवाह होनी चाहिए, जो मन में हो कर डालना चाहिए। हमारे समाज में स्त्रियाँ दूसरों को ख़ुश करते-करते अपने बारे में गाफ़िल ही रह जाती हैं। यहाँ देखकर सच कहूँ तो अच्छा लगता है कि आपकी उम्र की स्त्रियाँ ख़ूब मेकअप करके नई से नई काट के कपड़े पहनती हैं, दोस्तियाँ करती हैं, नाच-गान, खाने-पीने का लुत्फ़ उठाती हैं। कई तो ख़ूब बेपरवाह हैं, कभी भूले से भी नाती-पोतों की बात नहीं करतीं, अपने लिए जीती हैं या यों कहिए कि सांसारिकता से ऊपर उठकर संसार का आनन्द लेती हैं। जबकि हमारे यहाँ तो परलोक सुधारने की तैयारी में ही बड़ा वक़्त जाया हो जाता है, बेटे-पतोहू-नाती का मोह छुटाए नहीं छूटता, या घर की चाकरी में ही ग़ुलामी का आनन्द ढूँढ़ लेती हैं। आपने तो समृद्ध जीवन जिया है, ख़ूब पढ़ा-लिखा है, इसलिए आपकी जीवन-कथा में आपके बहुतेरे संघर्ष आ पाएँगे, जिन्हें जानना हमारी पीढ़ी के लिए ज़रूरी होगा। एक बार फिर कहूँगी कि सेल्फ़ सेंसरशिप से ऊपर उठिए, मत करिए चिन्ता कि दुनिया क्या कहेगी। सच तो यह है स्त्रियाँ कुछ भी लिखें, उसके बौद्धिक-रचनात्मक पक्ष पर ध्यान नहीं दिया जाता और व्यक्तिगत जीवन की दरारों को सूँघने-देखने की प्रवृत्ति ही ज़्यादा रहती है। बावजूद इसके आप जैसी स्त्रियों को बोल्डनेस के साथ आत्मकथ्य लिखने ही होंगे।

सादर

आपकी गरिमा

विश्वविद्यालय में लगभग साढ़े तीन महीने की छुट्टियाँ हो चुकी हैं। चाहूँ तो भारत लौट सकती हूँ और कक्षाएँ शुरू होने पर अन्य विदेशी अध्यापकों की तरह वापस। ज़ाग्रेब विश्वविद्यालय के दर्शनशास्त्र विभाग का परिसर सन्नाटे में है, छात्र-छात्राओं की भीड़, हँसना-बोलना सब मूक। कॉरिडोर में अपने जूतों की धमक ही दूर तक सुनाई देती है। कुछेक अध्यापक अपने-अपने कमरों में चुपचाप लिखने-पढ़ने में लगे हैं। कमरे आरामदेह और साफ़-सुथरे आन्तरिक उष्णता का स्तर केन्द्रीकृत वातानुकूलित मशीनें बनाए रखती हैं। प्रोफ़ेसर अक्सर देर रात तक लिखते-पढ़ते रहते हैं। बाहर के मौसम का मिज़ाज उनकी कार्यक्षमता को ज़्यादा प्रभावित नहीं करता। सफ़ेद फूलों की बहार आई हुई है, काँटेदार टहनियों के जुड़े ढेर सफ़ेद छोटे फूल हैं तो निर्गन्ध पर बेहद ख़ूबसूरत मखमली पंखुरियाँ। मुझे वर्ड्सवर्थ की कविता—'डेफोडिल' की अन्तिम पंक्तियाँ याद आती हैं—

For oft, when on my couch I lie
In vacant or in pensive mood,
They flash upon that inward eye
Which is the bliss of solitude;
And then my heart with pleasure fills,
And dances with the daffodils.

अंग्रेज़ी विभाग की प्रोफ़ेसर हैं डोरा मिखोविच जो अक्सर अपने कमरे में काम करती दीखती हैं, गुलदाने के माध्यम से मेरा उनसे परिचय हुआ है, जिसे आत्मीयता में बदलना अभी बाक़ी है। वे काफ़ी उम्रदराज हैं, गले से ऊँची खरखराहट के साथ आवाज़ निकलती है, लेकिन शारीरिक तौर पर चुस्त-दुरुस्त दीखती हैं। गुलदाने ने बताया है कि युद्ध का प्रभाव उनके जीवन पर गहरा पड़ा है, मेरा बचकाना सवाल है—क्या उन्हें भी...? अरे नहीं, नहीं... वे उस दौरान ज़ाग्रेब के पॉश इलाक़े में थीं उच्च पदस्थ सेनाधिकारी की पत्नी के रूप में। 'फिर?' यह मेरा सवाल है। गुलदाने ज़्यादा कुछ नहीं बताती वह क्रोआती सीख रही है, इसलिए वह डोरा से अधिक संवादरत है। डोरा मुझे पसन्द करती हैं और हम अंग्रेज़ी के माध्यम से लगभग रोज़ बात करते हैं...फिर

भी, वे निजी प्रसंगों पर कभी कोई बात नहीं करतीं। वे शेक्सपियर और मिल्टन पढ़ाती हैं, भारत के बारे में उनका किताबी ज्ञान समृद्ध है, वे वेद-उपनिषदों के भाष्य पढ़ चुकी हैं। सोचती हैं कि भारतीय धर्म भीरु, अवैज्ञानिक और ग़रीब होते हैं। जब भी हम कॉफ़ी पीने जाते हैं वे अपनी कॉफ़ी का पेमेंट ख़ुद कर डालती हैं। मुझे ऐसा अभ्यास नहीं है, इसलिए मैंने उनकी कॉफ़ी का भुगतान भी करना शुरू किया है, मद्धिम प्रतिरोध के साथ उन्होंने मेरी बात मान ली है। मुझे देखकर उनकी आँखें थोड़ी ममतालु-सी हो जाती हैं। कोई निजी प्रश्न कभी नहीं पूछतीं, हम घंटों साथ बैठते हैं भाषा, साहित्य पर बात करते हैं लेकिन वे औपचारिकता का कवच उतारती नहीं। एक दिन वे अखरोट से बनी वाइन लेकर आई हैं, जिसे कच्चे अखरोट के फलों 'ओराहावोक' से बनाया जाता है। कच्चे फलों के टुकड़ों को सन्तरे और नीबू की पत्तियों समेत पीसकर रेड वाइन या वोदका में मिला, थोड़ी चीनी के साथ चालीस दिनों तक ढककर रखने से परम्परागत क्रोआती वाइन तैयार होती है। घरों में अक्सर तरह-तरह के फलों से मदिरा बनाई जाती है। अखरोट से बनी वाइन विशिष्ट अवसरों पर उपहार में दी और ली जाती है। नन्हे से काँच के ग्लास में एक घूँट में ही पी जाने का रिवाज है। गहरे भूरे रंग का पेय होमियोपैथी की दवाओं को पिलाने के काम में आने वाले जैसे गिलासों में ढाल दिया गया है, सुन्दर, नन्हे गिलास बड़े आकर्षक दीखते हैं। मेवों से भरा केक मेज़ के बीचोबीच सजा है। तभी गुल ने राज खोलने के अन्दाज़ में कहा है कि आज डोरा की पुत्री नीसा के जन्मदिन का अवसर है। क़रीब दस-बारह लोग जश्न मनाते हैं। अखरोट की वाइन की तारीफ़ दिल खोलकर की जा रही है, डोरा लिपस्टिक लगे झुर्रीदार होंठों को गोल करके बड़ी अदा से वाइन के पुरानेपन के प्रमाण दे रही है और एक सुबुक से घूँट ने मेरे गले में जलन का गोला उतार दिया है। अब नहीं... इसे और घोंटना असहनीय है। मुझे देखकर सब हँस रहे हैं।

एक दिन नीसा से मिलना तय हुआ है। लम्बी सतर काया, छोटे-छोटे भूरे बाल, अपने स्त्रीत्व से बिलकुल बेपरवाह, कभी क्रीम-पाउडर का इस्तेमाल

उनके ओछेपन से गिर-गिर
उनके छिछलेपन से ख़ुद-ख़ुद
मैं गहरा होता चलता हूँ।

नीसा की मित्र है सेदा ब्रानिच जो 1949 में बोस्निया के त्रावनिक में जन्मी, पढ़ाई-लिखाई ज़ाग्रेब में, बेलग्रेड के दैनिक समाचार-पत्र *बोर्बा* से सम्बद्ध रही जो शरणार्थी की हैसियत से 1992 में जेनेवा चली गई, बताती है कि अपने दो बच्चों के साथ सर्ब सैनिकों की ज़्यादतियाँ झेलकर, जान लेकर भागी औरत से 1993 में मिली थी जिसने कहा था—"वे गला काट रहे हैं...मार रहे हैं... घर समेत जला दे रहे हैं...और बलात्कार कर रहे हैं...यह शब्द उसके गले से बमुश्किल निकला। पूछते ही सदियों का जमा दुख जैसे नदी बनकर आँखों से बहने लगा...भूखी और डरी बेटे-बेटी को ठंड से बचाती, अपनी सारी जमा पूँजी को दाँव पर लगाकर सीमा पार करने की गुहार लगाती वह औरत कहाँ गई मालूम नहीं लेकिन बलात्कार क्या होता है यह उसकी भयभीत आँखों से पहली बार मैंने जाना। सेदा ने 1993-94 के दौरान कई शरणार्थी शिविरों का दौरा किया था, ज़ाग्रेब के निकट फ़ोल्नेगोविच शरणार्थी शिविर में वह कई बोस्नियाई मुसलमानों से मिली थी।

नीसा, सेदा इन सबसे बात करना डोरा के कारण ही सम्भव हो पा रहा है, लेकिन कहीं कुछ है जो मुझे युद्ध पीड़ितों के बारे में और जानने के लिए प्रेरित भी करता है और कभी पीछे भी खींचता है। बेमौसम बारिश ने मेरे गले पर फिर असर डाला है। कुछ निगलने में असुविधा हो रही है। यहाँ भारत की तर्ज़ पर यूँ ही दवाएँ नहीं मिलतीं, डॉक्टर लिखे तभी मिलती हैं। लौंग चूसते-चूसते मुँह का स्वाद अजीब हो गया है। अपनी आवाज़ ही भारी लगने लगी है, आलस्य ऐसा कि डॉक्टर के पास जाने का मन नहीं करता। ये छोटी-छोटी अस्वस्थताएँ कितना वक़्त ज़ाया कर देती हैं। इसलिए जब जो

मन करे कर लेना चाहिए, लिख डालना चाहिए, कल किसने देखा है। कभी लगता है इस देश को बहुत पहले से जानती रही हूँ, और कभी सब कुछ अपरिचित-सा लगता है। जिस धरती पर हूँ वहाँ पर कितने निर्दोष, मासूमों का रक्त बहा होगा, कितने स्वप्न दु:स्वप्न में बदल गए होंगे मालूम नहीं। शाम को जिस रास्ते टहलने जाती हूँ वहाँ क़तार में बड़े-बड़े सुर्ख़ गुलाब खिले हुए हैं। कई दिन से देख रही हूँ मुरझा भी नहीं रहे। अपने देश में नहीं हूँ, इसलिए तोड़ने, छूने में संकोच, फिर साहस करके छू लिया है एक लाल गुलाब—ख़ूब ठोस, मखमली पंखुरियाँ, कलियाँ भी पुष्ट और मुटल्ली...नाक के पास ले जाकर सूँघा...कोई गन्ध नहीं...नितान्त निर्गन्ध...इस देश की आत्मा भी तो निर्गन्ध, निर्धूम रह गई है। हिंसा, मारकाट, घर-घर बलात्कृत माँएँ, बहनें, बेटियाँ ऊपर से स्वस्थ, गम्भीर शान्त लेकिन भीतर का इतिहास लहूलुहान, पीड़ित, रक्तरंजित, शरणार्थी। जब तक हम ऐसी स्थितियों से ख़ुद रूबरू नहीं होते, तब तक हिंसा, यौन प्रताड़ना जैसे शब्द अपने समूचे अर्थ-सन्दर्भों के साथ अनखुले ही रह जाते हैं। इस शाम जब अपरिचित विदेशी गन्ध अनसुनी आवाज़ों के साए तले भुलाई जा चुकी स्त्रियों के बयान अपनी डायरी में लिख रही हूँ तब सियादा व्राविच की बात बार-बार गूँज रही है कि 'युद्ध में बलात्कार पीड़िताओं से मिलने से पहले लगता था कि बलात्कार पुरुष का मनोजैविक विचलन है। ऐसा आक्रमण जो यौनांगों पर किया जाता है, जिसे आज भी अख़बार और मीडिया सनसनीख़ेज़ खुलासों और ब्रेकिंग न्यूज़ की श्रेणी में रखते हैं। ऐसा कृत्य करने वाले के बारे में अक्सर कहा जाता है वह अपने आप को नियंत्रित नहीं कर पाया, या किसी की ख़ास वेशभूषा ने उद्दीपन का काम किया। यहाँ तक कि इसे पुरुष की आदिम नैसर्गिक वृत्ति से भी जोड़ा जाता है। लेकिन अब मैं जान पाई हूँ कि इसके पीछे कामोत्तेजना का दबाव नहीं बल्कि मृत्यु का भय है। ऐसे आक्रमण आत्मरक्षा के उद्देश्य से कभी नहीं किये जाते, कोई भी ऐसा कहता नहीं मिलेगा कि एक स्त्री ने उस पर हमला किया इसलिए उसने स्त्री के साथ ज़बरदस्ती की। ये ऐसे घाव होते हैं जो दीखते कम और टीसते ज़्यादा हैं। मन और मस्तिष्क दोनों को एक ही वार से घायल करने का सबसे कारगर

हथियार, जिससे लगी चोटें इतनी गहरी, कि शोषित, धर्षित व्यक्ति कभी भी पूरी तरह उसे अभिव्यक्त नहीं कर पाता।"

1995 में युद्ध के बाद गाँव-गाँव में जाकर स्वयंसेवी संस्थाओं, सरकारों और पश्चिमी स्त्रीवादी संगठनों द्वारा पीड़ितों के बयान और आँकड़े इकट्ठे किये गए, उनकी रपटें चौंकाने वाली और परस्पर विरोधी थीं। बोस्निया के जेनिका प्रान्त के गाँवों में औसतन चौबीस घंटे में एक रिपोर्ट दर्ज हुई, जबकि शहर में यह अनुपात कम था। सच तो था कि लगभग दस में से सिर्फ़ एक रिपोर्ट दर्ज हुई। बोस्निया सरकार ने 50,000 स्त्रियों के धर्षित होने की रिपोर्ट दी वहीं ज्वोनिमिर सेप्रोविच (जो युद्ध पीड़ित के लिए काम करते हैं) ने यह संख्या 30,000 मानी, जबकि यूरोपियन यूनियन के जाँच कमीशन ने लगभग 20,000 की संख्या प्रामाणिक मानी।

मेरी आँखों के आगे आँकड़े नहीं, औरतें घूमती हैं। बोस्निया का परिवार जिसमें माँ-बेटी के साथ महीने भर निरन्तर दुर्व्यवहार हुआ, घर के पुरुष अपनी जान बचाकर भाग गए जंगलों की ओर, उनके लौटने पर माँ-बेटी ने आपबीती नहीं बताई। ऐसे न जाने कितने परिवार हैं जिनकी स्त्रियों ने अपने ही पुरुषों से सच छिपा लिया। जीवन जीने के लिए क्षत-विक्षत मन-शरीर के लिए मवेशियों, खेतों की रखवाली करती रहीं, करती रहीं प्रतीक्षा सैनिक बनकर गए सीमा पर, क़ैदी बनकर गए यातना शिविरों में...और भागकर जा छुपे अतल कोनों में, उनकी जिनके भरोसे उन्हें बेटी, माँ, पत्नी होना था।

जहाँ तक बोस्नियाई मुसलमानों का सवाल है। ये लोग स्त्री की यौन शुचिता के सन्दर्भ में अन्य पितृसत्ताक समाजों जैसे ही कट्टर हैं। सन्देह होने या प्रमाण मिलने पर स्त्री को त्यागने में बोस्नियाई मुसलमान देर नहीं करते। संयुक्त यूगोस्लाविक क़ानून में अपनी पत्नी के प्रति यौन हिंसा को अपराध नहीं माना जाता था। सामाजिक बहिष्कृति, आजन्म अविवाहित रह जाने और तलाक़ के भय से हज़ारों बोस्नियाई स्त्रियों ने यौन अपराधों की रिपोर्ट दर्ज नहीं कराईं। मैं एक ऐसी स्त्री से रूबरू हूँ जिसके पास अपने ही सर्ब प्रतिवेशी

के दुर्व्यवहार की जानकारी पति को देने का माद्दा नहीं था। युद्ध थमने के बाद भी प्रतिवेशी की दुष्ट मुस्कराहट, अर्थपूर्ण संकेतों से बचने के लिए वह घर बदलने की सलाह बोस्निया सीमा से लौटे पति को दे नहीं पाई। भारत से अलग कहाँ है यह माहौल। वहाँ भी कहाँ कह पाती हैं औरतें, जो-जो उनके साथ गुज़रता है।

यौन हिंसा का शिकार सिर्फ़ स्त्रियाँ ही नहीं पुरुष और बच्चे भी बने, जिसका रूप अकथनीय और बीभत्स था, सैनिक शिविरों में क़ैदियों को आपस में अप्राकृतिक आचरण के लिए मजबूर किया जाता। इवान का कहना है कि भूखे-नंगे-बीमार ठठरी मात्र रह गए क़ैदी को दूसरे क़ैदी के साथ अप्राकृतिक कर्म करने के लिए मजबूर किया जाता जिसकी तस्वीरें सैनिक खींचा करते, बन्दूक़ की नोक पर क़ैदियों को विवश किया जाता, 'ग्रेटर सर्बिया' बनाने की दिशा में यह एक क़दम था जिससे अन्तरराष्ट्रीय मीडिया को बताया जा सके कि बोस्नियाई-क्रोआती सांस्कृतिक रूप से कितने निकृष्ट हैं।

क्या जानूँ, क्या लिखूँ! मन में ढेर प्रश्न उमड़ते-घुमड़ते हैं, कभी लगता है अज्ञानता भी वरदान ही है। दूसरे कई सैलानियों की तरह मेरी यात्रा भी रोमांचकारी, सुखद और दुनियावी नज़रिये से परिपूर्ण होती। मेरी नज़र से देख पाते कई लोग पूर्वी यूरोप के इस छोर की प्राकृतिक सुन्दरता, समुद्र का गहरा हरा पारदर्शी जल, सैकड़ों द्वीपों का अनन्त विस्तार, रोमन शैली की स्थापत्य कला के प्राचीन नमूने...और भी बहुत कुछ लेकिन वैसा हो ही कहाँ पाया, मेरे दृष्टि विस्तार को आच्छादित कर लिया है यहाँ के इतिहास ने, यहाँ की कर्मठ, अनबोली हज़ारों-हज़ार स्त्रियों ने। कल देखा गुलाब के फूल की पंखुरियाँ झर गई हैं, पतली काँटेदार टहनी सूख रही है उसके सिरे पर सूखी कली अटकी-सी है, पता नहीं कब झर जाए वो भी। डोरा ने आज प्रथम विश्वयुद्ध के अनुभवों पर आधारित द *हाउस ऑफ़ द गुड नेबर* पढ़ने को कहा। एस्थर पॉल लवज्वॉय पेशे से चिकित्सक थीं, 1917-18 के दौरान आम नागरिकों

विशेषकर स्त्रियों और बच्चों के स्वास्थ्य सम्बन्धी रिपोर्टों की चर्चा पुस्तक में करती हुई लिखती हैं—

> अपने भूखे बच्चों का पेट भरने के लिए हज़ारों औरतों को निर्वस्त्र होकर सैनिकों का आज्ञापालन करना पड़ता चुपचाप, जो स्त्रियाँ गर्भवती हो जातीं, उनके पास गर्भपात कराने की कोई सुविधा न थी। जैसे ही कैम्प में किसी क़ैदी स्त्री के गर्भधारण की सूचना मिलती, सैनिक ख़ुशी से नाचते, गाते और पीते। इस युद्ध ने कितने हज़ार अनाथ बच्चे पैदा किये...कहीं कोई गिनती नहीं।

इतिहास बताता है कि द्वितीय विश्वयुद्ध के दूरगामी परिणामों ने सर्ब-क्रोआती, बोस्नियाई संघर्ष की भूमिका 1939-1945 के दौरान ही रच दी थी, जब संयुक्त राज्य अमेरिका और सोवियत रूस के बीच शीत युद्ध की स्थिति थी। रूस के नेतृत्व में साम्यवादी और अमेरिका के नेतृत्व में पूँजीवादी देश दो खेमों में बँट गए। जिनमें आपसी टकराहट का ख़तरा हमेशा बना रहा, बर्लिन संकट, कोरिया युद्ध, सोवियत रूस द्वारा आणविक परीक्षण, हिन्द-चीन संकट, क्यूबा मिसाइल संकट, ये सब शीत युद्ध की उपज थे। पूर्वी यूरोप के देश सोवियत गुट में शामिल हुए और सोवियत संघ ने 1955 में 'वारसा पैक्ट' नामक सैन्य संगठन तथा अमेरिका के पक्ष में जो बारह देश थे उन्होंने 'नाटो' संगठन बनाया। इस दौरान अन्तरराष्ट्रीय परिदृश्य पर कई महत्त्वपूर्ण परिवर्तन भी देखे गए। सोवियत संघ के विघटन के पीछे पूँजीवाद के प्रति बढ़ता आकर्षण था, और बहुत से साम्यवादी देशों में राजनीतिक व्यवस्था को अधिकाधिक जनतांत्रिक बनाने की माँग ज़ोर पकड़ रही थी।

यही वह दौर था जब पोलैंड और रूमानिया के बाद इस दबाव से संयुक्त यूगोस्लाविया ज़्यादा दिनों तक मुक्त नहीं रह सका। सोवियत रूस की ताक़त घटने के साथ ही यूगोस्लाविया के विखंडन की भूमिका तैयार हो गई और टीटो की अनुपस्थिति ने पिछले हालातों को अचानक बदल डाला। क्रोएशिया, बोस्निया, हर्ज़ेगोविना की आम जनता के मन में स्लोवोदान मिलोसेविच के प्रति अपार घृणा है। जनता अपने अनुभवों से इतिहास रचती है। उसे रूस

और अमेरिका के आपसी सम्बन्धों से क्या लेना-देना वह तो 1989 में सर्बिया का राष्ट्रपति बने मिलोसेविच को पहचानती है, जिसने सर्बियाई जनता के मन में उग्र राष्ट्रवाद कूट-कूटकर भर दिया। क्रोएशियाई मित्रों का कहना है कि पड़ोसी देश अल्बानिया में मुस्लिम बहुसंख्यकों के कारण सर्ब मूल के नागरिकों को शोषण और उत्पीड़न का सामना करना पड़ा, अल्बानिया में, साम्यवादी सरकार के पतन के तुरन्त बाद अस्थिर राजनीतिक हालातों को देखकर मिलोसेविच ने सर्बों को सुझाव दिया कि ये बिलकुल सही अवसर है जब कोसोवो प्रदेश को 'गैर सर्बों' से छुटकारा दिलाकर इसे 'पूर्णतः स्वच्छ सर्ब प्रान्त' घोषित कर दिया जाए। सर्ब नागरिकों ने मिलोसेविच की उच्चतर राजनीतिक महत्त्वाकांक्षा समझे बग़ैर उसे अपना संरक्षक स्वीकार कर लिया और तब शुरू हुई हत्या, आगजनी, लूटपाट की घटनाएँ—इस बर्बर नस्लवादी रक्तपात की तुलना अडोल्फ़ हिटलर के यहूदियों की सफ़ाई वाले घिनौने अभियान से ही की जा सकती थी। ये 1990 के चुनाव परिणामों का दौर था जब स्लोवेनिया, क्रोएशिया, बोस्निया, हर्ज़ेगोविना, मैसीडोनिया में ग़ैर साम्राज्यवादियों की जीत हुई, स्लोवेनिया और क्रोएशिया ने ख़ुद को स्वाधीन घोषित कर दिया, बग़ावत को दबाने के लिए मिलोसेविच ने सेनाएँ भेज दीं और स्वभावतः संघर्ष की परिणति भीषण रक्तपात में हुई, लगभग बीस लाख लोग शरणार्थी हो गए।

क्रेशो कर्नित्स इस पूरे दौरे में संयुक्त राष्ट्र संघ की कमज़ोर और ढुलमुल नीतियों की आलोचना करते नहीं थकते। मुझे अपने देश में सन् 1947 के शरणार्थी दीखते हैं—जिन्होंने भूख और ठंड से बचने के लिए दिल्ली के बाज़ारों पर हमला बोल दिया था। सच है भोजनविहीन, आश्रयविहीन जनता से नैतिकता की उम्मीद करना बेमानी ही तो है। मिलोसेविच की सेनाओं को दबाने के लिए संयुक्त राष्ट्र संघ ने अन्तरराष्ट्रीय समझौतों पर हस्ताक्षर करवाए लेकिन कब? जबकि चार सालों के लम्बे समय में उग्र राष्ट्रवादी विचारों वाला मिलोसेविच अपने सैनिकों को 'बृहद स्वच्छ सर्बिया' के नाम पर 'एथनिक क्लींजिंग' के आदेश दे चुका था। उसकी नस्लवादी नीतियाँ वंश-नाशक और अमानवीय थीं, जिनको कार्यान्वित करने का काम आम सर्बियाई जनता और

सैनिक दलों द्वारा किया गया और जिसने भी सर्ब सैनिकों का आदेश मानने से इनकार किया उसे यातना का शिकार होना पड़ा। यहाँ का नागरिक इतिहास कहता है कि यूगोस्लाविया को गृह युद्धों की ओर धकेलने में अमेरिका ने बड़ी षड्यंत्रकारी भूमिका निभाई। अमेरिका द्वारा लगाए आर्थिक प्रतिबन्ध और नाटो की बमबारी से, सर्बिया के बेगुनाह नागरिकों, जिन्हें अपने व्यवसाय और कृषि से फ़ुरसत न थी, जो बोस्नियाई और क्रोएशियाई लोगों से विवाह सम्बन्ध बनाते थे, का जीना दूभर हो गया। *वार इन टाइम ऑफ़ पीस* में डेविड हॉबर स्टाम ने अमेरिकी नीतियों के अन्तर्विरोधों का विश्लेषण करने की प्रक्रिया में अमेरिका को अपने हित में जनतंत्र की स्थापना का पाखंड रचने वाली ग़ैर लोकतांत्रिक और मानवाधिकारों के भयंकर और निरन्तर उल्लंघन करने वाली शक्ति के रूप में याद किया है।

मेरे सामने परत-दर-परत अमेरिका खुल रहा है क्योंकि कई अमेरिकी स्त्रीवादियों ने बोस्नियाई स्त्रियों के प्रति यौन हिंसा के तमाम आँकड़े इकट्ठे कर उनका विश्लेषण किया। विश्लेषण के अनन्तर दिये आँकड़ों में मुझे दो बातें बुरी तरह खटक रही हैं पहली तो ये कि जहाँ बोस्निया सरकार के आँकड़े बलात्कार के 50,000 मामले बताते हैं (जो कि वास्तव में इससे कहीं अधिक थे) वहीं अमेरिकी स्वयंसेवी संस्थाएँ इनकी संख्या लगभग 20,000 बताती हैं। दूसरी बात यह कि उनका मानना है कि जहाँ भी युद्ध होते हैं, वहाँ बलात्कार और यौन हिंसा के मामले होना भी स्वाभाविक ही है, यह भी कि जब बोस्नियाई और क्रोआती सैनिक सीमा पर चले गए तो पीछे से उनके घरों की स्त्रियों को सर्ब सैनिकों की टुकड़ियों ने लुभा लिया। युद्ध काल में प्रेम और यौन के आवेग के फलस्वरूप अधिकांश स्त्रियों ने सर्बों को स्वयं ही आमंत्रित किया और यौन सम्बन्ध बनाए। इन स्त्रीवादियों ने कई प्रकार के आँकड़े देकर संयुक्त राष्ट्र संघ को सौंपी रिपोर्ट में इस तरह की प्रायोजित मौलिक स्थापनाएँ कीं। एनलोये, ओटो, वांस ने तो युद्ध के दौरान हुई यौन हिंसा के दौरान बलात्कृत स्त्रियों को इन हादसों को विस्मृत कर सामान्य जीवन जीने की दिशा में प्रयास करने को कहा और यह माना कि युद्धकालीन अधिकांश समागम ऐच्छिक थे। ऐसी शोध रपटों के सामने आने पर बड़ी संख्या में स्त्रियाँ आपबीती कहने के

लिए निरुत्साहित हुई होंगी। बोस्निया और हर्ज़ेगोविना की स्त्रियों पर शोध करने वाली जेस्मिया हुस्नावोइच ने इन स्त्रियों को सन्देश दिया—

> चोटों को भूलो, पीड़ा की जगह आनन्द और सुख को प्रस्थापित करो, अपनी कल्पना शक्ति, रचनात्मकता और राजनीतिक पुनरुत्पादन से आशा की राजनीति में क़दम रखो और राजनीति की मुक्ति योद्धाओं के रूप में सामने आओ।

हवाओं में बिखरी हैं अनन्त कहानियाँ, शोषण, हिंसा और यातना की दास्तानें जो ये बताती हैं कि स्त्रियों की देह पर नियंत्रण करना युद्ध नीति का ही एक हिस्सा होता है जिससे तीन उद्देश्य सधते हैं—पहला, आम नागरिकों में भय का संचार, दूसरा, नागरिकों का विस्थापन और तीसरा, सैनिकों को बलात्कार की छूट देकर पुरस्कृत करना। विकासशील देशों में नागरिक विस्थापन और असुरक्षा की समस्या के विश्लेषण में स्त्रियों के प्रति यौन हिंसा हमें जेंडर, सेक्सुएलिटी, सामूहिक अस्मिता के निर्माण और स्वरूप के रग-रेशों को समझने में मददगार हो सकती है। मुझे लगता है कि युद्ध एक उद्योग है जिसके दौरान घटी घटनाएँ हमें संगोष्ठियाँ और कार्यशालाओं के आयोजन का कच्चा माल देती हैं। पूरे विश्व में युद्ध हिंसा, हत्याएँ, बलात्कार, विस्थापन, पुनर्वास सम्बन्धी आँकड़ों के नियोजन और समायोजन पर बहुत बड़ी धनराशि ख़र्च कर दी जाती है। हमें स्रेबेनिका या किगाली जैसी जगहों का पता इसलिए चलता है क्योंकि वहाँ भयानक नरसंहार घटित हुए थे। पर्यटक के देखने की जगहों में तब्दील हो जाती हैं ये जगहें। यहाँ से पर्यटन को बढ़ावा मिलता है, जिन्हें मानव इतिहास के अँधियारे कोनों, विस्मृत कोठरियों को देखने-जानने की भूख है, वे शोध कार्य करते हैं। शोधार्थी और विशेषज्ञ इन जगहों का दौरा करते हैं। इस तरह की घटनाएँ कला, साहित्य, इतिहास और समाजशास्त्रियों के लिए आँकड़े प्रदान करती हैं।

वक़्त बीतता जाता, लगता है ऊपर से स्वस्थ सुन्दर दीखती अधेड़ औरतें विस्मृत कर चुकी होंगी चोटों को, जीवन प्रवाह में शामिल हो चली होंगी

क्योंकि आख़िरकार जीवन से बड़ा कुछ भी नहीं। इस धारणा को खंडित करने के लिए पूर्वी बोस्निया के रोगाटिया का यह परिवार ही काफ़ी है, जिसकी सभी स्त्री सदस्य सर्ब सैनिकों के रेप का भाजन बनीं—दादी, चार बहुएँ और पाँच पोतियाँ। सैनिकों के जत्थे ने इस बड़े समृद्ध परिवार पर हमला किया। पुरुषों और बच्चों को घर में ही ज़िन्दा जला दिया। कुसूर था बोस्नियाई मुसलमान होना। परिवार की मझली बहू ही एकमात्र पोती के साथ अब तक जीवित है। जो अपनी बात कहने को तैयार है। ब्योरेवार तारीख़ सहित। लेकिन उन्नीस वर्षीया पोती इसके लिए बिलकुल तैयार नहीं—

धीरे धीरे क्षमाभाव समाप्त हो जाएगा
प्रेम की आकांक्षा तो होगी मगर ज़रूरत न रह जाएगी
झर जाएगी पाने की बेचैनी और खो देने की पीड़ा
क्रोध अकेला न होगा वह संगठित हो जाएगा
एक अनन्त प्रतियोगिता होगी जिसमें लोग
पराजित न होने के लिए नहीं
अपनी श्रेष्ठता के लिए युद्धरत होंगे
तब आएगी क्रूरता
पहले हृदय में आएगी और चेहरे पर न दीखेगी
फिर घटित होगी धर्मग्रन्थों की व्याख्या में
फिर इतिहास में और फिर भविष्यवाणियों में
फिर वह जनता का आदर्श हो जाएगी
निरर्थक हो जाएगा विलाप
दूसरी मृत्यु थाम लेगी पहली मृत्यु से उपजे आँसू
पड़ोसी सांत्वना नहीं एक हथियार देगा
तब आएगी क्रूरता और आहत नहीं करेगी हमारी आत्मा को
फिर वह चेहरे पर भी दिखेगी
लेकिन अलग से पहचानी न जाएगी
सब तरफ़ होंगे एक जैसे चेहरे

सब अपनी-अपनी तरह से कर रहे होंगे क्रूरता
और सभी में गौरव भाव होगा
वह संस्कृति की तरह आएगी
उसका कोई विरोधी न होगा
कोशिश सिर्फ़ यह होगी कि किस तरह वह अधिक सभ्य
और अधिक ऐतिहासिक हो
वह भावी इतिहास की लज्जा की तरह आएगी
और सोख लेगी हमारी सारी करुणा
हमारा सारा श्रृंगार
यही ज़्यादा सम्भव है कि वह आए
और लम्बे समय तक हमें पता ही न चले उसका आना।

—कुमार अम्बुज

जिबा से बात करते हुए मुझे यह कविता बेतरह याद हो आई है, जो आज भी अपने बचपन के स्कूल के जिम्नेजियम को थर्राहट के साथ याद करती है, क्योंकि वहाँ सौ से भी अधिक औरतें अपने छोटे दुधमुँहे बच्चों के साथ क़ैद कर ली गई थीं। इन स्त्रियों की उम्र 15 से 35 वर्ष की थी, यानी जब स्त्री की प्रजनन क्षमता पूरे उठान पर होती है—बन्दूक़ की नोकों और ग्रेनेड के भय के साए में औरतें जिम्नेजियम में बन्द कर दी गईं, इसके बाद शुरू होना था वह जिसके सामने क्रूरता भी शर्मिन्दा हो जाए। जिबा बताती हैं कि सैनिकों और सेना कमांडरों ने पहले गर्भवती स्त्रियों के समूह को अलग कर दिया, दूसरा समूह उन औरतों का बनाया गया, जिनके बच्चे थे, और तीसरे समूह में तत्काल गर्भधारण के लिए सम्भावित स्त्रियों को रखा गया। जिबा का घर पूर्वी बोस्निया में था, कैम्प में आते ही उसके दोनों बच्चों को दूर भगा दिया गया। बच्चे वाली औरतों को फ़र्श साफ़ करने और खाना पकाने, पानी भरने के काम पर लगाया गया, उनके छोटे बच्चों पर नज़र रखी जाती, उन्हें मालूम था कि इतने छोटे बच्चों को असहाय छोड़कर वे भाग नहीं सकेंगी। इन रेप-कैम्पों में सब कुछ पूर्वनियोजित ढंग से किया जाता, सुन्दर, कमसिन

लड़कियों को मीट और रोटी खिलाकर अलग-थलग कर दिया जाता, उनके साथ क्या होने वाला है, इसका अन्दाज़ा उन्हें छोड़कर और सबको होता। जिबा से निर्वस्त्र होने को कहा जाता, मना करने पर गला रेत देने की धमकी। लगातार बीस दिनों तक उसका बलात्कार किया जाता रहा—सामूहिक तौर पर। गर्भवती औरतों में से अधिकांश को मार दिया गया। तनाव, भूख और पिटाई से कई औरतें यूँ ही बीमार पड़ जातीं, उनकी कोख ख़ाली करवाई जाती, इसके बाद शुरू होता उनकी कोख पर हमले का सिलसिला, जब तक वे सर्बियाई सैनिकों से गर्भ धारण नहीं कर लेतीं। किसी स्त्री के गर्भ धारण की ख़बर पर सर्बियाई सैनिक नाच उठते, कैम्पों में जश्न का माहौल होता। सर्बिया की फौज़ों का दावा था कि जब तक वे पूर्वी और पश्चिमी बोस्निया की सभी मुसलमान स्त्रियों को 'शुद्ध वीर्य' से नहीं भर देंगे तब तक उनका उद्देश्य पूरा नहीं होगा। रेप कैम्प से भागकर आई सीनाद सारिक ने ज़बरदस्ती गर्भवती करवाई गई स्त्रियों के बारे में बताया। बाक़ी बची स्त्रियों से सर्बों ने जबरन वेश्यावृत्ति करवाई। उन औरतों को बाद के कई सालों में कहीं देखा नहीं गया, बहुत बाद में किसी पत्रकार ने उन्हें खोज निकाला जब्लेनिचा में, नेरेतावा नदी के किनारे बसे मस्तार में, वे सभी बलात्कारियों को पहचानती थीं, जो भागीं लेकिन बच न सकीं, देख ही नहीं सकीं किसी ट्रिब्यूनल या न्यायालय का मुख। वे थीं 71 हतभागी जिन्हें पड़ोस के गाँवों में मशीनगन से उड़ा दिया गया, पुलिस कुछ नहीं बोली, न बाद में उसने कोई कार्रवाई की। निहत्थी, मासूम, घरेलू, किसान औरतें अपने बच्चों का मुँह देख नहीं पाईं। बच रही सिर्फ़ एक औरत ने अपनी डायरी में उन दिनों का आँखों देखा हाल लिखा। स्थिर होने के बाद स्वयंसेवी संस्थाओं की रिपोर्टरों को भी कुछ औरतों ने अपने शोषण-अपमान की गाथाएँ सुनाईं, सभी ने सर्बियाई सैनिकों का नाम लिया, जो अपने आप को 'व्हाइट ईगल' कहा करते। छोटे-छोटे चार-पाँच साल के बच्चे जो इन दृश्यों के गवाह रहे, उनकी आँख में अमानवीय यातना के ये दृश्य जीवन भर के लिए क़ैद होकर रह गए। कैलिनोविच का हसन जो उस समय मात्र चार साल का था, अपनी माँ की यातना का चश्मदीद था लेकिन न्यायालय में कुछ कहने से पहले

उसका शरीर काँपने लगता और ज़ुबान लड़खड़ाने लगती, ऐसी हालत में उसकी गवाही किसी काम तो आनी ही नहीं थी। गेको इलाक़े में जहाँ का हसन है, उसकी आबादी में 37 प्रतिशत मुसलमान थे जिन्होंने इस क्षेत्र के आर्थिक और वाणिज्यिक विकास में महत्त्वपूर्ण भूमिका निभाई, उनके चलते ही एक सम्पन्न व्यापारी मध्यवर्ग का निर्माण बोस्निया में हुआ। बचे हुए मुसलमानों के पास अन्तहीन, शब्दहीन कथाएँ हैं, जिनमें से एक का कहना है—'हमने अपनों की सामूहिक हत्याएँ देखी हैं, निर्वस्त्र भगाई जाती औरतों के समूह को नदी में डूबते देखा है, मर चुका बच्चा गोद से चिपकाए गाय-सी डकराती, पगलाई औरत पर थूक फेंकते सर्बियाई को देखा है, और क्या देखना बचा है, तब लगता था, जीवन कभी लौट पाएगा क्या?' बूढ़ों को मार दिया गया, सूचनाओं से डरकर बासिची, दृगोविची और बहोरी गाँवों से हज़ारों की संख्या में स्त्री-पुरुष उत्तर की तरफ़ येलेंगोरा के पर्वतीय जंगलों में भाग गए, सैकड़ों बच्चे अपने परिवारों से बिछुड़ गए, पति से पत्नी, माँ से बच्चे अलग हो गए। जो लोग पुलिस दलों को मिले उन्हें अधिकारियों ने अपनी तरफ़ से पहल करके कोसोवो और प्रिस्टीना की ओर भेज दिया वहाँ से मैसेडोनिया की राजधानी स्कोपिये। वहाँ के स्थानीय अधिकारियों ने उन्हें मुक्त कर बुल्गारिया, रोमानिया और हंगरी के रास्ते मुस्लिम-बहुल क्षेत्रों की ओर वापस भेज दिया। अन्तरराष्ट्रीय रेड क्रॉस की रिपोर्ट बताती है कि 200 मुस्लिम स्त्रियों के झुंड को जंगल से बचाया गया, जहाँ वे ज़मीन में क़ब्र खोदकर छुपी हुई थीं। बहुत से ऐसे लोग भी थे जिन्होंने बचने की कोशिशें कीं, लेकिन नाकाम रहे। साउदा नामक एक लड़की जो उन 209 लोगों में थी जो सर्बों से बचने की कोशिश में पकड़े गए, उसने बाद में लिखा था कि—"हमारे समूह में 24 वृद्ध भी थे जिन्हें पकड़ने के बाद औलोग भेज दिया गया, जिन्हें फिर कभी देख पाना सम्भव नहीं हो पाया। बाक़ी बचे 185 को भर दिया गया खुले ट्रकों में, जबकि बारिश रुकने का नाम नहीं ले रही थी। कैम्पों में ले जाकर हमें जानवरों की तरह गोदामों और शौचालयों में ठूँस दिया गया। वहाँ से हमें जिम्नेजियम ले जाया जाता, शुरुआत में तो हमारे साथ वे बहुत गन्दे तरीक़े से पेश नहीं आते थे। हमें पानी भरने और खाना पकाने

का काम दिया जाता। भोजन भी पर्याप्त था, सर्ब चौकीदारों और क़ैदियों में दोस्ताना बातचीत भी कभी-कभी हो जाती थी, लेकिन जल्दी ही पहरेदारों की ड्यूटी बदल गई, उनका नया जत्था आ गया। नये पहरेदार हम पर अश्लील फ़िक़रे कसा करते। एक दिन लम्बे और भूरे बालों वाली औरत आई जिसका दावा था कि उसे 'व्हाइट ईगल्स' की ओर से भेजा गया है, उसने बच्चों के कपड़े उतारकर ख़तना दिखाने के लिए कहा। बलात्कार का एक नया दौर उस दिन से शुरू हुआ, जिसका थमना अब नामुमकिन लग रहा था। पहली रात के बाद सर्ब सैनिकों ने समूह में से कमसिन और किशोरियों को चुना, उन्हें धक्के दे-देकर कमरों से बाहर निकाला, वे चीख़ती-चिल्लाती रह गईं लेकिन बच रही औरतों में से किसी को भी ये साहस नहीं हुआ कि वे उन मिमियाती, चीख़ती भेड़-बकरियों के लिए कुछ कर सकें, करने के लिए था भी क्या, सबको अपनी पड़ी थी। भय के मारे वे सिसक भी न सकती थीं। वे लड़कियों को एक-एक करके जिम्नेजियम के पास बने शौचालयों में ले जाते। वहाँ से लड़कियों की थरथराहट और घिघियाहट ही बाहर आती। सूनी घाटियों के परिन्दे भोली आँखों से सब कुछ देखते—जीवन बड़ा कि दर्द। जीवन ही तो, नहीं तो इतना दर्द सहकर वे फिर जीतीं कैसे? अगली सुबह जब वे आए तो वे हर स्त्री को नाम से पुकार रहे थे, एक रात में वे सबसे परिचित हो गए थे। जैसे ही वे किसी औरत को शौचालय की ओर ले जाते उसके बच्चे ज़ोर-ज़ोर से चीख़ने और चिल्लाने लगते। उन्हें दो स्त्रियों पर सन्देह हो गया कि वे गर्भवती होने का नाटक कर रही हैं, उनका डॉक्टरी परीक्षण करवाने के बाद उन्हें बलात्कार से तो बख़्श दिया गया, पर पिटाई से नहीं।"

प्रिय सुमन,

तुमने लिखा है कि मैं फ़ोन क्यों नहीं करती, सच कहूँ तो जी नहीं करता, औरतों के अनुभव इतने विचलित करने वाले हैं कि अपनी कोई ज़रूरत याद ही नहीं रहती। बाज़ार तो अक्सर जाना होता ही है, रोज़मर्रा की चीज़ें मसलन कॉन्फ़्लेक्स और ब्रेड लेने, पर सच बताऊँ कुछ ख़रीदने का शौक़ ही ख़त्म हो गया है। उक्की

ने जो दाँतों को चमकाने वाला पेस्ट माँगा था, वो मिल गया है, लेकर रख लिया है। इन दिनों क्रोआती सीखने की कोशिश कर रही हूँ। ख़ुश हूँ यह कहना झूठ होगा...बस चल रहा है...कभी-कभी अकेलापन बड़ा मारक लगता है, ज्यों आप लम्बी, कभी न ख़त्म होने वाली अन्तहीन सड़क पर चले जा रहे हैं। याद है तुमने कहा था पेड़-पौधे, मेघ, वृष्टि देखने मात्र से ज़िन्दगी नहीं चलती...तब नहीं, अब समझ में आता है कि केमिस्ट्री की पढ़ाई ने तुम्हें कितनी व्यावहारिक दृष्टि दे दी थी। हम जो विषय पढ़ते हैं, उसका प्रभाव व्यक्तित्व पर न पड़े, यह असम्भव है। *नॉलेज एंड ह्यूमन इंटरेस्ट* में हेबरमास ने इतिहास, साहित्य, दर्शन और समाज विज्ञान जैसे अनुशासनों को मुक्तिदायी अनुशासन कहा था। आज जबकि होटल मैनेजमेंट, बिज़नेस मैनेजमेंट, अकाउंट्स, सूचना प्रौद्योगिकी पढ़ना-पढ़ाना सम्मानजनक और बेहतर पारिश्रमिक देने वाले अनुशासन हैं, जहाँ फ़ैशन टेक्नोलॉजी की जगह साहित्य और इतिहास, समाज विज्ञान पढ़ना-पढ़ाना नव्य वैश्विक उदार पूँजीवाद के किसी काम का नहीं। धीरे-धीरे ये विषय हाशिये पर जा रहे हैं। हम मनुष्य की मुक्ति, उसके इनर सेल्फ़ की बात सोचते-करते हैं और ये विषय आउट ऑफ़ फ़ैशन हैं। बहुत से विश्वविद्यालयों में भाषा, साहित्य, दर्शन के विभाग दम तोड़ रहे हैं। ज्ञान सिर्फ़ व्यापार, तकनीकी उपलब्धि और तात्कालिक उपयोग के लिए नहीं होता। वह हमें भीतर ही भीतर संस्कारित करता है ताकि हम इस दुनिया को बेहतर बना सकें। आधुनिकता और औद्योगिक विकास को समझने के लिए हमें थियोडोर अडोर्नो, मार्क्स वेबर, एरिक फ्रॉम, वाल्टर बेंजामिन और हर्बर्ट मार्कुस के पास जाना ही होगा क्योंकि वे ही हमें सांस्कृतिक औद्योगीकरण की राजनीतिक समझ दे सकते हैं, किसी व्यक्तित्व के विकास के विभिन्न चरणों के बारे में बता सकते हैं, यह भी कि विज्ञान को मनुष्य की अन्तश्चेतना से दूर करके समझा नहीं जा सकता।

और सब ठीक है। इन दिनों कई नई जानकारियाँ मुझे सर्बिया और बोस्निया के बारे में मिली हैं। द्वितीय विश्वयुद्ध के दौरान तुर्कों के विरुद्ध गुरिल्ला युद्ध करने वाले सैनिकों को चेटनिक कहा जाता था। सर्बियन राष्ट्रवादी समूह के सदस्यों ने स्वयं को भी चेटनिक कहा, उनका कहना था कि मुसलमान औरतें छोटे चेटनिक पैदा करेंगी तभी जातीय शुद्धता कायम की जा सकेगी। कई स्त्रियों को फोका के वेश्यालयों में ले जाकर बेच दिया गया, क्योंकि बदले में चेटनिकों को धन मिलता था। ऐसी ही चार लड़कियाँ जिनमें से 16 वर्ष की आमना, 20 वर्ष की सुवादा, 17 वर्ष की आमेला और 16 वर्ष की मिरी वे बहनें थीं—युद्ध थमने के वर्षों बाद इनका कहीं कोई पता नहीं लगा। आमेला की माँ जो स्वयं भी यौन शोषण का शिकार हुई थी उसे तीन वर्ष बाद अपनी बेटी का जो पत्र मिला उसमें लिखा था कि उसने अपना सर्बियाई नाम रख लिया है, और उसकी चिन्ता न की जाए और फोका के पते पर उसके कपड़े इत्यादि भिजवा दिये जाएँ।

केलिनोविच के दिनों की यातना के क़िस्से अनन्त हैं, जिस समय मैं यह सब दर्ज कर रही हूँ, हृदय जैसी चीज़ कैसे पथरा जाती है, इसे महसूस कर रही हूँ। कैसा लगा होगा उन स्कूल जाने की उम्र वाली लड़कियों को जिन्होंने रोज़-रोज़ के बलात्कार और यातना से तंग आकर वेश्यावृत्ति स्वीकार कर ली होगी। जीवन उनके लिए जलती भट्ठी है। क्या उन्हें स्कूल, घर, खेलना-कूदना याद आता होगा, याद आते होंगे माँ-बाप, क्या करती होंगी तब वे जब भविष्य के बारे में सोचती होंगी। उनमें से कितनों के क्या-क्या सपने रहे होंगे, दोस्त, सहेली, प्रेमी रहे होंगे, मन में होंगी हज़ारों अधूरे वायदों की कसक और चेहरे पर होगी झूठी-ओढ़ी मुस्कान, कैसे सीखी होगी उन्होंने प्रेम करने की उम्र में ग्राहक पटाने की कला, अल्हड़-अलमस्त उम्र में कैसे धारी होगी आँख खोल रात्रि जागरण की

क्षमता, खेलने-कूदने की उम्र में कैसे सीखा होगा ज़्यादा से ज़्यादा धन बटोरने का गुर। नलिनी जमीला ने आत्मकथ्य में कहा था कि एक स्त्री के लिए वेश्या कहलाने से बुरा कुछ भी नहीं हो सकता। भारत में, आज भी यह सबसे गर्हित पेशा है। प्राचीन भारतीय ग्रन्थों में इसके अनेक प्रकार कहे गए हैं रूपाजीवा, पण्यस्त्री, गणिका, वारवधू, लोकांगना, नर्तकी आदि। वेश्या के बारे में कहा गया है कि जो बाज़ार से आजीविका ग्रहण करे। गणिका वह जो गणना करे 'गणयति इति गणिका', रूपाजीवा वह जो अपने सौन्दर्य से आजीविका कमाए। पण्यस्त्री—जिसे धन देकर ख़रीद लिया गया हो। कौटिल्य ने *अर्थशास्त्र* में राजतंत्र के अन्तर्गत गणिकाओं की नियुक्ति का प्रावधान रखा था जो राजपुरुषों को व्यवहार और साहित्य-संगीत का ज्ञान दे सकें। लेकिन ये लड़कियाँ अपने को वेश्या कहलवाने का कुछ बुरा नहीं मानतीं बल्कि वे स्वयं को श्रमिकों की श्रेणी में रखती हैं। बहुत सी ऐसी हैं जो अपने परिवार की आर्थिक सहायता भी करती हैं।

तुम परेशान न होना। कई बार पत्र लिखने की भी इच्छा नहीं होती, न किसी से बात करने की। इधर दिल्ली में किसी से मैंने कोई बात नहीं की। कभी-कभी परिधि का विस्तार हमें केन्द्र से विच्छिन्न भी तो कर देता है। दिल्ली का मौसम तो इन दिनों अच्छा होगा। तुम इतनी बड़ी वैज्ञानिक हो, क्या पूसा में कभी जेंडर के आधार पर भेदभाव महसूस करती हो? तुम मेरे मन के बहुत क़रीब रही हो इसलिए दुनिया का हाल देखते-लिखते अपना रुदन रोक नहीं पाती, इसे तुम्हें बताने में संकोच नहीं। अपना ध्यान रखना।

शेष फिर

तुम्हारी गरिमा

ये श्रावण मास है, सिएत्ला सेस्ता की गली के वृक्ष फूल-पत्तों से भर गए हैं, जो लोग कभी नहीं दीखते थे, वे अब दीखने लगे हैं, हवाएँ बहुत तेज़ चलती हैं और एक विंड चीटर की दरकार तो रहती ही है। सामने वाले भवन के निचले तल्ले पर एक सैलून का बोर्ड दीख रहा है 'फ्रिजेरस्की सलोन' इतने महीनों से आते-जाते पता नहीं मैंने इस पर कभी ध्यान क्यों नहीं दिया। सैलून के भीतर घुसते ही ग्राहक का स्वागत ज़बरदस्त है। अठारह से पच्चीस वर्षीय लड़के-लड़कियाँ सैलून सँभालते हैं। स्त्रियों और पुरुषों के सौन्दर्यीकरण की व्यवस्था अलग-अलग नहीं एक साथ है। जिन्हें विशेष एकान्त की दरकार है वे केबिन ले सकते हैं। शायद उसके लिए अतिरिक्त पेमेंट है। पतली-लम्बी घोड़मुँही-सी लड़की अपने सामने के बालों को कई रंगों से रँगे मुझसे पूछती है—'स्तो जेलिस' मुझे केश ठीक करवाने हैं। उसने एप्रिन पहन रखा है जिसमें 20-30 जेबें, कई आकार-प्रकार की कैंचियाँ, स्टाइलर, कर्लर, क्लिप, कंघियाँ। हेयर ब्रश की क़िस्में। उसने अपना काम शुरू किया। बाईं तरफ़ के झीने पर्दे के भीतर मन्द रोशनी में दो लड़कियाँ 'क्रॉस मसाज' करती दीख रही हैं, थाईलैंड और इंडोनेशिया के बहुत सारे युवा 'क्रॉस मसाज' के कार्य में सिद्धहस्त माने जाते हैं। इससे उन्हें आमदनी भी अच्छी होती है और मालदार उपभोक्ता को अतिरिक्त तृप्ति भी। आजकल क्रोएशियन युवा पीढ़ी फ़ैशनेबल है और 'क्रॉस मसाज' की नई-नई तकनीकें सीखकर धन उपार्जित करना भी जानती है। भारत में 'क्रॉस मसाज' को लेकर जितने टैबू हैं, उनका यहाँ अभाव है। अनिद्रा, माइग्रेन और कई मानसिक-शारीरिक रोगों के उपचार के लिए सिर और शरीर की मालिश विपरीत लिंगी द्वारा किया जाना इसमें शामिल है। शोध बताते हैं कि खेल-कूद से जुड़े लोगों के लिए यह मालिश कारगर है, शरीर पर लगी चोटों की सूजन कम करने के लिए लैवेंडर के तेल का प्रयोग, उम्र और झुर्रियाँ छिपाने, रजो धर्म सम्बन्धी समस्याओं और कर्क रोग के उपचार के लिए भी यहाँ मालिश का प्रचलन है। पूरे यूरोप में जगह-जगह 'कुंडलिनी मसाज' और 'तंत्र मसाज' प्राच्यवादी देशों से आयातित कला के रूप उपलब्ध महँगी मालिश है, जो 'क्रॉस मसाज' का ही एक रूप है। दुष्का ने बताया है कि रीढ़ की हड्डी के अन्तिम छोर से गर्दन के निचले

भाग तक की मालिश में, फूलों के सत्त और विभिन्न तैलीय मिश्रण से सुप्त संवेदनाओं को जाग्रत करने का काम किया जाता है। मसाज वाले केबिन की ओर देखते हुए मुझसे सैलून की लड़की ने कहा है—'या मोगू वाम दाती मसाजा प्री वाइस' मेरा उत्तर है त्रेवम ओसिसाम (मुझे बस केश कटवाने हैं) लड़की रुकती नहीं, मालिश पर डिस्काउंट देने की बात करती है—'ओको से मसाजा या मोगू वाम दाती पोपुस्ट' मेरा कड़ा रुख़ देख वह बाल काटने में तल्लीनता दिखाती है। फिर एवाकेडो और पके पपीते का मिश्रण मेरे चेहरे पर लगाती है। अपना ही चेहरा देखकर हँसी आ रही है और द्रागित्सा की बात भी याद आ रही है। द्रागित्सा ने अपनी वसीयत में लिख रखा है कि अन्तिम संस्कार से पहले उसके लिए ब्यूटीशियन बुलाई जाए और काली रोल्स रायस कार भी, वह चाहती है कि अन्तिम छवि की आकर्षक स्मृति ही मित्र-सम्बन्धियों के मन में रहे।

मनुष्य मन भी अजीब है, स्थितियाँ चाहे जैसी हों वह जीना...और जीना चाहता है। पड़ोसियों ने बताया है कि इस सैलून की मालकिनें वुकोवार (पूर्वी क्रोएशिया) में रहती हैं—एक नहीं कई। कई माने? हाँ, कई माने बहुत-सी स्त्रियों ने मिलकर यह सैलून खोला, आज जिसकी कई शाखाएँ हैं—रूजिया बारबरिक, उम्र 63 वर्ष, स्नेजाना मालजेक, उम्र 47 वर्ष, मरिया स्लिस्को विच, उम्र 50 वर्ष। ये वे स्त्रियाँ हैं, जो नवम्बर 1991 में वुकोवार पर सर्ब सैनिकों के हमले में यौन हिंसा का शिकार हुईं, हाल ही में क्रोएशिया सरकार ने इन स्त्रियों के पक्ष में क़ानून पारित का प्रयास किया। जिस समय मैं डायरी के पन्ने सुधार रही हूँ यानी मई 2015 में क्रोएशिया सरकार के मंत्री फ्रेड मैटिक ने इसे पूरे विश्व में यौन-हिंसा उत्पीड़ितों को 1,00,000 कूना का मुआवज़ा एक मुश्त, प्रतिमाह 2,500 कूना और आजीवन मुफ़्त चिकित्सा एवं मुफ़्त क़ानूनी सलाह के प्रावधान की घोषणा की है। बीस वर्ष पहले लगे घावों पर अब मरहम लगाने का प्रयास। स्काइप पर दुष्का का कहना है कि बहुत कम औरतें यह मुआवज़ा लेंगी, बहुत से मामले तो कभी सामने आए ही नहीं, स्त्रियाँ उस ग़म को पी गईं, बच्चे बड़े हो गए। अब सामने आने का मतलब है—चोटों को कुरेदना, सरेआम ख़ुद को...साथ ही मुआवज़ा पाने के लिए

प्रति वर्ष किसी सरकारी अस्पताल से अतीत की घटना को प्रामाणिक करवाना, सर्टिफिकेट लेना कि सालों पहले उनके साथ बहुत बुरी बीती थी। मुआवज़े को लेकर सबकी अलग-अलग राय है, एक का कहना है—'देर से ही सही कुछ तो मिला...न्याय सिर्फ़ एक शब्द भर नहीं है। यह तो तय है कि यह क़ानून मेरा जीवन आर्थिक तौर पर बदल डालेगा, लेकिन इससे भी ऊपर मुझे लगता है कि क़ानून बनने के बाद मैं मनुष्य योनि में लौट आई हूँ।' दूसरी का कहना है, 'कितना भी मुआवज़ा दिया जाए, उससे असल नुक़सान की भरपाई हो नहीं सकती, मुझे न्याय और केवल न्याय चाहिए।' वेरिका मारर्तीनोविच, जिनका परिवार हिंसा की घटना के बाद ऐसा बिखरा कि फिर वे अकेली ही रह गईं—आज पचपन वर्ष की अवस्था में दूसरी कई स्त्रियों को अपने समूह में शामिल कर फ़ैशन उद्योग में परिश्रमरत हैं, कहती हैं—

> बलात्कार के बाद आपकी आत्मा, मन, शरीर सब हमेशा-हमेशा के लिए दाग़दार हो जाते हैं—शरीर की चोटों का इलाज है लेकिन मन का! कुत्ते की जूठन कौन खाना चाहेगा।

क्रोएशिया में जहाँ क़ानून ने एक सीमा तक सांकेतिक राहत दी है वहीं उत्पीड़िताओं को एक लम्बी क़ानूनी प्रक्रिया से गुज़रने का प्रावधान है, ताकि वे स्वयं पर हुई हिंसा को साबित कर सकें इसकी वजह से भी कई स्त्रियाँ सामने नहीं आईं। म्लादेन लोंकार मुआवज़े के मनोवैज्ञानिक पक्ष पर बात करते हैं, धुआँधार धूम्रपान करते हुए उनका कहना है कि "जब क़ानून या सत्ता उत्पीड़ितों का पक्ष लेती है तो उन्हें अपनी यातना के साझीदार मिलते हैं और वे अपने बारे में खुलकर बात करने का साहस भी पाते हैं।" स्वयंसेवी संस्था में कार्यरत हैं मारिया स्लिकोविच, जिन्होंने अपनी संस्था को नाम दिया है—'वूमन इन द होमलैंड'—वे सन् 2000 से ही युद्ध पीड़िताओं के लिए कार्यरत हैं। ख़ूब स्वस्थ और मेहनती मारिया के अनुभव बहुमुखी हैं, उन्हें क्रोएशिया की औरतों के बारे में खुलकर मुझसे बात करने में कोई संकोच नहीं। क़ानून ने इन स्त्रियों को अपनी पीड़ा-यातना को बाहर लाने में मदद की है। वे एक हरवातिनेक के पति से मुझे मिलवाती हैं, जिनकी उम्र लगभग

साठ साल है, वे इस एनजीओ में आकर अपनी पत्नी को मानसिक तौर पर स्वस्थ रखने के उपाय जानने आते हैं, पिछले बीस वर्षों से वे पत्नी की यातना के साक्षी हैं। कहते हैं—"वह कहती रही कि मैं उसे छोड़कर चला जाऊँ। बलात्कार ने मेरी हँसमुख, ज़िन्दादिल पत्नी को रातोरात आमूल-चूल बदल डाला। हमने बड़े दुर्दिन देखे...ऐसे में विवाह टूटना अस्वाभाविक नहीं...। पर ऐसा कोई भी जो यातना का भोक्ता या साक्षी न हो, समझ नहीं सकता। मेरी पत्नी ने कई बार ख़ुद को और मुझे मारने की कोशिश की। सर्बों ने उसके तन-मन को छील डाला। वह रात-रात भर रोती और मैं हर हाल में उसे छोड़ना नहीं चाहता था। पत्नी ने बहुत कुछ ऐसा किया जिसे बताना नामुमकिन है, आज भी वह एक छोटी बच्ची की तरह ही है जिसकी हर ज़रूरत का ख़याल मुझे ही रखना है।" भद्र पुरुष के जाने के बाद मारिया ने मुझे जो बताया उससे सन्न हूँ और शब्दहीन भी कि उस स्त्री का बलात्कार बीस सर्बों ने एक साथ किया था।

'**वॉयस** ऑफ़ द वीमेंस लिबरेशन मूवमेंट' के नौ सूत्रीय घोषणापत्र में अन्य कई सूत्रों के अलावा दो प्रमुख सूत्र दिये गए—स्त्रियों को अपने अनुभव आपस में खुलकर बाँटने चाहिए ताकि वे घर और बाहर प्रभुत्व की मानसिक तकनीकों को अच्छी तरह पहचान, समझ और बयान कर सकें, इन्हें व्यापक स्तर पर प्रकाशित और प्रचारित करना चाहिए ताकि ये जानकारियाँ आम बन जाएँ। सैद्धान्तिक तौर पर तो यह बात ठीक है लेकिन व्यावहारिक पक्ष इससे बहुत अलग है। गुलदाने, डोरा, स्मोकी सब इसके बारे में चुप रहना पसन्द करती हैं। गुलदाने तो तुर्की की हैं। लेकिन बोस्नियाई मुसलमानों के सांस्कृतिक-सामाजिक आचार-व्यवहार से भली-भाँति परिचित हैं। हम दोनों अपने दुख-सुख, देश, रीति-रिवाज की बहुत-सी बातें साझा करते हैं। वह अक्सर मेरे फ़्लैट पर आती है। हिन्दी गीत सुनने के लिए! मुझे भी उसका आना अच्छा लगता है क्योंकि वह बहुत संवेदनशील है। अपने विवाह के अवसर पर भारतीय लहँगा पहनना चाहती है, वह कुछ तुर्की व्यंजन अच्छा बनाती है और मेरा 'चीज़-पराँठा'

खाना पसन्द करती है। क्रोएशिया, सर्बिया, बोस्निया के युद्ध पीड़ितों के बारे में उसे भी ख़ास जानकारी नहीं, पर वह अंग्रेज़ी और क्रोआती फर्राटेदार ढंग से बोल लेती है। मुझे लगता है कि उसे, मेरा 'वार विक्टिम्स' के बारे में जानकारी इकट्ठा करना नहीं भा रहा है। वह तुर्की के यूरोपियन यूनियन में शामिल होने की बात करती है। हम रोज़मर्रा की चीज़ें ख़रीदने साथ-साथ जाते हैं। उसने बताया कि वह ज़ाग्रेब स्थित तुर्की दूतावास के व्यवहार से तंग आ गई है। वे अक्सर उसे बुलाते रहते हैं और अपने प्रभुत्व का अहसास कराते रहते हैं बिलावजह उसे यहाँ रहने-सहने की हिदायतें देते रहते हैं, स्त्री कहीं भी हो, किसी भी पद पर हो, उसे हमेशा ग़ुलामी का अहसास करवाया जाता है। उसे अधीनस्थ की भूमिका में रखने की कोशिश कभी ख़त्म नहीं होती। ग़नीमत है कि मैं सुकून से हूँ, भारतीय दूतावास के अधिकारी मित्रवत व्यवहार करते हैं। सम्मान भी देते हैं और मैं भी एक निश्चित दूरी रखते हुए उनसे किसी आयोजन या विशेष अवसर पर ही मिलती हूँ। स्त्रियों को अपना सम्मान बचाए रखने के लिए स्ट्रेटजी का निर्माण करना पड़ता है, वरना उन्हें निगल लेना किसी भी समाज के लिए आसान ही होता है। एक अधेड़ वयस भाटिया जी ही हैं जिन्हें सितम्बर में अवकाश-प्राप्त करना है, बिना प्रथम सचिव का पद पाए। अवश्यम्भावी अवकाश प्राप्ति से छह महीने पहले से ही उनका व्यवहार थोड़ा गड़बड़ हो गया है, शायद पेंशनयाफ़्ता होने के लिए मानसिक रूप से तैयार न होने पर थोड़ी विश्रृंखलता आ जाती होगी, अपनी हरकतों से वे स्वयं को उपहास का पात्र भी बना डालते हैं। ऐसा क्यों होता है कि रिटायरमेंट का समय आने पर अक्सर लोग अफ़सोसनाक स्थिति में पहुँच जाते हैं। भारत में तो यह आम है, भविष्य की योजनाओं का अभाव, परिवार के भीतर के समीकरणों में परिवर्तनों की सम्भाव्यता अक्सर लोगों को सामान्य नहीं रहने देती। हमारे यहाँ स्त्रियाँ रिटायरमेंट को ज़्यादा सहजता से ग्रहण करती हैं और घर-गृहस्थी, छूटे हुए शौक़ पूरे करने में मशगूल हो जाती हैं। उनकी अपेक्षा पुरुष अपने-आप को वेला महसूस करने लगते हैं, क्योंकि पारिवारिक सत्ता के केन्द्र से अपदस्थ होने का भय, कुछ और न कर पाने का शऊर उन्हें बेचैन कर डालता है। भाटिया जी का अधिकांश जीवन विदेशों में बीता है। पंजाबी

मीडियम की अंग्रेज़ी में बात करते हैं और भारत की तुलना नरक से करते हैं। विभिन्न देशों के भारतीय दूतावासों के शाही भोज, मदिरा-मिलन और उपहार ही उनकी पूँजी है, जिनको सहेजे हुए ज़ाग्रेब स्थित भारतीय दूतावास से उन्हें 'जलन्धर' के लिए विदा लेनी है।

पूर्वी यूरोप के इस हिस्से में युद्ध ने कितनी स्त्रियों को वेश्यावृत्ति के लिए मजबूर कर दिया, यह तब पता चला जब मेरी ही एक छात्रा मिरी अन्ना ने अपनी कॉलेज फीस के सवाल पर बहस की, उसका तर्क था कि ज़ाग्रेब विश्वविद्यालय बतौर फीस एक तगड़ी रकम लेता है जिसकी व्यवस्था के लिए उस जैसी कई को पूरी छुट्टियाँ कड़ी मशक्कत करनी पड़ती है। उसका मूल घर एरिज़ोना मार्केट है, यह भी तभी पता चला। बोस्निया में एरिज़ोना मार्केट पैंतीस एकड़ में फैला हुआ है, जिसे अन्तरराष्ट्रीय स्तर पर युद्धोत्तर सर्ब, क्रोआती और बोस्नियायियों के बीच सम्बन्ध सुधारने के केन्द्र के रूप में स्थापित-प्रचारित किया गया। अन्ना से इस बाज़ार के बारे में सुनना एक चौंकाने वाला अनुभव था। युद्ध के दौरान इस बाज़ार में रोज़मर्रा की चीज़ों की ख़रीद-फ़रोख़्त हुआ करती थी, देहातों से आने वाला सामान और कुछ देशी-विदेशी सामान भी। दिसम्बर 1995 में युद्ध ख़त्म होने के बाद इस बाज़ार का असल रूप सामने आया। चार वर्षों तक निरन्तर चले युद्ध ने बोस्निया की अर्थव्यवस्था को ध्वस्त कर दिया, इसका अन्दाज़ा इसी से लगाया जा सकता है कि राजधानी सराएवो पर नियंत्रण से पहले प्रति व्यक्ति आय जहाँ 2,400 डॉलर थी वह 1995 में घटकर 500 डॉलर रह गई, युद्ध के ख़ात्मे तक बोस्निया की लगभग 80 प्रतिशत जनता बेरोज़गार हो चुकी थी। जिन कुछ लोगों के पास नौकरियाँ थीं वे या पुलिस, स्कूल, म्युनिसिपल महकमों की नौकरियाँ थीं, जो राजनीतिक प्रतिबद्धताओं और सरकारी तंत्र में गहरी पैठ के कारण मिली थीं। कुछ को अन्तरराष्ट्रीय संस्थाओं द्वारा नौकरियों पर रखा गया, जिनमें से अधिकांश स्त्रियाँ थीं। अंग्रेज़ी और समाज-विज्ञान में शिक्षित औरतों की ज़रूरत युद्धोत्तर बोस्निया-हर्ज़ेगोविना में इन संस्थाओं को थी, जो

कम वेतन पर पूरी लगन से काम कर सकें। जो बाक़ी बचीं वे कहाँ गईं, उन्होंने आजीविका के लिए क्या किया होगा? क्या वही जिसे हम गर्हित और पतित, अनैतिक पेशों की श्रेणी में रखते हैं। क्या हुआ होगा उन सैकड़ों, कम पढ़ी-लिखी और हद से ज़्यादा ज़रूरतमन्द स्त्रियों का।

दिलो-दिमाग़ में ढेर प्रश्न उमड़ते-घुमड़ते रहते हैं, भारत में इस पेशे में जो स्त्रियाँ चली जाती हैं, सभ्य समाज उन्हें दिन के उजाले में गर्हित दृष्टि से देखता है, रेडलाइट एरिया में ड्यूटी करने का अवसर मिलना पुलिस वालों के लिए लॉटरी खुलने जैसा होता है, चाहे वह कोलकाता का सोनागाछी, मुज़फ़्फ़रपुर का चतुर्भुज स्थान, बनारस की दालमंडी, मुम्बई का कमाठीपुरा, इलाहाबाद का मीरगंज, पुणे का बुधवार पेठ हो या दिल्ली का गार्स्टिन बैस्टियन रोड हो। और वहाँ वे रूपजीवाएँ भी स्त्रियाँ कहाँ रह जाती हैं—हिसाबी, बाज़ारू कमोडिटी बन जाती हैं, हफ़्ता माँगने आने वाले गुंडों, दलालों और क़ानून के रक्षकों का रजिस्टर में देना-पावना दर्ज करते-करते इस धन्धे के गुर यूँ सीख जाया करती हैं, ज्यों इसी के लिए जन्मी हों। क्या घर-गृहस्थी का सपना देखती होंगी वे। ग्राहकों को निपटाने के बाद उन्हें एक आत्मीय-पुरसुकून गन्ध चाहिए होती होगी, जो उनकी थकी आँखों के गहरे दायरों को स्नेह भरा स्पर्श दे, देह से परे आत्मा की तड़फड़ाहट को समझे, और कह सके देह मैली होती है, मन नहीं। ये सिर्फ़ धन कमाने का एक ज़रिया है, उसे लेकर दुनिया से बैर मत पालो, दुनिया में कितना कुछ अच्छा है, जीने लायक़ है, कभी तो थकन भरी रात के बाद भोर की आवाज़ें सुनो, घिरे बादलों की गन्ध को अपने भीतर इतना भर लो कि सारी अप्रिय गन्ध विस्मृत हो जाए। जाने दो जो हुआ सो हुआ, अब से शुरू करो कोई सम्मानजनक जीवन। जीवन कभी भी, कहीं से भी नये सिरे से शुरू किया जा सकता है। भारत में यदि कोई स्त्री अकेले पेशा करती है, तो वह क़ानूनन अवैध नहीं है, रोज़गार के लिए देह की बिक्री अवैध नहीं है, लेकिन वेश्यालय में अन्य कई के साथ मिलकर देह-श्रम अवैध माना जाता है। अकेले मुंबई में एक लाख से अधिक स्त्रियाँ सेक्स-वर्कर्स का कार्य करती हैं। ये स्त्रियाँ रह जाती हैं सिर्फ़ देह, उनके पास अपनी संवेदनाओं पर सोचने-विचारने का अवकाश कहाँ रह जाता है। पुलिस, प्रशासन, दलालों, दिखावे की ये दुनिया

बिलकुल अलग है, जहाँ सभ्य भाषा का कहीं प्रवेश भी नहीं, गाली-गलौच, छीना-झपटी, हार्मोन और ड्रग के इंजेक्शन, सस्ते इत्र और बनावटी रेशम की सरसराहटों में अन्तर्चेतना की आवाज़ों के लिए अवकाश कहाँ!

सुदूर यूरोप में देह श्रमिकों की आर्थिक, सामाजिक और क़ानूनी स्थिति को जानना मेरे लिए क्यों अनिवार्य हो आया है, इसके बारे में मुझे ख़ुद भी नहीं मालूम। सम्भवत: युद्ध जितना स्त्रियों और बच्चों को प्रभावित करता है, उतना और किसी को नहीं। एरिज़ोना जाना है, पर कैसे इसका अन्दाज़ा मुझे नहीं। मिरी मुझे वहाँ ले नहीं जाना चाहती। वह छुट्टियों में सेक्स वर्कर की भूमिका में होगी, शायद इसलिए। उसकी माँ भी वही काम करती है।

पुरानी जगहें याद आती हैं क्योंकि हमने अपना वक़्त वहाँ गुज़ारा होता है अनेक दृश्यों में से कोई एक दृश्य आँखों में ठहरा रहता है ज़िन्दगी भर। कहीं किसी ने कहा था, परदेस भी उसी को जाना चाहिए जिसके लिए देश में कोई प्रतीक्षारत हो। मुझे मालूम है कि किताबों की अलमारी के अलावा किसी को मेरी प्रतीक्षा नहीं है। कोई घर इसलिए नहीं लौटता कि उसे घर लौटना होता है, बल्कि इसलिए लौटता है कि उसके इन्तज़ार में कोई जागी हुई नींद सोता है। घर सिर्फ़ सुरक्षा और सुविधा नहीं देता यह आपके अस्तित्व को बारम्बार साबित भी करता है। और, उनका क्या जिनके घर छिन जाते हैं, लौटने की कोई तरकीब सुझाई नहीं देती, फिर ज़िन्दगी हो जाती है सड़क, जिसे बेरोक-टोक कहीं भी, कैसे भी रौंदा जा सकता है।

गुलदाने कालीन ने इस सप्ताह पोयेत्लो जाने का प्रोग्राम बनाया है ज़ाग्रेब से लगभग पैंतीस किलोमीटर दूर पोयेत्लो डोरा का पैतृक गाँव है। डोरा तीन दिन पहले ही पोयेत्लो गई है, मैं और गुलदाने साथ जा रहे हैं और ज़ाग्रेब के मुख्य स्टेशन 'ग्लावनी कोलोद्वोर' से हमें ट्रेन पकड़नी है पचास कूना में एक टिकट आना-जाना दोनों एक साथ। भारत की शताब्दी ट्रेन जैसे डब्बे हैं परदे

पुराने, धूमिल-ज़र्द से। सीटें नई नहीं चौड़ी, पुरानी पर साफ़-सुथरी, टिकट चेकर नई चमचमाती वर्दी में कैप लगाए हुए। सब चुप बैठे हैं, भारतीय ट्रेनों की तरह चकर-पकर नहीं। ट्रेन नियत समय से चली है, लेकिन इस गति से जैसे उसे कहीं पहुँचने की जल्दी न हो। मैं और गुल थोड़ी देर बात करते हैं—खिड़की के पार स्वच्छ, निरभ्र आकाश का अनन्त विस्तार है, चढ़ाई के कारण ट्रेन की गति बहुत मन्द है, बीच के एक स्टेशन पर ट्रेन दो-तीन मिनट रुकी है—एक-दो यात्री चढ़े हैं, प्लेटफ़ॉर्म बिलकुल ख़ाली-निचाट, सूनी पथरीली बेंचें, ऊँचे, नुकीली पत्तियों वाले पाईन वृक्ष और स्टेशन की झक्क सफ़ेद इमारत के लकड़ी के ऊँचे-भूरे दरवाज़े पर काली वर्दी और सफ़ेद टोपी में खड़ा गार्ड हरी झंडी दिखा रहा है, ट्रेन सरक रही है...चाय...गरम चाय...की पुकार अवचेतन में है...कहाँ यहाँ तो कुछ नहीं। गुलदाने को झपकी आ गई है, मुझे बोलपुर स्टेशन याद आ रहा है—मीटर गेज़ से ब्रॉड गेज़ हुए कुछ ही समय बीता है—पुल के ऊपर चढ़कर दूसरे प्लेटफ़ॉर्म पर जाने का अभ्यास अभी बना नहीं—झाल मूढ़ी, शोशा (खीरा), शिंघारा (समोसा), डिम (अंडा), सोनपापड़ी, सीताभोग बिक रहा है—स्टेशन पर ख़ूब चहल-पहल, जितने यात्री उतने ही खोमचे वाले, जेब और पाचन में दम हो तो ख़ूब खाइए, सेद्धोडिम (उबला अंडा) से लेकर बर्धमान ज़िले का महीन खोएदार सीताभोग आपको बाँहे फैलाकर बुलाता है। 'कोतो कोरे' (कितने का है?) का जवाब है पाँच या दस टका—खाइए न कितना खाइएगा! खाते-खाते रास्ता ख़त्म हो जाएगा पर खोमचों की वेरायटी ख़त्म नहीं होगी, लीजिए अब झाल मूढ़ी वाला आन पहुँचा। बोलपुर से हावड़ा तक की डेली पैसेंजरी करने वाले—सबको चीन्हना मूढ़ी वाले की बिज़नेस स्ट्रेटजी है—दीदी! दादा! कहते हुए टिन के अधकटे डिब्बे में चावल की मूढ़ी, उबले आलू के टुकड़े, कुतरा हुआ प्याज़, हरी मिर्च और नीबू के साथ चाट मसाले का अद्भुत सामंजस्य, देखते ही स्वादेन्द्रिय जाग्रत हो जाती हैं, उस पर सरसों के झालदार तेल की कुछ बूँदें और कच्चे नारियल का एक बड़ा स्वस्थ सफ़ेद कनीदार टुकड़ा, ज्यों दूज का चाँद ही काटकर धर दिया गया हो—डब्बे में खड़खड़ाहट की आवाज़ के साथ पीतल के चम्मच से उसे फेंटकर अधकटे काग़ज़ी लिफ़ाफ़े में ग्राहकों को दे रहा है—आप दस

का नोट निकलने से ख़ुद को रोक नहीं पाते। एक समोसे वाला ढेर करारे समोसे खोमचे में सजाए हुए है कि 'कंचनजंगा' के आने की उद्घोषणा होती है—समोसे वाला हड़बड़ी में है—उसे उस पार जाना है—सिग्नल हो चुका है, खोमचा वह पटरी पर उतार देता है, दौड़कर लाइन तो पार कर लेता है पर प्लेटफ़ॉर्म पर खोमचा चढ़ाने में असमर्थ है—कुछ यात्री उसे सहारा देते हैं, खोमचा ऊपर पहुँचा है लेकिन कई समोसे पटरी पर गिर गए हैं—वह फिर पटरी पर उतरता है—बिजली की तेज़ी से समोसे उठा-उठा कर प्लेटफ़ॉर्म पर रखता जाता है, उधर से ट्रेन का इंजन नज़दीक और नज़दीक आता दीखता है—लोग समोसे वाले को पुकारने लगे हैं—इंजन की धड़धड़ाहट से प्लेटफ़ॉर्म थर्राने लगा है—एक उछाल और—समोसे वाला सारे समोसे प्लेटफ़ॉर्म के फ़र्श पर रख चुका है, ट्रेन आ गई है कुली दौड़ पड़े हैं स्लीपर और एसी कम्पार्टमेंट की ओर, समोसे वाला लाल चेक के कलकतिया अँगोछे से समोसों को दुलार से पोंछ दे रहा है—खस्ता-करारे समोसे फिर सज गए हैं—'शिंघारा खाबेन' की हाँक लगाता वह अपने बिज़नेस में व्यस्त हो गया है।

पोयेत्नो की ओर ट्रेन चलती जा रही है—गुलदाने अपने आस्ट्रेलियाई प्रेमी को याद करते मायूस हो आई है—लगता है वो चुप रहना चाहती है। दो क़तारें छोड़कर बाईं तरफ़ की सिंगल सीट पर बैठी एक क्रोएशियन औरत के हाथ में एक बड़ा-सा वैनिटी बैग है—उसने इधर-उधर देखकर बैग का फ़्लैप खोला है—भीतर अद्‌भुत वस्तुएँ हैं—ज़ाग्रेब स्टेशन से चढ़ी वृद्धा पन्द्रह मिनट में एक युवा रूपसी में तब्दील हो गई है—नकली आई लैशेज और विग ने उस पर जादुई छड़ी घुमा दी है, वह बड़े मनोयोग से नेलपेंट लगा रही है, होंठों को गोल-चपटा करके आईने में अपने रूपान्तरित सौन्दर्य के प्रति आश्वस्त होकर पेंसिल हील की जूतियाँ पहन रही है—मेकअप ने उसे आत्मविश्वास से भर दिया है—तनी गर्दन लिये वह पोयेत्नो उतरने के लिए दरवाज़े पर खड़ी हो गई है। स्त्रियाँ कितनी जल्दी बदलते मौसमों के साथ अपने-आप को ढाल लेती हैं—कौन कहेगा कि ये वही क्रोआती जनता है जिसने चार-पाँच वर्ष तक युद्ध और झड़पें देखीं—इतनी यातनाएँ और पीड़ाएँ झेलीं—वैसे में इस औरत का लीप-पोतकर तैयार होना कहीं खटकता नहीं बल्कि इस कौम के स्वाभिमानी

चरित्र के प्रति सम्मान ही उपजाता है। पोयेत्नो स्टेशन दीख रहा है मैंने गुलदाने का हाथ हौले से छुआ है, हम उतरने को तैयार हैं, प्लेटफ़ॉर्म पर डोरा खड़ी है।

सोचती हूँ कि उन सैकड़ों-हज़ारों औरतों का क्या हुआ होगा जो आर्थिक मन्दी और शारीरिक शोषण का शिकार हुई होंगी। क्या उन्होंने जीना छोड़ दिया होगा, या किसी और रास्ते पर चलना चुना होगा। सरकारी प्रयास इतने भी पर्याप्त नहीं कि वे कॉम्फ़्लिक्ट जोंस के सभी पीड़ितों को जीवनाधार दे सकें। मैंने पढ़ा है कि एरिज़ोना मार्केट में अवैध धन्धों का मकड़जाल है जहाँ सर्ब, क्रोआती, रोमानियाई, बुल्गारियाई सभी हैं, अलेक्ज़ेंडर स्तिग्मेयर ने अपनी पुस्तक *मास रेप : द वार अगेंस्ट वुमन इन बोस्निया-हर्ज़ेगोविना* में विस्तार से बताया है कि एरिज़ोना मार्केट को केन्द्र के रूप में इस्तेमाल कर अन्तरराष्ट्रीय बाज़ार में स्त्रियों की ख़रीद-फ़रोख़्त का धन्धा युद्धोत्तर बोस्निया में ख़ूब फलता-फूलता चला आया है। हर उम्र की लड़कियाँ, औरतें ट्रैफ़िकिंग का शिकार हुईं। यहाँ संयुक्त राष्ट्र संघ की ओर से शान्तिसैनिकों की नियुक्ति हुई, इस बाज़ार को व्यापार के एक ऐसे आदर्श केन्द्र के रूप में विकसित करने की कोशिश की गई, जहाँ युद्ध और झड़पों के बाद इन देशों के नागरिकों के हालात को सामान्य स्थिति में लाया जा सके। अन्तरराष्ट्रीय समिति ने बोस्निया के पुनर्निर्माण और लोकतांत्रिक ढंग से सुस्थिर करने के लिए स्वतंत्र और स्वस्थ चुनाव की वकालत की। लेकिन यह बहुत दूर तक सम्भव नहीं हो पाया, जब तक कि मानवाधिकार संगठनों ने इस क्षेत्र में पहल नहीं की। अन्तरराष्ट्रीय समिति ने इस प्रक्रिया में स्त्रियों को शामिल करने की पेशकश की क्योंकि जेंडर पर काम करने वालों का विचार था कि स्त्रियाँ अपेक्षाकृत बेहतर ढंग से स्वयंसेवी संस्थाओं में काम कर सकती हैं। अन्तरराष्ट्रीय स्तर की संस्थाओं ने आश्चर्यजनक रूप से युद्धोत्तर बोस्निया के विश्लेषण के लिए आधार-सामग्री के रूप में बोस्नियाई औरतों को देखा। युद्ध की पीड़ा और यातना के ऊपर मुस्कान का कवच ओढ़कर भले वे जी-जान से बोस्निया के पुनर्निर्माण के कार्य में जुट गई हों, लेकिन उनके भाई-बन्धुओं और अन्तरराष्ट्रीय संस्थाओं

द्वारा उन्हें रेप विक्टिम की केस स्टडीज़ के रूप में ही देखा जाता रहा। अब वे औरतें नहीं बल्कि केस स्टडी की आधार सामग्री थीं, जिनकी व्यथा-कथाओं और आख्यानों को कथा की तरह देश-दुनिया में पढ़ा जाना था। युद्ध के बाद स्त्रियों ने अपने दुख-दर्द भुलाकर विकास के अवधारणात्मक मुद्दों पर चर्चाएँ कीं, लेकिन नीति-निर्माण के अवसरों पर उन्हें बाहर ही रखा गया। उन्हें सिर्फ़ शोषण की साइट्स के रूप में रिड्यूस कर दिया गया। उधर एरिज़ोना मार्केट में वेश्यावृत्ति और दास-व्यापार एक फलते-फूलते आर्थिक सेक्टर के रूप में उभरा क्योंकि इस बाज़ार को अन्तरराष्ट्रीय स्तर के ख़रीदार और उपभोक्ता मिले। इस क्षेत्र में बड़े पैमाने पर विदेशी सैनिक और सिविल अधिकारी तैनात किये गए जिन्होंने इस बाज़ार के लिए ख़रीदार की भूमिका निभाई।

ये जून 2010 है और मैंने तय किया है कि जब तक मुझे बोस्निया दोबारा जाने की अनुमति नहीं मिल जाती, एरिज़ोना और कोसोवो के बारे में पर्याप्त जानकारी इकट्ठी कर लूँ। युद्ध के बाद इस इलाक़े में बार और रेस्टोरेंट कुकुरमुत्तों की तरह उग आए, जिनमें स्थानीय और विदेशी औरतों और लड़कियों को बड़े पैमाने पर रोज़गार मिला। हेग में 'द कमेटी ऑन इक्वल अपार्च्यूनिटीस फॉर वूमन एंड मेन' की बैठक 14 से 15 नवम्बर, 2002 को हुई, जिसमें स्त्रियों के ट्रैफ़िकिंग के मुद्दे पर गम्भीर चर्चा के कुछ परिणाम निकले, जिसमें सेक्स वर्कर्स को क़ानूनी मदद देना, कार्यस्थल पर सुरक्षा देना, उन्हें स्वास्थ्य सम्बन्धी अपेक्षित सावधानियों के बारे में बताना शामिल था। 'द काउंसिल ऑफ़ यूरोपियन पार्लियामेंट्री असेम्बली' ने भी पूर्वी यूरोप के इस हिस्से में स्त्रियों और बच्चों की सेक्स ट्रैफ़िकिंग के कारणों और परिणामों का विश्लेषण किया और इसकी रोकथाम के सन्दर्भ में कुछ टिप्पणियाँ कीं। मानव ट्रैफ़िकिंग की समस्या युद्ध के साथ-साथ विस्थापन से भी जुड़ी है—मानव ट्रैफ़िकिंग पूरे विश्व में अवैध और चरम अनैतिक कर्म है, लेकिन यह भी सच है कि यह एक ऐसा अपराध है जिसका घनघोर संस्थानीकरण हो चुका है। अक्सर विस्थापन के दौरान यह तंत्र तेज़ी के साथ फलता-फूलता है, जब भ्रष्टाचार के लिए माहौल पूरी तरह

उपयुक्त होता है। विस्थापितों के साथ सब तरह की ज़बरदस्ती की जा सकती है, और मानवाधिकारों का मज़ाक़ आसानी से उड़ाया जा सकता है। दरअसल, कोई भी देश अकेला इस तरह की समस्या का ख़ात्मा कर नहीं सकता क्योंकि इसके फलने-फूलने में कई देशों के नागरिकों, पुलिस और व्यवस्था का योगदान होता है। ह्यूमन ट्रैफ़िकिंग और नशीली दवाओं का व्यापार भी परस्पर सम्बद्ध हैं। लेकिन ड्रग्स के मामले में रिस्क फ़ैक्टर ज़्यादा होता है। स्त्रियों और बच्चों की ट्रैफ़िकिंग में धन का निवेश कम और समय का निवेश ज़्यादा होता है। अशिक्षा, भुखमरी और बेरोज़गारी पुरुषों की अपेक्षा व्यवहार में स्त्रियों को ज़्यादा प्रभावित करते हैं। घर और बच्चों की देखभाल के साथ पूरे परिवार का पेट भरने की ज़िम्मेदारी स्त्रियों के हिस्से ज़्यादा आती है, विशेषकर युद्ध में हताहत या खो गए पुरुषों के बाद। सभी स्त्रियों को उनके मनमाफ़िक़ काम मिले यह सम्भव भी नहीं होता। यूरोप के अधिकतर हिस्सों में स्त्रियों की बेरोज़गारी का प्रतिशत बहुत ज़्यादा है, उधर बहुत से यूरोपीय देशों ने अपनी सीमाएँ विस्थापितों के लिए बन्द कर रखी हैं। कुछ देशों में कड़े क़ानूनों की वजह से भी अवैध ढंग से घुसने की कोशिश में विस्थापितों को दलालों का सहारा लेना पड़ता है। सन् 1990 से माइग्रेशन सम्बन्धी नियमों में कुछ बदलाव किये गए, आर्थिक उदारीकरण ने भी विस्थापन सम्बन्धी क़ानूनों पर पुनर्विचार के लिए कई देशों को मजबूर किया। उधर विस्थापितों का क़ानूनी लड़ाइयाँ लड़ने में अक्षमता, ग़रीबी, सही क़ानूनी जानकारी के अभाव के कारण पूरे यूरोप में, हाल के 20 वर्षों में मानव विशेषकर स्त्रियों की ट्रैफ़िकिंग और सेक्स व्यापार में तेज़ी आई। एक अनुमान के अनुसार यूरोप में बर्लिन की दीवार गिरने के बाद से सेक्स ट्रैफ़िकिंग में सबसे बड़ा उछाल देखा गया क्योंकि अब पूर्वी यूरोप की सीमाएँ खुल गईं, साथ ही पूर्व के साम्यवादी देशों की आर्थिक स्थिति उत्तरोत्तर पतनशील होती जा रही थी, जिसके कारण ज़्यादा से ज़्यादा स्त्रियाँ इस तरह के जाल में फँसी और फँसाई गईं। इससे पहले इस तरफ़ स्त्रियों को सेक्स व्यापार के लिए एशियाई देशों से लाया जाता था। आर्थिक मन्दी के दौर में पूर्वी यूरोप के देशों से घरेलू नौकरानियों, होटलों, रेस्टोरेंटों में काम दिलाने के लालच में फ्रांस और इटली की ओर लाई जाती रहीं, इन जगहों पर

उन्हें अपेक्षाकृत ज़्यादा कमाई की उम्मीद होती, दलालों के रैकेट में फँसने का सिलसिला यहीं से शुरू होता। वैध पारपत्रों का अभाव, अवैध ढंग से सीमा पार करवाने और अच्छा काम दिलवाने का आश्वासन देकर औरतों को हंगरी या रोमानिया में अवैध तरीक़े से प्रविष्ट करवाया जाता, वहाँ से उनके पासपोर्ट ज़ब्त कर लिये जाते, बहाना होता कि वीज़ा बनवाने के लिए इसकी ज़रूरत पड़ेगी। हंगरी के रास्ते उन्हें सर्बिया में घुसाया जाता, अब बेलग्रेड और वहाँ से अन्तहीन रास्ते का मुहाना शुरू होता जहाँ घुसना आसान और निकलना लगभग असम्भव। या तो वेश्यावृत्ति करो, या बलात्कार और पिटाई का शिकार होकर समर्पण करो। बीच का कोई रास्ता नहीं। दूसरी औरतों की पिटाई देखकर ही कई हथियार डाल देतीं। किसी बार या कैफ़े के मालिक को सौंपने के पहले उनके साथ यौन-हिंसा की जाती, कुछ डर के मारे बोल ही नहीं पातीं। ये बार मालिक उन्हें 'गैंग' को सौंपने से पहले अपने यहाँ रखते, यौन शोषण, पिटाई और ज़बरदस्ती की आदत इन औरतों को यहीं डाली जाती। ये 'नये मालिक' औरतों की दूसरी खेप आने पर पहली खेप को छोटे ट्रकों और कारों में बिठाकर, सड़क और नदियों के रास्ते, अक्सर अँधेरी रातों में सीमा पार करवा डालते। सेक्स ट्रैफ़िकिंग युद्ध प्रभावित सीमावर्ती इलाक़ों में बड़े पैमाने पर हुआ करती। हालाँकि युद्धोत्तर यूरोप में और दुनिया के कई देशों में ये अनेक रूपों में आज भी लाभप्रद धन्धे के रूप में फल-फूल रही है, फिर भी युद्ध और विस्थापन के दौरान इसमें आश्चर्यजनक तेज़ी देखी जाती रही है। जिन औरतों से मिल पाई हूँ उन सबकी कहानी निजी है, लेकिन आपस में सब गुँथी हुईं। इन औरतों को देखकर याद आता है मणिपुर जहाँ जुलाई सन् 2004 में मनोरमा के साथ हुए निर्मम बलात्कार और हत्या के विरोध में सैकड़ों महिलाओं ने किया था निर्वस्त्र प्रतिरोध-प्रदर्शन। सच ही तो बलात्कार के बाद क्या तो बच रहती होगी एक स्त्री में मनुष्यगत संवेदना—

देखो हमें
हम मांस के थरथराते झंडे हैं
देखो बीच चौराहे पर बरहना हैं हमारी छातियाँ

वही छातियाँ
जिनके बीच
तिरंगा गाड़ देना चाहते थे तुम
देखो सरेराह उघड़ी हुई
ये वही जाँघें हैं
जिन पर संगीनों से
अपनी मर्दानगी का राष्ट्रगीत
लिखते आए हो तुम
हम निकल आए हैं यूँ ही सड़कों पर
जैसे बूटों से कुचली हुई
मणिपुर की क्षुब्ध लरजती धरती

अपने राष्ट्र से कहो घूरे हमें
अपनी राजनीति से कहो हमारा बलात्कार करे
अपनी सभ्यता से कहो
हमारा सिर कुचल कर जंगल में फेंक दे
हमें
अपनी फ़ौज से कहो
हमारी छोटी उँगलियाँ काटकर
स्टार की जगह लगा ले वर्दी पर
हम नंगी निकल आई हैं सड़क पर
अपने सवालों की तरह नंगी
हम नंगी निकल आई हैं सड़क पर
जैसे कड़कती है बिजली आसमान में
बिलकुल नंगी...
हम मांस के थरथराते झंडे हैं

—अंशु मालवीय

सेक्स वर्क करने वाली एक छोटी-सी दीखने वाली प्यारी लड़की को सब सिलिया कहते हैं यहाँ। असल नाम कुछ और था, एक चीनी ग्राहक ने उसे 'सिली' कहकर पुकारा जो झोंपड़पट्टी में पैदा हुई थी, सात वर्ष की उम्र में उसे दूसरे घरों में काम करने को भेज दिया गया, ग्यारह वर्ष की उम्र तक वह मालिक के बलात्कार की आदी हो गई थी, पन्द्रह वर्ष की उम्र में बुज़ुर्ग मालिक ने विवाह का प्रस्ताव किया, जो उसे स्वीकार्य नहीं था वह कहती है—"एक पड़ोसी मदद के लिए आया और वह नई और बेहतरीन ज़िन्दगी का सपना लिये हुए निकल आई, पाँच अन्य औरतों के साथ यूनाइटेड किंगडम ले जाया गया। बताया गया कि उसे बतौर सफ़ाई कर्मचारी काम करना है। लेकिन असलियत कुछ और निकली। पहले मालिक ने ही बता दिया कि उसे यू. के. आने के राहख़र्च, भोजन इत्यादि की भरपाई के लिए वेश्यावृत्ति करनी पड़ेगी। उसने झेला दो वर्ष का कारावास—मालिक के इशारे पर ही उसे ग्राहकों के टिकने की जगह पर ले जाया जाता, कार्लो नाम के एक ग्राहक ने उसे एकमुश्त 60 पाउंड दिये, भाग ही तो गई वह सब कुछ छोड़कर, बेतहाशा दौड़ी, अन्धाधुंध पहुँची पुलिस स्टेशन—जहाँ से उसकी दूसरी तबालतें शुरू होनी थीं। जी करता था किसी तरह वापस अपने परिवार में पहुँच जाऊँ, माँ से कहूँ मेरी देह को रगड़कर साफ़ कर दे जैसे वो बचपन में किया करती थी, उसकी गोद में छुप जाऊँ, कोई मुझे ग़लत नज़र से देख न सके। तुम जैसा कहोगी मैं वैसा करूँगी माँ, बस एक बार मुझे बचा लो"—फिर क्या हुआ? मेरा सवाल है—उसकी रो-रोकर सूख चुकी भूरी-रेतीली आँखों में कैसी तो अफ़सुर्दगी है—

> पुलिस वालों ने कहा मेरे वीज़ा की अवधि ख़त्म हो चुकी है—मुझे इस बाबत कोई जानकारी नहीं थी। वे आपस में एक-दूसरे से बहस कर रहे थे—मैं यहाँ वैध तरीक़े से आई हूँ या अवैध तरीक़े से, मेरे ऊपर जो गुज़री उससे उन्हें कोई लेना-देना नहीं था, उनकी चिन्ता का मुद्दा मेरा वीज़ा था। मुझे डिटेंशन सेंटर में रख दिया गया, जो क़ैद से भी बदतर जगह थी। भिखारी, चोर, ड्रग एडिक्ट सब

> तरह के लोग वहाँ थे, जो मुझ पर हँसते और कहते—भागी थी तो पुलिस स्टेशन क्यों गई? अवसाद में घिरती गई, मेरी कहानी सुनने को कोई तैयार नहीं था। आत्महत्या का प्रयास भी किया, बचा ली गई, लेकिन अब मुझ पर और कड़ी नज़र रखी जाने लगी। यहाँ तक कि मुझे अकेले बाथरूम भी जाने नहीं दिया जाता। इतने बुरे दिन देखे कि लगा इससे अच्छी ज़िन्दगी तो सेक्स वर्कर की ही थी। डिटेंशन सेंटर में अन्य कई ट्रैफ़िक्ड स्त्रियाँ भी थीं। पुलिस मुझसे उन ट्रैफ़िकर्स का पता पूछती जो मुझे यू. के. लाए थे। उनकी रुचि उन विस्थापितों को पकड़ने में ज़्यादा थी जो बिना वीज़ा के अवैध ढंग से रह रहे थे—वे मुझे हमेशा बोस्निया भेजने के मंसूबे बनाते। अब मैं पिछले कई वर्षों से ज़ाग्रेब में हूँ, कई टूरिस्ट एजेंसियों से मेरा सम्पर्क है, यहाँ मैं एस्कॉर्ट का काम करती हूँ और बोस्निया में अपने परिवार की आर्थिक मदद भी करती हूँ, अब तो इसी पेशे में जीना-मरना है।

ऐसी ही एक और स्त्री मिली है, अल्बानिया की, ग़ैर ज़िम्मेदार पिता, 19 की उम्र में विवाह, जिसके तुरन्त बाद पति रोज़गार के लिए ग्रीस रवाना हो गया, ससुराल में मिली अपमान और उपेक्षा, ब्यूटिशियन का कोर्स करने गई तो एक ऐसे आदमी से मिली जिसके मन में उसके लिए करुणा थी। वो अल्बानिया से यूके ले गया, साथ में दो हमवतनी और थे, जहाँ उसे सेक्स वर्क के लिए विवश किया गया—

> 'मना करने पर चमड़े की बेल्ट से पिटाई होती थी मेरी। मुझे नज़रबन्द रखा जाता, रेप और रोज़मर्रा की मारपीट, औसतन रोज़ कम-से-कम पाँच-छह ग्राहकों को सन्तुष्ट करना पड़ता। भागने की कोशिश बेकार थी क्योंकि ट्रैफ़िकर्स मेरे गाँव और परिवार को जानते थे। एक दिन ग़लती से दरवाज़ा खुला रह गया और मैं अपने आप को रोक नहीं सकी, नंगे पैर दौड़ पड़ी, बाज़ार में

कोसोवो प्रान्त की दो औरतें मुझे मिलीं जिन्होंने कपड़े-लत्ते और खाना दिया। पुलिस के पास नहीं गई क्योंकि वे लोग मुझे वापस अल्बानिया भेज देते'—मुझे उसकी बातचीत रिकॉर्ड करनी है, इसलिए उसे बीच में रोकना-टोकना नहीं चाहती, वह आगे कहती है—'मैंने अपनी समस्या से एक एनजीओ को अवगत कराया, लेकिन उन्हें मुझमें कोई दिलचस्पी नहीं थी। मुझसे नारी सुधार-गृह के लिए आवेदन देने को कहा गया लेकिन वहाँ रुकने की अनुमति इसलिए नहीं मिली क्योंकि सेक्स वर्कर रह चुकी हूँ, भाग चुकी हूँ, अत: मेरा विश्वास नहीं किया जा सकता। मैंने इसके बाद कोर्ट में गुहार लगाई, आपबीती कहाँ नहीं सुनाई काउंसिल ऑफ़िस में, गृह मंत्रालय में, कोर्ट में—कहीं भी मेरे साथ कोई खड़ा नहीं था, ज़िन्दगी ऐसी ज्यों कोलतार से ढकी पक्की सड़क, कहीं कोई छाया नहीं कोई उम्मीद की किरण नहीं। भागने के वक़्त मेरे पेट में दो महीने का बच्चा था, अस्पताल में हमेशा उसके पिता का नाम मुझसे पूछा जाता। मुझसे किसी को सहानुभूति नहीं थी, बड़ी मुश्किल से कोर्ट के आदेश से मुझे एक साल के लिए नारी सुधार-गृह में जगह मिली। लेकिन बाद के सालों में रोटी के लाले पड़ गए, अपना और बच्चे का ख़र्च चलाने के लिए मेरे पास सेक्स वर्क करने के अलावा कोई रास्ता नहीं था। अब तक तो चल रहा है, बाद में क्या होगा मालूम नहीं।'

यह इक्कीसवीं सदी के यूरोप की स्त्री है, जो अब भी उतनी ही शासित है जितनी मध्यकाल में, अपनी सन्तति पालने के लिए उसे समाज, सरकार, सत्ता से किसी सहायता की उम्मीद नहीं। एक ओर वह सिर्फ़ देह है, जिसे निवृत्त होने के लिए इस्तेमाल किया जाता है और उसके बाद वह घृणा की पात्र है, उपेक्षित है अपनी विवशताओं में, लाइलाज बीमारियों में। कट्टरपंथी समाजों में ऐसी स्त्री की जो स्थिति होती है, यह उनसे कहाँ अलग हैं? शत्रुओं को हराने के लिए इस्तेमाल की जाने वाली स्त्री शान्ति काल में सिर्फ़ पुरुष की

सौन्दर्य पिपासा और दैहिक क्षुधा की तृप्ति का औज़ार है। यह स्त्री पण्य है, वस्तु है, देह है। उसमें मनुष्य होने की योग्यता ही कहाँ बच रही है।

कई एनजीओ जो बोस्निया-हर्ज़ेगोविना क्षेत्र में कार्यरत हैं उनका मानना है कि ऐसी स्त्रियों को बचाने से भी ज़्यादा महत्त्वपूर्ण है उनके पुनर्वास की व्यवस्था करना। के. काताविच कई वर्षों से सेक्स वर्क से निकली हुई औरतों के लिए काम करते हैं, उनका कहना है—"ऐसी कई स्त्रियाँ हैं जो जीने के लिए ये काम करती हैं, वहाँ से निकल जाने के बाद और कोई काम वे करना ही नहीं जानतीं। सेक्स वर्क से उन्हें अच्छा धन भी मिलता है जितना अन्य किसी असंगठित क्षेत्र में काम करने से मिलना मुश्किल है। कई बार तमाम प्रयासों के बावजूद वे ट्रैफ़िकर्स के जाल में ख़ुद लौट जाती हैं।"

कितनी स्त्रियाँ, कितनी कहानियाँ सारी व्यथाएँ एक-सी। इथोपिया की एलनी को तो उसके पिता ने ही ट्रैफ़िकर्स के हवाले किया—

> मेरा पासपोर्ट और वीज़ा बन गया और कहा गया कि रसोई सँभालने, घरेलू काम करने के लिए बर्लिन जाना है। यहाँ हालात जुदा थे, मालिक मेरे साथ अत्याचार करता, नोचता-खसोटता, मालकिन भी इसमें साथ देती, कभी तनख़्वाह न मिलती। फिर भी दो वक़्त के भोजन का सुभीता तो था। जल्दी ही वे लोग फ्रांस चले गए, और मुझे इथोपिया वापस जाने को कहा गया, डर था कि इथोपिया जाते ही मुझे भी पिता की तरह जेल में डाल दिया जाएगा, इसलिए मौक़ा पाते ही मैं घर से भाग गई—'मुझे मालूम नहीं था कि मैं कहाँ जा रही हूँ, घंटों पैदल चलने के बाद थककर पार्क की बेंच पर बैठ गई। एक आदमी ने मुझे पुलिस के सुपुर्द कर दिया, पुलिस ने मुझे पहले लड़कियों के होस्टल, फिर नारी

सुधार-गृह में भेज दिया, बाद में वीज़ा न होने के कारण डिटेंशन सेंटर जहाँ से मैं मानसिक रोगों की शिकार होकर निकली। मेरे पास वापस उसी काम की ओर लौट जाने के अलावा कोई चारा न था, कोई हाथ थामने वाला नहीं, कहीं सहारा नहीं, ऐसे में हम जैसे क्या करें।'

उसके प्रश्न ने मुझे भीतर तक मथ दिया है—सच ही तो क्या सम्मान और क्या अपमान, क्या नैतिक और क्या गर्हित—इन सबका फ़र्क़ भूल जाना ही तो स्वाभाविक है, इन औरतों को दो वक़्त का भोजन, वस्त्र और सर के ऊपर छत चाहिए थी। वही छत जो कितनों को, यूँ ही भाग्यवश मिल जाया करती है, जिनकी ज़िन्दगी में सच्ची कठिनाइयाँ कभी आती नहीं उनके जीवन का छन्द कभी बिगड़ता नहीं, वे जान भी नहीं पातीं कि कितनी हैं इसी धरा पर, उन्हीं के जैसा मुख-माथा लिये, जिनके पास सर टकराकर रोने के लिए दीवार भी नहीं होती। उनके पास भविष्य के सपने देखने की आँख नहीं होती, जीवन संगीत सुनने को कान नहीं होते, कोमलता का आह्वान करने को हाथ नहीं होते। वे हो जाया करती हैं बस देह...देह-मात्र कुछ टुकड़े और बदले में देह—वे किसी का प्रेम, किसी की अभिलाषा, किसी का अभीष्ट नहीं होतीं, होती हैं बस कमोडिटी। समस्त लज्जा, चेतना सम्मानबोध ताक पर रखकर होटलों, सरायों के अँधेरे कमरों के दरवाज़े खटखटाती फिरती हैं...कहीं किसी को गर्म बिस्तर की ज़रूरत हो और वे कुछ कमा लें। किसी तरह एक दिन, एक सप्ताह, एक महीने के भोजन-पानी का इन्तज़ाम हो जाए। इन्हें कोई अपनाता नहीं, स्वीकारता नहीं, ये सिर्फ़ एस्कोर्ट हो सकती हैं, सिर्फ़ कॉल गर्ल्स हो सकती हैं, क्योंकि ये भीख नहीं माँगना चाहतीं, इन्हें ईश्वर प्रदत्त देह की क़ीमत मालूम है—वही जिसने अमीर-ग़रीब सबको जन्म दिया, इस धरती पर ला खड़ा कर दिया कि लो अब मेरा काम ख़त्म...तुम नाचो अब कठपुतली जैसे...मैं ऊपर से तमाशा देख-देख हँसूँगा। तुम मेरे दरवाज़ों पर माथा टेकोगी, गिरजाघरों में मेरी करुणा की प्रार्थनाएँ गाओगी, जानमाज़ पर बैठकर न थमने वाली सिसकियों में मुझसे अपने अनकिये गुनाहों के लिए

क्षमा माँगोगी और मैं तुम्हारी समस्त सुरुचि, कोमलता, ममता, उदारता सबका उपहास करता, तुम्हें भावनाहीन, संवेदनाहीन मांस के लोथड़े-सा नीलाम होता देखा करूँगा। न जाने ऐसी कितनी जिनको जीवन भर प्रतीक्षा रहती है बरसने वाले मेघों की, बार-बार अपमानित होती हैं, बार-बार क्षमा माँगती हैं, गुज़रा हुआ कल बिताकर नया आज शुरू करने के वायदे करती हैं, पर वायदे, प्रतिश्रुतियाँ बस नाम भर को...कोई बढ़कर हाथ नहीं थामता। जैसे नदी के तट पर कोई तृषित-क्षुधित आए अँजुरी भर-भर भरपेट जल पीए और फिर मुड़कर पीछे की ओर न देखे। हज़ारों में कोई एक मिलता है जो इन्हें शौक़ और ज़रूरत से परे हृदय में स्थान दे सके। एंजेलीना कहती थी, 'वो सब सिनेमा की बातें हैं' हमारे पास हर उम्र के ग्राहक आते हैं किशोर से लेकर दन्तहीन बुज़ुर्ग तक। किशोर ग्राहकों से हम घबराते हैं क्योंकि उनके पास देह भोग के नये-नये आइडिया होते हैं। मध्यवयसी ग्राहक अक्सर परिवार और पत्नी से उपेक्षित अनुभव करने के कारण हमसे भावात्मक सुरक्षा की माँग भी करते हैं। अक्सर ऐसे लोगों के पास अच्छे पैसे होते हैं, वे ख़ूब दुखड़े सुनाते हैं, परिवार और पत्नियों से सताए हुए आते हैं और क्वालिटी टाइम बिताकर लौट जाते हैं। दरअसल, इस वर्ग के ग्राहक ही सबसे ज़्यादा होते हैं, जीवन के कर्तव्यों के निर्वहन के बाद उन्हें पेशेंट हीयरिंग की तलब सताती है, कोई तो हो जिससे कुछ कह सकें, बोल-बतिया सकें और फिर देह का तक़ाज़ा तो है ही। ये लोग हमारा समय बहुत बर्बाद करते हैं। बुज़ुर्ग ग्राहक अपने आप को साबित करने की पुरजोर कोशिश में कभी-कभी हास्यास्पद हो जाते हैं, मगर हमें न हँसना है न रोना...कोई कैसा भी हो...बदबूदार साँसों वाला, स्वेद और रोगों का आगार, यदि जेब भरी हो तो...हम हर काम के लिए तैयार हो जाती हैं, 'नहीं' शब्द हमने सीखा ही नहीं, कहने से धन्धा ख़राब होता है। हमारे नाज़-नखरे कोई नहीं उठाता—नोटों की ताक़त हमसे अधिक कौन जानता है। दलाल, पुलिस, बार-मालिक सबको नोट चाहिए...कई किशोर ग्राहक हमारे प्रति भावुक हो जाते हैं, लेकिन उनके पास आर्थिक स्थायित्व नहीं होता। जिनके पास आर्थिक स्थायित्व होता है उनके बाल-बच्चे परिवार होते हैं। वे बातें तो बड़ी-बड़ी करते हैं, उनकी सच्चाई परखने का हुनर हमें

इस धन्धे ने ही सिखा दिया है। ये मध्यवयसी पुरुष हमारी सहानुभूति लेने के लिए पत्नियों के आतंक के सच्चे-झूठे क़िस्से सुनाते हैं। दरअसल, उन्हें शरीर के साथ प्रेम की तरस भी रहती है। कुछ लड़कियाँ ऐसे ही पुरुषों से अक्सर ठगी जाती हैं, ठगी जाकर भी बार-बार उनके भीतर अपना घर बसाने, इज़्ज़तदार ज़िन्दगी बसर करने की इच्छा उसास भरना बन्द नहीं करती। आप देखेंगी अक्सर ये वर्कर्स अतृप्त इच्छाएँ लिये कई मानसिक रोगों का शिकार बन जाती हैं। शायद ही कोई सेक्स वर्कर ऐसी हो जिसमें अपने पति-घर बच्चे की चाहत नहीं होती, कुछ को छोड़कर, जो वैसा जीवन जी आई हैं। कुछ तो अपने को सँभालकर बहुत ही प्रोफ़ेशनल ढंग से अपना काम करती हैं, भविष्य के लिए कुछ जमा भी कर लेती हैं। पर अक्सर प्रौढ़ावस्था में ये सेक्स वर्कर्स मानसिक रूप से स्वस्थ और सन्तुलित नहीं रह पातीं, कुछ नशे की आदी हो जाती हैं, कुछ शाम ढले अब कभी न आने वाले ग्राहकों का इन्तज़ार किया करती हैं—कुंठा और अवसाद उन्हें भीतर ही भीतर खोखला कर देते हैं।"

मुझसे और सुना नहीं जा रहा, उठाना चाहती हूँ उनका हाथ थाम कर, कहना चाहती हूँ ये नरक जी रही हो तुम, निकल जाओ, भाग जाओ, जहाँ कहीं समाई हो, लेकिन इसे छोड़ो। दरअसल, ये मेरे भीतर पैबस्त भारतीय नैतिकता ही बोल रही है। वरना ये तो इसी में जीना, साँस लेना और अपने अन्त की प्रतीक्षा करना सीख गई हैं। दिन के तीन बजे इनमें से कुछ ट्यूशन भी लेती हैं, नये-नये फ़िल्मी गीत और नये से नये नाच "कुछ ग्राहक नाच-गान भी चाहते हैं, उनकी पत्नियाँ कहाँ तक उनको रोके रखने के लिए नाच सीखती फिरेंगी। कुछ ऐसे ग्राहक भी हैं जो आते ही मेडिकल प्रमाणपत्र देखते हैं, कुछेक लापरवाह से भी। लेकिन दिन के उजाले में सब सफ़ेदपोश हैं। कुछ ग्राहक नियमित तौर पर आते हैं ऐसे ही एक ने मेरा पेंशन बीमा भी करा दिया है"—मरीना का कहना है मुस्कराकर।

आस्कर वाइल्ड ने कहा था, "एक ज़िन्दगी जो बीच में कट जाती है वह भी अपने में सम्पूर्ण होती है, उसके आगे का समय उसके साथ ही मर जाता है"—इन स्त्रियों का जीवन कहाँ-कब शुरू हुआ होगा, कहाँ ख़त्म

होगा। शुरू भी होगा कभी या यूँ ही बिखर जाएगा, बिना किसी आशा और प्रतीक्षा के, कभी दलाल और पिम्प बनते अपने ही पितृ—नामहीन बच्चों के साथ, कभी ड्रग के अँधेरे खड्ढों में उतरते हुए, कभी झूठा नाच-गान करते, किसी को रिझाते-फुसलाते, अजन्मे बच्चों की कराहें-सिसकियों की आवाज़ें भुलाने की चेष्टा करते, चेहरे की झुर्रियों को ढकते, पैड से स्तनों को उठावदार बनाते, माउथ फ्रेशनर छिड़ककर नित नई गन्ध में समाते-डूबते-उतराते, नई उम्र की वेश्याओं से ईर्ष्या करते, सीलन भरे ठंडे कमरों की बदबूदार रज़ाइयों में बुखार और थकन से ऐंठते शरीर को कोसते-भुगतते, यूरो और डॉलरों को थूक लगाकर गिनती सूखी उँगलियों में रंग लगाते और कभी देह को रगड़-रगड़ कर पानी से खरोंचने की हद तक आत्मा पर लगी गन्दगी को हटाते...कहाँ-कब जीवन शुरू और ख़त्म होगा कौन जानता है। वे तो बस इतना जानती हैं कि पीछे छोड़ आए पुलों को भूल जाना चाहिए। उन्हें कौन लाया, किसने उन्हें ये ज़िन्दगी बख़्शी इसे वे याद नहीं करना चाहतीं, जीवन का सन्तुलन तो कभी का भंग हो चुका, अब तो ये ख़याल ही सुकून देता होगा कि शाम होगी, नोट होंगे, शराब होगी, क़हक़हे होंगे, न ग़म होगा न उसकी याद, हिसाब-किताब होगा, बोलियाँ लगेंगी, जवानी और चतुराई से प्रतिस्पर्धाएँ जीती जाएँगी। वे भूल जाएँगी मद्य के नशे में कुछ घंटों के लिए सारी पीड़ाएँ, सारा अपमान—बन जाएँगी रानियाँ, राजकुमारियाँ, रात की चमकीली बत्तियों और नशीले धुएँ में वे हो उठेंगी संसार की सबसे अभीप्सित चिर कुमारियाँ-वारांगनाएँ।

ये आख्यान मुझे बोस्निया-सर्बिया की हज़ारों-हज़ार औरतों की युद्धोपरान्त दशाओं के बारे में बताते हैं। अमेरिकी नारीवादी कैथरीन मेक्मिनल ने बोस्निया में शान्ति सैनिकों की नकारात्मक भूमिका की चर्चा करते हुए लिखा था कि इस पूरे इलाक़े में संयुक्त राष्ट्र संघ की उपस्थिति से स्त्रियों की ट्रैफ़िकिंग, वेश्यागृहों और मसाज-पार्लरों की संख्या हुई, पीप शोज़ और पोर्नोग्राफ़िक फ़िल्म-निर्माण में तेज़ी से वृद्धि हुई। यूएन के अधिकारियों और शान्ति सैनिकों

को इस इलाक़े में सद्भाव और शान्ति स्थापित करने के लिए बड़े पैमाने पर तैनात किया गया था। उनकी तैनाती से सेक्स वर्कर्स की माँग इस इलाक़े में बढ़ी और विस्थापित औरतों, दलालों, ट्रैफ़िकर्स को रोज़गार मिला। 1999 में मानवाधिकार संस्थाओं को इस इलाक़े में कई ऐसे वेश्यालय मिले जिनमें देशी-विदेशी स्त्रियाँ मवेशियों की तरह ठुँसी पड़ी थीं, जिनके पास न कोई पासपोर्ट था, न सही पहचान। कई औरतों ने तो चुप्पी साध ली थी लेकिन कुछ की आपबीती दर्ज की गई। एक वेश्यालय से दूसरे वेश्यालय में उनका बेचा-ख़रीदा जाना, मार-पिटाई और धमकियों की आलोचना रिपोर्ट में की गई। यूएन ने 260 ऐसे रात्रि-क्लबों की सूची ज़ारी की जिनमें इस तरह के काम होते थे लेकिन स्वयंसेवी संस्थाओं ने इस तरह के क्लबों की संख्या हज़ार से ऊपर बताई जो पूरे बोस्निया में फैले हुए थे जहाँ पुलिस और प्रशासन की नाक के नीचे सेक्स ट्रैफ़िकिंग ज़ारी थी। ऐसे प्रत्येक रात्रि क्लब में औसतन 4 से 25 की संख्या में ट्रैफ़िक्ड स्त्रियाँ बँधुआ रखी गई थीं। मई, सन् 2000 में जारी एचआरडब्लू की रिपोर्ट में कहा गया कि स्थानीय और अन्तरराष्ट्रीय पुलिस तथा शान्ति सेनाओं ने सेक्स ट्रैफ़िकिंग को बढ़ाने-फलने-फूलने में सकारात्मक योगदान दिया। इस व्यापार में लगभग साठ प्रतिशत ग्राहक विदेशी थे, जिनमें से बड़ा हिस्सा यूएन के शान्ति सैनिकों का था, व्यापार में अन्तरराष्ट्रीय कमाई 72 प्रतिशत थी। युद्ध से पहले सर्बिया की आर्थिक स्थिति पूर्व के अन्य यूरोपीय देशों की अपेक्षा सुदृढ़ थी, बाद में यह ट्रांजिट या मानव-परिवहन का एक अस्थायी अड्डा बनकर रह गया। यूक्रेन, रूस और रोमानिया से अधिकांश स्त्रियाँ इस व्यापार में सर्बिया के रास्ते ही शामिल हुईं। शुरू के कुछ दिन उन्हें सर्बिया में बतौर सेक्स वर्कर गुज़ारने पड़ते उसके बाद उनको आगे के ख़रीदार मिल जाते—अक्सर मांटेग्रो होते हुए इटली। मैसीडोनिया में भी इसी तरह के हालात और प्रक्रियाएँ थीं। मांटेग्रो अपनी विशिष्ट भौगोलिक स्थिति के कारण नाटो के सैन्यबलों की उपस्थिति का कारण बना, जहाँ अल्बानिया का माफ़िया अपनी जड़ें जमाए हुए था वहीं से बल्गारिया, यूक्रेन, मंगोलिया, रोमानिया और अल्बानिया से ट्रैफ़िक्ड औरतों को मिडिल ईस्ट और पश्चिमी यूरोप के देशों में अक्सर ग्रीस के रास्ते भेजा जाता। ये औरतें कई बार ख़रीदी

और बेची जातीं, एक अनुमान के अनुसार कोसोवो पहुँचते-पहुँचते औसतन ये औरतें तीन से छह बार ख़रीदी और बेची जातीं।

ठंडे मौसम में तेज़ हवाएँ और बारिश की फुहारें हैं, इन औरतों के बारे में जानना और सोचना हृदयद्रावक है। कुछ भी करूँ, अवचेतन में ये औरतें अपने नाना रूपों में सिसकती-कराहती रहती हैं। इनका गुनाह क्या है—देखा जाए तो स्त्री देह वहन करना ही तो। स्त्री होने से ही तो इन्हें मनुष्य होने की गरिमा नहीं मिल पा रही। देह ही तो शोषण की सबसे बड़ी साइट है। चाहने पर सेमेस्टर अन्त की छुट्टियों में भारत भी वापस जाया जा सकता था, लेकिन डेढ़ दिन की हवाई यात्रा के बारे में सोचकर ही हाथ-पाँव फूल जाते हैं और सोचती हूँ छुट्टियों में बोल्कोविच से मिल लूँ। मिस्लाव ने कहा था कि बोल्कोविच ने बोस्निया की राजधानी सराएवो में काम किया है। कब, कहाँ, किस हैसियत से, ये वे नहीं बता पाए। क्रोएशिया के युद्धोत्तर मामलों को देखने और रेप विक्टिम्स के पुनर्वास सम्बन्धी कार्यक्रम देखने वाली स्वयंसेवी संस्थाएँ तो हैं, पर उनसे मुझे सेक्स वर्कर्स के बारे में कोई ख़ास जानकारी नहीं मिलती। जब तक आपके निजी सम्पर्क न हों कोई मुँह खोलने को तैयार नहीं। रीस नामक एक व्यक्ति से मुलाक़ात होनी है जो सेक्स वर्कर्स के पुनर्वास कार्यक्रमों से सम्बद्ध है। रीनातो पीटक, जिनका काम है, कई एशियाई और भारतीय वस्तुएँ लाकर यहाँ बेचना, उनके माध्यम से कुछ लोगों से बात करना शायद इस महीने सम्भव हो पाएगा।

रात-दिन सोते-जागते युद्ध और विस्थापन की शिकार औरतें मेरे दिलो-दिमाग़ पर छाई रहती हैं। इस बीच फूलों की एक ख़ूबसूरत प्रदर्शनी ज़ाग्रेब में देखी। ढेरों फूल, सजावट ज़बरदस्त, एक फूल को देखो तो दूसरा लहक-लहक कर अपने पास बुलाने लगता था। जी करता था मंजू दी पास होतीं तो फूल-पत्तों के औषधीय गुण और उनके उद्भव-विकास के बारे में कितना कुछ कह

डालतीं। लेकिन हर फूल निर्गन्ध है, जो ख़ुशबू मुझे चाहिए वो यहाँ कहाँ। प्रदर्शनी में कुछ परिचित लोग भी मिले, भारतीय पोशाक और साँवली रंगत को बार-बार देखते हैं, कुछ आश्चर्य, कुछ रंगभेदी कुढ़न और कुछ यूँ ही। फूलों के गमलों को देखते-देखते मन को न जाने क्या-क्या हो आया है। पातबहार और अमलतास आँखों में कौंध गया है, जितनी चटख धूप उतना ही निखरता, पीले चटख रंग का अमलतास। याद आया श्यामली ने क्या कहा था तुम केश बाँधो तो सही। बाल बाँधे तो सुन पड़ा अचानक—किसने कहा था? किसने तो...कि तुम्हारे घुँघराले केशों को अपनी उँगलियों से सुलझाना चाहता हूँ... रोज़-रोज़ उतारना चाहता हूँ तुम्हारे भीतर नागचम्पा की गन्ध। नागचम्पा। नहीं जानती नागचम्पा...बुद्धू हो तुम...वही जो जंगल में पहाड़ियों पर उग आती है, यूँ ही, एक बार आओ, इस गन्ध से एकाकार कर दूँ तुम्हें...भूल ही नहीं पाओगी उस अद्‌भुत नागचम्पा की गन्ध को...कौन था किसने छोड़ा था आगे बढ़ा हाथ यूँ ही बीच रास्ते में...कहा भी नहीं कि ठहरो यहीं...यहाँ से आगे साथ चलेंगे...और घुँघराले केश यूँ ही रह गए अनसुलझे...सुलझाना आसान होता है क्या? कुछ नहीं सुलझता, न हम न जीवन, जीवन जैसा जिसे मिला है उसे वैसा ही जीना पड़ता है—कठपुतलियाँ नाचती हैं, पृष्ठभूमि में गीत की तान बजती है। तान पर थिरकते-थिरकते जीवन गुज़र जाता है। बच रहती हैं छोटी-छोटी इच्छाएँ, नानावर्णी गन्ध, न विस्मृत होने वाली, अकेले कमरे की खिड़की से विदा को हिलता हुआ हाथ, जी करने पर भी उन सुखों को जीया जा सकता है फिर से कभी? ज़िन्दगी तो रिवाइंड होती नहीं...जो बारिशें बीत जाती हैं उनकी बूँदें नारियल वृक्ष के पत्तों पर थिर रहती हैं क्या? अभी कल ही तो तुर्केबाना येलाचीचा में ट्राम के इन्तज़ार में तेज़ बारिश और हवाएँ थीं—हाथ में छाता, जो सँभल ही नहीं रहा था, क्या तो मन में आया, पकड़ ढीली की और छाता उड़ जाने दिया, एक लम्बा सा स्टूडेंट-नुमा लड़का मुझे ग़ौर से देख रहा था—निगाह मिलते ही मुस्कुरा दिया, मुझे नन्हे-से संकोच ने घेर लिया—क्या सोचता होगा मैंने छाता यूँ ही उड़ जाने दिया। उसे क्या मालूम मैंने वक़्त और लोग—किसी के उड़ने में कभी बाधा नहीं डाली। बाँहें फैलाकर कभी नहीं कहा—आमि जेते देबो ना तोमाय (तुम्हें कभी जाने नहीं

दूँगी) यह तो एक नाचीज़-सा छाता है। येलाचीचा में जहाँ राजा क्रेशीमीर का मोटे-थुलथुल पैरों वाला काले पत्थर का बुत है, वहीं खड़ी होकर भीगती रही—बाल बिखरते रहे...हवा उन्हें बिगाड़ती और सँवारती रही...कितनी ट्रामें वियेस्निक के लिए आईं और चली गईं। मुझे तो कहीं दूर सुन पड़ती थीं नारियल के चौड़े धारीदार पत्तों पर पड़ती तेज़ बारिश की धारोधार बूँदें—निविड़ एकान्त को बेधतीं। बालकनी में खड़े शायद रात के दो बज गए होंगे, वर्षा बूँदों से लदरी हवाएँ जितना हल्का होने की कोशिश करतीं, बारिश उन्हें फिर नमी से लाद देती। हाथ में पहले के लिखे पन्ने थे—कब उनकी स्याही धुँधली पड़ी—पानी ने पहले की इबारतें मिटाने में कोई कसर नहीं छोड़ी। पाँव थिर थे वहाँ—हौले-हौले क़दमों से उन चौड़े पत्तों पर चल ही दूँ क्या...बिजली कड़की—समूचा आकाश ज्यों आलोकित हो गया हो—इतने लुभावने धरती-आकाश, इन्हें छोड़कर कहाँ जाऊँ। इनके पार भी कोई जीवन हो सकता है, हो पाएगा क्या? कहाँ हूँ मैं अपने घर नहीं, नहीं ये तो ज़ाग्रेब है जहाँ की हवा में सेब के पकने, अंगूर के बागानों की मादक गन्ध रल-मिल गई हैं, मेरी अब तक की चीन्ही-अनचीन्ही गन्ध से। आज पहली बार मुझे ज़ाग्रेब अच्छा लगा है—ये बरसती बूँदें और उत्ताल हवा—वहाँ से ज़रूर परिचित होंगी जहाँ से मैं आई हूँ—ज़रूर भिगो आई होंगी उन्हें जो मुझसे कुछ कह नहीं सके—कितनी मजबूरियाँ...कितनी विवशताएँ...सीमाएँ, मर्यादाएँ किन्तु 'जे भावेई तुमि शकाल देखो शूर्जो किन्तु एकटा ई, जोतो भागे भाग कोरो न प्रेम, मन तोमार एकटा ई (जिस तरह भी तुम भोर को देखो, सूर्य तो एक ही है, कितने ही टुकड़ों में प्रेम क्यों न करो, तुम्हारा मन तो एक ही है न) कभी हँसी आती है, न जाने कितने जीवन इस झिझक और संकोच में शेष हो जाते हैं कि हम सामने वाले से कह नहीं पाते कि उसका एक दुलार भरा, आश्वासन भरा स्पर्श चाहिए, हौले से सर पर कोई हाथ ही फेर दे...लाड़ भरा। कह ही नहीं पाते हम और यूँ ही दिन-रात, सुबहो-शाम बीतते चले जाते हैं। मेघ घिरते हैं, बारिश यूँ ही होती चली जाती है, थमती है तो खिल आती है निरभ्र-चटख धूप, पेड़ों के पत्तों, डालियों पर पड़ी जल की बूँदें झर जाती हैं। ऐसी ही निखरी धूप और मेघरहित धुले आकाश की एक शान्तिनिकेतनी

सुबह, बारिश रुकने के बाद चुग्गे की खोज में तरह-तरह के रंग-बिरंगे पंछियों ने गुहार मचाई हुई थी। सबके रास्ते अलग पर उद्देश्य एक ही ज़्यादा से ज़्यादा चुग्गा घोंसले के भीतर जमा कर लेना ताकि बरखा-पानी के दिनों में उनके नन्हे-मुन्नों को कोई कमी न रहे। ऐसे में बहरमपुर की मूल निवासिनी साईं की भक्त चैताली दी के साथ रेल लाइन पार करके प्रान्तिक जाना हुआ, वे सुन आई थीं, किसी सिद्ध-तांत्रिक ज्योतिषी के बारे में—बड़ी मुश्किल से अँधियारी गली में मिट्टी और फूस से बना वह घर मिला, साफ़-सुथरा, अन्दर से आती अगरु-गन्ध आसपास के वातावरण को अजीब रहस्यमय बना रही थी। आँगन के बीचोबीच ज़ंग लगे पुराने चाँपाकल से एक साधारण सूती साड़ी पहने जो मध्यवयसी स्त्री पानी भर रही थी उसे देख चैताली दी ने कहा था—एई माया दी केमोन आछो—(ए माया दी, कैसी हो तुम) उस बार उस माया दी नामक जीव को उतना ही देखना हुआ। बन्द कमरे के भीतर बांग्ला में ख़ूब गुरु-गम्भीर स्वर में चैताली घोषाल वल्द सौगोतो घोषाल के लिए भविष्यवाणी हुई कि वे भौतिक सुखों से कभी वंचित न रहेंगी...घर-बागान, मकान-गाड़ी सब। चैताली दी के चेहरे की उल्लसित छवि भूलने की चीज़ नहीं—अचानक मेरा हाथ पकड़कर उन्होंने खींच लिया। मेरी कमज़ोर, दुबली लम्बी हथेली पर एक जोड़ी विस्फारित ललछौंहीं आँखें गड़ गईं—पाँच-सात सेकेंड में ही समूची भविष्यवाणी हो गई है—'तुमि प्रेम कोरे ख़ूब ई दुख पाबे, एमनी तुमि ख़ूबी नाम कोरबे'—प्रेम करने से दुख मिलता है, यह कौन नहीं जानता, वैसे मुझमें विश्वास जैसा कुछ है नहीं, और भीतर से हँसी भी छूट रही है, इस आडम्बर के क़ायदे को देखकर। चैताली दी ने दक्षिणा दी है और हम ख़ुश-ख़ुश नहर के किनारे-किनारे लाल बजरी की कँकरीली सड़क पर श्यामबाटी के रास्ते शान्तिनिकेतन वापस लौट आए हैं। आज तुर्केबाना येलाचीचा में खड़े हुए श्यामवर्णी माया दासी कौंध गई है—जिसकी जीवन-यात्रा में मीनाक्षी मन्दिर की अँधेरी सुरंगों में पुजारियों के थपेड़े खाना, देवदासी बनकर 16 वर्ष रहना और जीवन के उत्तरार्ध में बंगाल आकर बसना लिखा था। देवदासियों की व्यथाएँ, कष्ट और मन्दिरों के सांस्थानिक अपराध-तंत्र से बचकर आई माया बहुत कटु और मुँहफट थी। मेरे बचकाने से सवाल—'कुछ

और करो न, देह क्यों बेचती हो' को तो उसने गोल मुँह बनाकर काले-मैले तम्बाकू की पीक के साथ ही थूक दिया था—'थाक बेशी माथा घमाओ न... गिये निजेर काज शाम्भ्लाओ' (रहने दो, इसमें अपना दिमाग़ मत खपाओ, अपना काम सँभालो)—मिट्टी के चूल्हे पर टूटी हँड़िया और कुदाल में लगने वाला लोहे का फ़ल उसकी सम्पत्ति थे जिस पर वह खाना बनाती, पचास-पचपन के लगभग की वय, काली चिकनी त्वचा, गाँजा-भाँग, ताड़ी—जो भी मिल जाए। पेट भरने के आयोजन के लिए बीस-पच्चीस रुपये चाहिए होते जो अक्सर उसके ग्राहक जुटा ही देते। अँतड़ियाँ भले भूख से कुलबुला रही हों, गाँजे-भाँग का इन्तज़ाम हो तो वह राजरानी हो जाया करती, गाती तरह-तरह के गीत, पीतल के टूटे घुँघरू बिवाई फटे मैले पाँवों में बाँध थिरकती। उसी के गाए कितने गीत तब अपना अर्थ-सन्दर्भ न खोल पाए जब वह थी उनके बारे में बताने को। कभी-कभी भोर में एक गीत की कड़ी यूँ ही पकड़ में आ जाती है जो द्रुत विलम्बित ताल में दिन भर भीतर ही भीतर बजती रहती है उसी ने तो सुनाया था—'चोखेर आलोय देखेछि चोखेर बाहिरे अन्तरे आज देखबो जखोन आलोक नाहीं रे' (आँख से अब तक बाहरी दुनिया ही देखी है, आज जब बाहरी प्रकाश नहीं है तब अपने भीतर देखूँगी)—माया जैसियों का जीवन क्या होता है? नितान्त कृमि-कीटाणु, भोजन नहीं, आसरा नहीं, सुरक्षा नहीं, बस जन्म और मृत्यु—किसी को परवाह नहीं, ख़ुद उन्हें भी अपनी परवाह नहीं—स्त्रीत्व के सम्मान की बात तो दूर उन्हें मनुष्य ही कोई नहीं समझता, देह जैसे एक लबादा, आत्मा को संस्पर्श कर सकने वाली एक दृष्टि तक नहीं। देह ही तो सारे झमेले की जड़ है। पूरे जीवन का इसी आस में बीत जाना कि पंचभूतों से बनी इस देह को यथोचित सम्मान मिले। और जिसे मालूम हो कि यह देह ही रोटी है, भात है, छत है उसी को बेचना तो सबसे ज़्यादा मुश्किल और सहज भी। कितनी ज़द्दोजहद और यंत्रणा होती होगी एक स्त्री को अपनी देह बेचने में। वही देह जिसको ढके रखने के लिए निर्वसन होना पड़ता होगा। देह—जिससे निकली सन्तान का पेट भरने के लिए टटोलने पड़ते होंगे ग्राहक। थूक, वीर्य, रक्त, आसन्न उबकाई को रोककर दुर्भाग्यपूर्ण हथेली को फैला देना पड़ता होगा अगले ग्राहक के सामने। पता

नहीं कौन है जो इन श्रमिकों के बारे में कहता है कि देह का सुख लेने को ही तो वे वेश्याएँ बनती हैं।

पिछली बार इमोज़ेन ने अपनी कहानी सुनाई थी। उसे तब डायरी में टाँक लिया था। रविवार के इस निर्धूम, नितान्त, उचाट दिन में माया दासी की याद से जुड़ी आएगी इमोज़ेन, मुझे ही कहाँ मालूम था। बारिश रुक गई है, मैंने खाने के लिए कुछ सामान ख़रीदा है, उसे फ्रिज में रख दिया है, सुबह पनीर का पराँठा बनाया था, अब और खाने की इच्छा नहीं। आज डायरी का पिछला लिखा सुधारूँगी ऐसा सोचा था पर बारिश में भीगते समय निकल गया। मेरे पास पर्याप्त भोजन-वस्त्र हैं, दूतावास ख़ूब खोज-ख़बर रखता है, मित्र हैं, सम्बन्धी हैं, अक्सर बचा खाना फेंक देने की नौबत भी आ जाती है, लेकिन वे जो पावरोटी के चन्द टुकड़ों के लिए बिक जाती हैं। उनके बारे में लिखना तो सहज नहीं। मैंने जून की डायरी में दर्ज किया है—"जून-जुलाई में वहाँ दिन-भर कोयल की कूक सुनाई देती थी, यहाँ एक चींटी का दीखना भी गुनाह है। चुप्पी...मौन...निर्वाक्। सन्नाटा पसरा हुआ है चारों ओर, हालाँकि ये गर्मियाँ हैं और कोट-स्वेटर से फ़िलहाल छुटकारा है, अक्सर धूप खिली रहती है, रात के आठ-नौ बजे तक। खिड़की न खोलने पर गर्मी-सी लगती है। भारत से लाए कपड़े इस मौसम में बख़ूबी काम आ रहे हैं। पर मन का मौसम बदल सा गया है, पहले अपने देश के लोगों से बात करने की अजीब-सी बेचैनी तारी रहती थी, अब पानी थिरा गया है। कोई फ़ोन आ जाए तो ठीक वरना अपना लिखना-पढ़ना, कुछ अनुवाद और ये मेरी डायरी, जिसके पन्नों में छुपी बैठी है इमोज़ेन, एंजेलीना—जानती हूँ उन तक मेरी डायरी कभी नहीं पहुँचेगी। जान ही नहीं पाएँगी कि कोई थी जिसने उनकी आपबीती, उनकी अन्तरात्माओं के सन्नाटे को देवनागरी में लिखा।

पहले इमोज़ेन—उस लम्बी कभी ख़त्म न होने वाली दोपहरी का सन्नाटा, घर में खाने को कुछ नहीं, ख़ुद ही तो तैयार हुई थी वह ट्रैफ़िकर्स के साथ आने के लिए, माँ-बाप, छोटा भाई, प्रेमी सबको छोड़कर, तब कहाँ मालूम था जो पड़ोसी वेट्रेस की नौकरी का कहकर सीमा पार करा रहा है वह झाँसा है, धोखा है। जिसे प्रेम किया उसकी बात पर विश्वास कहाँ किया—मत जाओ न इमोज़ेन। हम यहीं कुछ न कुछ कर लेंगे, मछली पकड़ने या बन्दरगाह पर सामान ढोने का काम, कोई न कोई काम तो मिल ही जाएगा मुझे... तुम जाओगी तो वापस लौट पाओगी क्या, नहीं...क्यों नहीं लौटूँगी, कहकर 16 वर्ष की इमोज़ेन का दिल उसके सीने से लगकर रोने को आया। कभी इसी समुद्र किनारे की चट्टानों के कोने-अँतरे में लुका-छिपी का खेल खेला था, रेत के घरौंदे बनाए थे, सीपियों को माणिक-सा गूँथा था, दूर जाते ज़हाजों की रोशनियाँ गिनी थीं। फिर से वो पुरसुकूनी मिलेगी क्या? अरे वे तो मुझे ले जा रहे हैं नौकरी दिलवाने, सुना है इटली में आधे दिन भी काम करो तो अच्छी कमाई हो जाती है। अपने से दो साल बड़े दोस्त को बड़प्पन से समझाया था इमोज़ेन ने। मत जाओ न, यहीं रहो, मेरे नज़दीक...बिलकुल नज़दीक, तुम्हें देखता रहूँ, वक़्त सदा एक-सा नहीं रहता, सौतेले बाप के मरने के बाद मार्था मुझे पूरी नाव दे देगी—तुम कहीं मत जाओ न, तुम्हारे ये घने केश जिनमें उँगलियाँ फिराना मुझे अच्छा लगता है, तुम्हारी मासूम-सी हँसी...बस काफ़ी है जीने के लिए...और दो साल बाद हम अपना घर बसा लेंगे...इमोज़ेन... तुम मेरी हर धुन को शब्द देना, मेरा माउथ ऑर्गन तुम्हारे लिए ही बजेगा इमोज़ेन...सिसकियाँ बन्द हो गईं। रुकना तो क्या ही था इमोज़ेन को...रोटी के टुकड़े को तरसते भाई को देख उसका फ़ैसला और मज़बूत हुआ...उस दिन रुक जाती तो जो झेल आई है वह न झेलती...ज़िन्दगी कुछ और होती। वह एरिज़ोना मार्केट में लाई गई थी सन् 1999 में—ग्यारह लम्बे साल बीत गए, तब से वह यहीं है। यहाँ तक पहुँचने का रास्ता छोटा था, लेकिन लौटने का रास्ता बहुत लम्बा। पिछले आठ सालों से माँ-बाप को अपनी कमाई भेजती है, आँखों में अकेलेपन की रेतीली किरचियाँ चुभती हैं जिन्हें नीले-हरे आई लाइनर से छुपा लेती है। अब तो जा सकती हो न अपने घर—बदल दो अपना

पेशा—ऐसा कहने पर उसका चेहरा अतिरिक्त कठोर हो जाता है। साफ़ है, या तो वह लौटना नहीं चाहती अपने घर, या बीच नदी में सारी नावें बह जा चुकी हैं। इन ग्यारह सालों में क्या-क्या नहीं झेला इमोज़ेन ने—पुलिस की मार-पिटाई, डिटेंशन सेंटर, ग्राहकों का दुर्व्यवहार, दलालों के साथ झगड़े, कुछ की दया-सहृदयता, लाभ-लोभ की दुनिया के समीकरण देखते-गुनते उसने क्या-क्या नहीं भुगता। मैंने उसे देखा वह एक वज़नी, लम्बी-चौड़ी मालकिननुमा औरत है—अब उसके मातहत तीन लड़कियाँ काम करती हैं—इमोज़ेन की सुरक्षा में वे धन्धा करती हैं, वही उनका ध्यान रखती है, इमोज़ेन का कहना है वे उसकी इज़्ज़त करती हैं—बेइज़्ज़ती के पेशे में इज़्ज़त की उम्मीद या धन का ज़ोर—अब उसे पुलिस से बचने, उन्हें रिझाने-पटाने के सब गुर आते हैं। उसके बारे में स्वयंसेवी संस्था से पता चला था। एरिज़ोना मार्केट में हर सप्ताह संस्था की ओर से चिकित्सक आते हैं—इमोज़ेन के भीतर कुछ कोमल भाव बचे होंगे, ऐसा ऊपर से देखने पर नहीं लगता, उसका कमरा ढेरों सामान से लदा-फँदा है, लगता है उसने माँ-बाप की आर्थिक तंगी अब तक दूर हो चुकी होगी। शाम के धुँधलके में बजने वाले माउथ ऑर्गन की धुन ज़िन्दगी के शोर-शराबे में गुम हो चुकी होगी किसी को क्या मालूम कि सुनहरे घने बालों वाली मासूम इमोज़ेन ने बड़े क़ायदे के यूरो कमाने का हुनर सीख लिया है—कुछ बीमारियों ने उसे आ घेरा है—जिनके बारे में डॉक्टर की चेतावनी है कि वह पेशा छोड़ दे। कई सालों से इमोज़ेन के लिए दिन और रात एक जैसे हैं—जब ग्राहक नहीं होते तो वह अधकच्ची-सी नींद सो लेती है। जी चाहता है पूछूँ नींद में वही दूर बजती धुन सुन पाती हो क्या कभी...कभी सीने में एक हूक-सी उठती है क्या? सपने भी भरे पेट में ही आते हैं और यादें भी...काश वह पोर्षा की बात मान लेती यूँ ही भविष्यहीन ज़िन्दगी तो न जीनी पड़ती। अब अगर वह लौटे तो? ...जवाब है लौटने से क्या होगा...घर-गाँव को पता चल जाएगा कि इतने सालों से इमोज़ेन वेट्रेस नहीं बल्कि कुछ और तरह का काम करती रही है। वह फ़ोन पर परिवार से बात करती है पर वापस लौटने के बारे में कभी नहीं सोचती।

इमोज़ेन ने असल नाम लिखने से मना किया था, मैंने माना भी। लेकिन यहाँ की पुलिस व्यवस्था के बारे में मेरे मन में तमाम सवाल हैं जिनका उत्तर मुझे अगस्त में मिलने की उम्मीद है। जुलाई का महीना कड़ी धूप का महीना होता है यहाँ, कभी-कभी बारिश की फुहारों से हल्की ठंडक-सी भी लगती है। ज़ाग्रेब विश्वविद्यालय में सितम्बर के महीने में कक्षाएँ शुरू होनी हैं, इसलिए ये ज़रूरी है कि मैं अपना काम तब तक ख़त्म कर लूँ। कई लोगों से इस बाबत बात करने की कोशिश की है मैंने पर पता नहीं क्यों, यहाँ के लोग पूर्वी यूरोप के इस बड़े भाग को अपनी चपेट में लिये हुए ट्रैफ़िकिंग के व्यापार पर बात नहीं करना चाहते। अक्सर कन्धे उचका दिया करते हैं। यहाँ से बहुत सारी औरतें और लड़कियाँ अब भी पश्चिमी यूरोप की ओर ले जाई जाती हैं, ऐसी अनेक रपटें मुझे पुस्तकालयों में मिली हैं--जो पत्रकारों और पुलिस रिकॉर्ड्स पर आधारित हैं। ये तो तय है कि सेक्स ट्रैफ़िकिंग के लिए क्रोएशिया पश्चिमी यूरोप के लिए प्रमुख द्वार का काम करता है, जहाँ स्लोवेनिया, बोस्निया, सर्बिया से औरतों, लड़कियों को आसानी से लाया जाता है। युद्ध के दौरान अन्तरराष्ट्रीय सैन्य बलों की उपस्थिति बड़े पैमाने पर इस इलाक़े में रही जो सेक्स वर्क के फलने-फूलने के लिए अनुकूल परिस्थितियाँ मुहैया करवाने में मददगार हुई। युद्ध के बाद तमाम प्रयास हुए, जिनसे इस तरह के कार्यों को रोका जा सके, नेशनल काउंटर ट्रैफ़िकिंग बॉडी और लैंगिक समानता कमीशन ने इस दिशा में कुछ सार्थक प्रयास भी किये। लेकिन न तो सेक्स ट्रैफ़िकिंग रुकी और न ही सेक्स वर्क।

अजीब धुँधुआता-सा समय है, कभी लगता है अज्ञानता से बड़ा सुख कोई नहीं। यहाँ आते समय तो किसी ने इन अँधियारे कोनों-गड्ढों के बारे में बताया नहीं था। भारतीय सांस्कृतिक सम्बन्ध परिषद् की ओर से जो लोग बतौर विज़िटिंग प्रोफ़ेसर यूरोप के विभिन्न देशों में आकर जा चुके थे, उन सबने तो तारीफ़ ही की थी। किसी ने कहा ख़ूब घूमिएगा, बस अकेलेपन से बचकर रहिएगा। एक का कहना था हमें सिर्फ़ अध्यापक नहीं बल्कि

सांस्कृतिक राजदूत की भूमिका भी निभानी होती है। किसी ने एक सज्जन का क़िस्सा सुनाया कि वे रोज़ भारत फ़ोन करके अपना दुखड़ा रोते थे कि कोई आए और उन्हें अकेलेपन से बचा ले, किसी जगह के लिए ढेर सारी सुरक्षा सम्बन्धी चेतावनियाँ थीं। इन क़िस्सों और अनुभवों ने मेरा किसी क़िस्म का उपकार किया हो, ऐसा लगा नहीं। ख़ुद मरे बग़ैर स्वर्ग मिलता है क्या? इतना तय है कि यहाँ के बारे में और और जानने की इच्छा बढ़ती जाती है। इवान, सेर्गेई और डॉक्टर तोमिस्लाव मेरेतिच ने जाने-अनजाने मेरी इसमें मदद भी की है।

सराएवो जाने के लिए इस बार ट्रेन लेनी है। गुलदाने ने साथ जाने से मना कर दिया है। ज़्यादा सामान मेरे पास है नहीं। सराएवो का रास्ता हरा-भरा है, पहाड़ियों के बीच से निकाली गई रेल लाइनें, ज़्यादा ऊँची तो नहीं पर चौड़ी पुख़्ता इमारतें, अक्सर रोड़ी और सीमेंट मिलाकर प्लास्टर की हुई इमारतें दीखती हैं। रास्ते में पासपोर्ट की कड़ी जाँच होनी ही थी, जिसके लिए पहले से आगाह कर दिया गया था। शाम के चार बजे ज़ाग्रेब से ट्रेन पहुँची है 288 किलोमीटर का सफ़र लगभग छह घंटे में, ट्रेन में बिस्तर उपलब्ध नहीं था, सो लेटने का सवाल ही नहीं था। सराएवो में भारतीय दूतावास नहीं है, बुडापेस्ट में स्थित भारतीय मिशन ही बोस्निया-हर्ज़ेगोविना के मसले देखता है। जवाहरलाल नेहरू के समय में मार्शल टीटो के साथ उनके मैत्रीपूर्ण सम्बन्धों के कारण भारत से बोस्निया के सम्बन्धों का इतिहास सौहार्दपूर्ण ही रहा है। जो भी हो, ठहरने की व्यवस्था सिटी होटल में है जो साफ़-सुथरा और भारतनुमा है। ये बहुसांस्कृतिक शहर है, जहाँ टर्की, सर्बिया और क्रोएशिया की मिश्रित संस्कृति दीखती है। अधिकांश आबादी मुसलमानों की है, मुझे बेगोवा द्ज़ामीगा जाना है जो यहाँ की सबसे बड़ी मस्ज़िद है, 1531 में बनी मस्जिद बहुत साफ़-सुथरी और ठोस दीखती है जो इस्लामिक वास्तुशिल्प का उत्कृष्ट नमूना है, मस्जिद के पीछे के रिहायशी इलाक़े में हर घर का मुख्य द्वार फूलों, ख़ासकर लताओं से सज़ा हुआ है, पहाड़ी रास्तों जैसी ऊँची-नीची गलियाँ, मकान एक-दूसरे से

काफ़ी सटे हुए, इन्हीं में से एक घर में किराये पर बोल्कोविच रहती हैं—जिनसे फ़ोन पर बात हो चुकी है, अंग्रेज़ी में बातचीत कर पाती हैं। बहुत ही साधारण घर, लगता है वे पेंशनयाफ़्ता हैं—उम्र पचपन के लगभग, युवावस्था में ख़ूब हृष्ट-पुष्ट रही होंगी, उन्होंने लम्बी स्कर्ट पहन रखी है, दो भूरी चोटियाँ और चौकोर बड़ा चेहरा, जो पहले-पहल तो आत्मीय नहीं लगता लेकिन लगातार देखते-देखते स्नेहिल-सा लगने लगता है। यहाँ के लोग शुरुआती मुलाक़ातों में बहुत ही औपचारिक रहते हैं लेकिन धीरे-धीरे भीतर छुपी स्निग्धता आप देख पाते हैं। 'नासा काफ़ी' उन्होंने मुझे पिलाई है, जिसे यहाँ टर्किश कॉफ़ी भी कहते हैं, कॉफ़ी बड़े सरअंजाम से रखी गई है, बर्तनों पर महीन पच्चीकारी है। मैंने आते समय देखा था बहुत-सी दुकानों में, बर्तनों और सजावटी सामान पर पच्चीकारी की जा रही थी। गोलियों और सामूहिक हत्याओं के इस शहर में कला और सौन्दर्य के प्रति कितना तो रुझान—तो क्या मनुष्य कभी वास्तव में हारता-थकता नहीं। सब कुछ नष्ट होने के बाद भी बच रहते हैं राख़ में दबे फूल और उन फूलों से फिर वह अपने रहने की जगह को सुन्दर बना लेता है। हज़ारों-हज़ार बार टूटने-बिखरने के बाद भी मन में जो बच रहती है वह आस है—कितने आँसू, कितनी तकलीफ़ पाकर भी आस है कि टूटती नहीं। मनुष्य की जिजीविषा सबसे बड़ा सच है। मृत्यु, आत्मीयों का चले जाना, धोखा-फ़रेब, झूठ सब कुछ भूलकर नये जीवन के लिए जो तैयार हो जाता है उसे ही मनुष्य कहते हैं। कब के बीत चुके सुखद दिनों की स्मृति ही आस बनाए रखती है। डोळेच मार्केट जहाँ आज फल-सब्ज़ी की सैकड़ों दुकानें, चहल-पहल और रौनकें हैं—जगमगाती रोशनियों, रंग-बिरंगे स्कार्फों में लिपटे गोरे-गुलाबी चेहरों को देखकर कौन कह पाएगा भला कि यही वह मार्केट है जहाँ 1995 में सर्बियाई चेटनिकों की बमबारी से एक बार में ही 65 निरपराध लोगों की जान चली गई। युद्ध ने दिलो-दिमाग़ ही नहीं, बड़ी-बड़ी पुख़्ता इमारतों को भी छलनी-छलनी कर दिया। सराएवो स्टेशन के रास्ते में देखा—इमारतों में गोलियों से बींधने के निशान आज पन्द्रह-सोलह साल बाद भी जस के तस हैं। तो क्या मनुष्य मन की रिकवरी क्षमता अप्रतिम होती है। बोजैक कहता था जानती हैं कैसा लगा था अपनी आठ साल की बच्ची को मृत देखकर,

आप समझ ही नहीं पाएँगी। बस कल्पना करें कि एक चट्टान पर आपका ही लाल-लाल कलेजा, रक्तस्नात कलेजा निकालकर धर दिया गया हो और उस पर लगातार हथौड़े की चोटें पड़ रही हों, ख़ून के छींटे, आपके अपने कलेजे के ख़ून के छींटे आपको रँगे दे रहे हों और आपसे कहा जाए—'जियो, जीते चले जाओ...सब भूलकर' उसकी बातों में अन्तश्चेतना को कँपा देने वाली, घनघोर बर्फ़ीली ठंडक महसूस की थी मैंने। आज बोजैक की याद आ रही है बहुत—कैसे उसने निकाले होंगे ज़िन्दगी के कई साल, अकेले। रक्त और युद्ध की स्मृतियों के साथ। उसने कोई दूसरी ज़िन्दगी शुरू ही नहीं की, बस पढ़ता रहा, पढ़ने के लिए कमाता रहा। उसे अपने वंश की चिन्ता नहीं रही, उसका कोई गहरा मित्र हो ऐसा मुझे लगा नहीं, वह तो अक्सर अपने आप से ही बातें किया करता, लेकिन वह पागल नहीं था। अकेलेपन ने उसे ख़ुद के भीतर झाँकना, ख़ुद से दोस्ती करना सिखा दिया होगा। बाहर निकलकर देखता भी क्या? अपने-अपने स्वार्थ से घिरे, असन्तुष्ट-अतृप्त अधूरे लोग। यहाँ सराएवो में चट्टानी इमारतों के वास्तुशिल्प और प्राकृतिक सौन्दर्य पर तो मेरी नज़र जाती ही नहीं, इमारतों को बींधती गोलियाँ दीखती हैं मुझे। ठीक ही कहा था सेर्गेई मिखायिलीच ने मुझसे कि मैं अच्छी सैलानी हो ही नहीं सकती। सैलानी से जो तटस्थता अपेक्षित होती है, उसका नितान्त अभाव है। इतिहास, वर्तमान को जानने की जिज्ञासा तो है, पर मन को थामने की क्षमता नहीं। मुझे तो ऊँची, मझोली इमारतों की ताखेनुमा छोटी-छोटी खिड़कियों से मदद की गुहार लगाते हाथ दीख पड़ते हैं और मेरी दृष्टि आच्छादित हो जाया करती है काले-धुमैले मेघों से।

बोल्कोविच, जिससे मुझे बोस्निया और ख़ासकर एरिज़ोना मार्केट के बारे में जानकारी चाहिए, 1998 के दौरान राजधानी सराएवो में तैनात थी। डयोंक्रोप नामक कम्पनी ने ऐसे कई लोगों को यूएन के साथ काम करने के लिए तदर्थ नियुक्त किया था। बोल्कोविच के पास बताने को और दिखाने को बहुत कुछ है, परसों से हम काम शुरू करेंगे। यही तय हुआ है, क्योंकि कल उसे साप्ताहिक

बाज़ार जाना है पर उसने मुझे एंजेलीना नामक सेक्स वर्कर से मिलवाने का इन्तज़ाम करवा दिया है।

एंजेलीना की सही उम्र उसे ख़ुद भी मालूम नहीं, पिछले पाँच वर्षों से वह इंडिपेंडेंट सेक्स वर्कर के रूप में काम करती है। वह मुझसे बात करने के लिए बिलकुल अनिच्छुक है, लेकिन एनजीओ के दो लोग साथ में हैं, इसलिए, वह मेरे सवालों के उत्तर तो देती है पर बड़े ही अनमने ढंग से। दरअसल वह पिछले महीने ही नशा निवारण केन्द्र से लौटी है। लम्बे समय से नशे की आदत हो जाने के कारण वह अस्वस्थ-सी दीख रही है। उसने एरिज़ोना मार्केट से कई बार भागने की कोशिश भी की थी, हर बार दलालों ने उसे पकड़कर वापस यहीं पहुँचा दिया, तो क्या पुलिस ने तुम्हारी मदद नहीं की? उसका जवाब है कि बहुत कम लड़कियाँ पुलिस की सहायता लेती हैं। पुलिस की रेड का पता अक्सर पहले ही लग जाता है, ऐसे में लड़कियों को बता दिया जाता है कि उन्हें किन-किन जगहों पर तितर-बितर हो जाना है। पुलिस के जाने के बाद वे धन्धे में वापस। कई नाबालिग लड़कियाँ भी इस पेशे में हैं जिनका जन्म-प्रमाणपत्र झूठा बनवा दिया जाता है। कुछ हैं जो पुलिस के हत्थे चढ़ जाने पर डिटेंशन सेंटर में भेज दी जाती हैं, जहाँ जाना जेल में क़ैद होने के बराबर ही है। इससे अच्छा तो जवना कूचा (वेश्यालय) ही है। एंजेलीना इस पेशे को छोड़ने का इरादा नहीं रखती, उसे यहाँ स्वतंत्रता है—अपने ढंग से जी सकने की स्वतंत्रता, वह अपना पिछला सब कुछ भूल चुकी है, या याद करना नहीं चाहती। कोशिश कर रही हूँ कि उसके सामने असुरक्षित भविष्य की भयावह तस्वीर पेश करूँ—तुम्हें मालूम है तुम्हारा अपना कहने के लिए कोई नहीं होगा, जब बिलकुल लाचार हो जाओगी तब क्या करोगी...कहाँ जाओगी कौन अपनाएगा तुम्हें? क्या घर के नाम पर कुछ याद आता है? वह चिढ़ से भर गई है, एक तो अनुवाद की दिक़्क़त दूसरे नशा न मिलने से पैदा हुई बेचैनी—हमारे संवाद की कड़ी टूट गई है। मुझे बताया गया है कि सरकार की ओर से चिकित्सा इत्यादि की सुविधाएँ इन्हें दी जाती हैं, लेकिन नशे से मुक्ति के लिए ये ख़ुद ही तैयार नहीं, एनजीओ भी क्या करेंगे। नशा है तो ज़िन्दगी की रग धड़क रही है धक्-धक्-धक् नशा ख़त्म तो ज़िन्दगी

चलाने के लिए फिर किसी ग्राहक की तलाश। कुछ तो औरतें ऐसी होंगी जो इस व्यापार से घृणा करती होंगी, निकल भागना चाहती होंगी। रीस इस क्षेत्र में पिछले दस सालों से काम कर रहे हैं, उनका निजी अनुभव है कि सेक्स वर्कर्स के पुनरुद्धार के प्रयास का रास्ता कठिनाइयों से भरा है, कई आश्रय गृह बनाए गए हैं, जहाँ ऐसी औरतें सम्मानपूर्ण जीवन व्यतीत कर सकती हैं, लेकिन भ्रष्टाचार के तार बहुत लम्बे हैं, जाल अनन्त। इन इलाक़ों में रहने वाले लोग अच्छी तरह जानते हैं कि कितनी नाबालिग लड़कियाँ इस पेशे में डाल दी जाती हैं। मनोचिकित्सकों का कहना है कि अक्सर उम्र बढ़ने पर वे कई मनोरोगों का शिकार हो जाती हैं।

होटल का भोजन मेरी रुचि का नहीं है, मांसाहारी न होने की वजह से फ्रूट केक और सूप के कुछ नाममात्र विकल्प बच रहते हैं। कॉफ़ी मुझे कड़वी लग रही है और अपना भोजन बहुत याद आ रहा है। बोल्कोविच ने मेरी समस्या को समझा है और रोटी की दुकान में ले गई है, हम लोग जिसे अफ़ग़ानी रोटी के नाम से जानते हैं, वैसी रोटी को यहाँ 'पिता' कहते हैं, दूसरी तरह की खट्टी नमकीन रोटी लेपिंजा है जिसमें आटा, दूध, नमक और बेकिंग सोडा मिलाया जाता है। 'पिता' रोटी यहाँ सप्ताह में दो दिन बिकती है, एक पैकेट में छह रोटियाँ—गरमागरम खमीरी गन्ध लिये हुए बिजली की मशीन से निकलती हैं, दस्ताने पहना एक आदमी उन रोटियों के पैकेट बनाकर थमाता चलता है। इन खमीरी काली-सफ़ेद रोटियों को तीन-चार दिन तक रखा जा सकता है। जैम के साथ खाऊँगी ये सोचा था, पर भारतीय मसालों की आदी जीभ को कुछ सालन तो चाहिए ही। बोल्कोविच अपने लिए बीफ़ बनाती हैं, जिसके पकने की गन्ध से मेरा मन ख़राब हो जाता है। जो भी हो इस असुविधा को ज़ाहिर किये बग़ैर मुझे उनसे कई सारी महत्त्वपूर्ण जानकारियाँ लेनी हैं और कुछ की तसदीक़ भी करनी है। बोल्कोविच ने ऑलिवर सलाद के बारे में बताया है, जिसे रशियन सलाद भी कहते हैं जिसमें उबले आलू, मेयोनीज़, काले जैतून, सेब इत्यादि का मिश्रण होता है, मैंने कोशिश की है होटल में

उसे खाकर पेट भरने की लेकिन वह मेरे मुँह में अजीब-सा अनकहा-सा स्वाद छोड़ गया है, शायद उसमें हैम भी था। पेट में खलबली-सी है और आम के अचार की याद आ रही है, कल्पना में भरवाँ मिर्च की ख़ुशबू नाक में भर जा रही है, और मुझे मल्टीग्रेन ब्रेड ख़रीदकर क्षुधा मिटानी पड़ रही है। वैसे ये मेरी अपनी थेरेपी है कि जब भी नापसन्दगी का खाना हो और उसे निगलना मजबूरी तो सुस्वादु व्यंजनों की कल्पना में डूब जाना चाहिए या टी. वी. पर फ़ूड-फ़ूड चैनल लगाकर देखते हुए भोजन निबटा देना चाहिए।

बोल्कोविच तलाक़शुदा हैं, पहली मुलाक़ात में कैसी तो, कुछ गुम-गम्भीर सी थीं, पर दो दिनों में वे बहुत खुल गई हैं, उनके पास बातों का ख़ज़ाना है और टर्की-बोस्निया के तरह-तरह के ज़ायक़े भी। कभी हँसती हैं तो ठठाकर हँसती चली जाती हैं, और फिर अचानक चुप। अकेले जीवन ने उन्हें ऐसा कर दिया होगा, वरना इतनी प्रतिभावान और सकारात्मक ऊर्जा से भरी युवा जिसने कनफ्लिक्ट एरिया में काम करना ख़ुद चुना उसकी जीवनी शक्ति इतनी बुझी-बुझी सी हो, यह बहुत विश्वसनीय नहीं लगता। उनका निज पूछूँ ही क्यों? इतना आसान कहाँ होता है अपने-आप को दूसरे के सामने खोलना, और ख़ुद को समझना ही कहाँ सम्भव है, उसके लिए उतरना पड़ता है अपने ही भीतर। भीतर की यात्राएँ बाहर की यात्राओं से ज़्यादा गझिन और बीहड़ होती हैं। बोल्कोविच ने एक सप्ताह का समय दिया है जिसमें उनकी इकट्ठी की गई रिपोर्टें मैं पढ़ लूँ। उन्हें ये रपटें लिखे हुए छह-सात साल बीत चले हैं, लेकिन इतनी व्यवस्थित और करीने से तैयार की हुई रपटें हैं कि बोल्कोविच के परिश्रम पर आश्चर्य होता है। वे एक पुराना डेस्कटॉप इस्तेमाल करती हैं, जिसे कपड़े का खोल पहनाया हुआ है, वे रपटों को लेकर सावधान हैं, मुझे सिर्फ़ पढ़ने का अधिकार दिया गया है, कॉपी करने का नहीं। इंटरनेट नहीं है या बन्द कर दिया गया है इसलिए कहीं मेल करने का सवाल भी नहीं है। 'आपने तो ये रपटें जमा कर दी हैं न, फिर मुझ पर इतनी पाबन्दी क्यों... सवाल अनुत्तरित है। स्नानघर से तेज़ और सुरीली आवाज़ में कोई गीत सुन पा रही हूँ, इसका मतलब बोल्कोविच आज ख़ुश हैं। गीत का अर्थ समझ नहीं आ पा रहा, ध्यान लगाकर सुनने पर भी। वे आती हैं अपनी भूरी चोटियों के

दो जूड़े बनाए हुए। सुगन्धित हुक्का पीती हैं, पूरा कमरा एक नशीली-मादक गन्ध से भर गया है, जो धीरे-धीरे मेरे भीतर उतरती जा रही है। कब का सुना शुद्ध कल्याण राग फिर से बजता हो ज्यों...जिसे ख़ूब सराहने वाला कहा करता था...मैं खो जाता हूँ इस शुद्ध कल्याण में...क्या तो कैसा-कैसा होने लगता है जी में, ये तो मेरी जान ही निकाल लेता है—पेन ड्राइव से निकलकर किशोरी अमोनकर गा रही हैं—लागी लगन मोरे श्याम सलोने, तुम बिन कैसे बीते निसदिन...वे मेरी तरफ़ से ज्यों बिलकुल ग़ाफ़िल हैं गुनगुना रही हैं यहाँ का लोकगीत। मुझे बोस्निया की संगीत-विरासत और परम्परा के बारे में ढेर सारी जानकारियाँ देती हैं, और अक्सर गाकर भी सुनाती हैं, यहाँ के गीतों पर इस्लामिक प्रभाव के साथ-साथ युद्ध और वीरता, मिलन और विरह के भाव प्रमुख हैं, इन लोकगीतों का तर्जुमा अन्य यूरोपीय भाषाओं में हर्डर, गोथे और पुश्किन जैसे नामचीनों ने किया। इस्लामिक प्रभाव से इलाहिज़े और क़सीदे का प्रचलन यहाँ ज़्यादा रहा जो अल्लाह की तारीफ़ में लिखे गए। कार्लोस सैंटाना ने शोध के उपरान्त कहा था—'संगीत मनुष्य शरीर की आणविक संरचना को बदल सकता है।' बोल्कोविच को गुनगुनाते सुनकर लगता है वे उदास और हारी हुई नहीं हैं बल्कि एक चैतन्य, अपने भीतर ख़ूब गहरे पैठी हुई स्त्री हैं, जिन्होंने अपने अकेलेपन को संगीत के अणुओं से भर लिया है, उन्हें किसी और दोस्त-साथी की ज़रूरत नहीं, और अब कभी पड़ेगी भी नहीं।

बोल्कोविच ने 1998 में राजधानी सराएवो में तैनाती के दौरान सेक्स-ट्रैफ़िकिंग के पूरे संजाल को छिन्न-भिन्न करने की कोशिश की, वे अपने कम्प्यूटर पर दर्ज करती हैं—"ज्यों ही मैंने सेक्स ट्रैफ़िकर्स के बहुत सारे साक्ष्य इकट्ठे करने शुरू कर दिये, मेरे सामने कई बातें खुलती गईं। यूएन के बहुत सारे अधिकारी जो अलग-अलग देशों में तैनात थे—उनमें से अनेक सेक्स-ट्रैफ़िकिंग के व्यापार से सम्बद्ध पाए गए। उच्चाधिकारियों को इसकी भनक लगते ही मुझे नौकरी से निकाल दिया गया।" ये पढ़कर मुझे फिलाडेल्फिया के भूतपूर्व

पुलिस अधिकारी डेविड लैम्ब की रिपोर्ट याद आ रही है जिन्होंने लिखा था कि "प्राथमिक साक्ष्यों के आधार पर यह सिद्ध होता है कि इस व्यापार में यूएन से सम्बद्ध कई लोग शामिल हैं लेकिन पता नहीं क्यों यूएन द्वारा इन आरोपों की सच्चाई जाँचने की पहल नहीं की जा रही है।" ('यूएन हाल्टेड प्रोब ऑफ़ ऑफ़िसर्स' एलीज्ड रोल इन सेक्स ट्रैफ़िकिंग, 27 सितम्बर, 2011) अधिकारी लैम्ब ने जो साक्ष्य एकत्र किये थे उनमें बोस्नियाई पुलिस स्रोतों से इकट्ठे किये साक्ष्य भी शामिल थे बड़े पैमाने पर। चूँकि वे स्वयं व्यवस्था से सम्बद्ध थे इसलिए उनके लिए पुलिस रिकॉर्ड खँगाल पाना मुश्किल नहीं रहा होगा। उन्होंने वेश्यागृहों, सुधारगृहों और डिटेंशन केन्द्रों से भागी, अपने घर-परिवारों में वापस लौटने वाली औरतों के बयान भी तफ़सील से दर्ज किये थे।

बोल्कोविच ने भी अधिकारी लैम्ब के अनुभवों का ज़िक्र अपनी रपट में नज़ीर के तौर पर करते हुए लिखा कि एक अफ़सर दो औरतों के वर्क-परमिट बनवाने के लिए रोमानिया के दूतावास में गया जहाँ उसने लैम्ब से कहा कि वह बोस्निया पुलिस की ओर से सेक्स ट्रैफ़िकिंग सम्बन्धी जाँच बन्द कर दे। एक गोपनीय जाँच रिपोर्ट का कहना है कि कनाडा के रोज़ारियो लोआना नामक अफ़सर के ख़िलाफ़ चार रोमानियाई अफ़सरों ने शिकायत की क्योंकि वह ट्रैफ़िकर्स द्वारा लाई गई औरतों से गहन पूछताछ कर रहा था। पहले मुझे लगता था कि हम भारतीय और तीसरी दुनिया के नागरिक अपेक्षाकृत ज़्यादा भ्रष्ट होते हैं, हमारी नैतिकताएँ बड़ी लचीली क़िस्म की होती हैं, लेकिन धुर यूरोप के इन अनुभवों ने मेरी धारणा ही बदल दी है ख़ासकर बोल्कोविच जब उन उपहारों का उल्लेख करती हैं जो वेश्या गृह के मालिकों द्वारा इंटरनेशनल पीसकीपिंग फ़ोर्स के अधिकारियों को दिये जाते थे—इन उपहारों में नाबालिग लड़कियाँ भी शामिल थीं। पुलिस के सामने इनमें से कई ने उन अफ़सरों की पहचान भी की लेकिन किसी भी ख़ास अनुशासनात्मक कार्यवाही की बात तो दूर, उनके कारनामों के पक्ष में तर्क दिये गए। मसलन सैनिक और अधिकारी शान्ति-स्थापना के लिए अपना घर-बार, देश छोड़कर आए हैं, यदि वे अतृप्त रहेंगे तो अपना काम सुचारु रूप से कैसे कर पाएँगे।

अख़बारों और मीडिया ने इस मुद्दे को बहुत गम्भीरता से लिया क्योंकि दोषी सैनिकों पर हल्के आरोप लगाकर जाँच में उन्हें बरी कर दिया गया था। बोल्कोविच का कहना है कि सन् 2000 में इंटरनेशनल क्राइसिस ग्रुप ने स्पेशल ट्रैफ़िकिंग ऑपरेशंस प्रोग्राम चलाया जिसका काम था स्थानीय पुलिस को निर्देश देना और यौनदासियों के रूप में बन्धक रखी गई स्त्रियों को बचाना। जुलाई 2001 तक इस कार्यक्रम के तहत स्थानीय पुलिस की सहायता से 200 छापे मारे गए। 1 अगस्त, 2002 को यूएन की एक विशेष टीम बनाई गई, जिसमें बोस्नियाई पुलिस भी शामिल थी। रेस्टोरेंट और बारों पर 600 छापों का लम्बा सिलसिला चला, 182 स्त्रियाँ जो मुख्य रूप से रोमानिया, यूक्रेन और माल्डोवा से लाई गई थीं, उन्हें छुड़वाया गया। वेश्यागृहों के रूप में पहचान होने के बावजूद 78 बारों को क़ानूनी और तकनीकी तौर पर खुला रखने की इजाज़त दी गई। मई 2002 में छपी एक रिपोर्ट के अनुसार केवल सात व्यक्तियों को ट्रैफ़िकिंग के लिए दोषी पाया गया और उन्हें 4 से 30 महीने की क़ैद और 600 से 1000 यूएस डॉलर तक का आर्थिक दंड दिया गया।

बोल्कोविच सरकारी रवैये से हमेशा असन्तुष्ट रहीं, उनका कहना है कि अकेले बोस्निया में 6 से 10 हज़ार विदेशिनियाँ हैं जो जबरन सेक्स वर्क में डाल दी गईं हैं। बोल्कोविच के पास ऐसी स्त्रियों के तमाम आँकड़े हैं, पश्चिमी यूरोप में काम दिलवाने का झाँसा देकर जिनसे पासपोर्ट झटक लिए जाते और 500 से 1500 डॉलर के बदले इन्हें दलालों को बेच दिया जाता है, कई जगहों पर तो औरतें और बच्चियाँ पशुओं की तरह नीलाम की जाती हैं। नीलामी के लिए लाई गई औरतों को अकेले और समूह दोनों में खड़ा कर दिया जाता है। बच्चे वाली औरतें सस्ती, बूढ़ियों का मार्केट रेट बहुत ही कम (वे चौकीदारी या आयाओं के काम के लिए ही उपयुक्त मानी जाती हैं), कुँवारी और सुन्दर औरतें महँगे दामों पर जाती हैं। स्त्रियों के कुँवारेपन की जाँच के लिए बड़े ही अमानवीय और आदिम तरीक़े अपनाए जाते हैं। धातु की सड़सी या उँगली से ही उनके आन्तरिक अंगों की परख, मुँह खुलवाकर दाँत, मसूढ़े अच्छी तरह देखने, और पीठ-पेट उघाड़कर त्वचा को चुटकियों में भरकर, यानी अच्छी तरह देखभाल कर ही उनकी क़ीमत लगाई जाती है।

गर्भवती औरतों को ट्रैफ़िकर्स मुसीबत समझते हैं, अक्सर नीलामी के पहले 'माल' ख़ाली करवा लिया जाता है, छोटे बच्चों के साथ वाली औरतें बहुत कम दामों पर बिकती हैं। एरिज़ोना बाज़ार के बारे में बताते हुए बोल्कोविच का चेहरा विवर्ण हो गया है। मुझे थोड़ी घबराहट-सी भी होती है, मस्जिद से अजान की आवाज़ आ रही है सम्भवत: मगरिब की नमाज़ का वक़्त हो चला है, अब मुझे होटल के लिए निकलना चाहिए। मैंने बोल्कोविच से कल मिलने का कहकर विदा ली है।

सराएवो शहर रात में एक चमचमाते शहर में तब्दील हो जाता है। लौटते समय पहाड़ियों की ढलान है, जो मकान दिन में टूटे-फूटे दीखते हैं रात की रोशनियाँ उन पर जादुई छड़ी घुमा देती है और वे नीली-गुलाबी रोशनियों से नहाये कैसे तो नये-नकोर दीखने लगते हैं। यहाँ के नाइट क्लब्स मशहूर हैं—बत्तियाँ जल-बुझ रही हैं, ऊपर नियोन बोर्ड है 'पूसी कैट'—इस मशहूर रात्रि-क्लब की शृंखला पूरे पूर्वी यूरोप में है। दरवाज़े के बाहर पहलवान क़िस्म के गार्ड हैं—दो लड़कियाँ सुन्दर कपड़े पहने हर आने-जाने वाले को आमंत्रित कर रही हैं—कोई एंट्री फीस नहीं है। यहाँ खाने-पीने की दुकानें देर रात तक खुली दीख रही हैं। मौसम में हल्की खुनकी सी है, और मुझे आज जल्दी सोने का मन है, सुबह उठकर बोल्कोविच के पास जाना है।

ये पन्द्रह अगस्त, सन् 2010 है, अच्छा ही है कि ज़ाग्रेब से बाहर हूँ। जिस तरह दूतावासों में ये राष्ट्रीय पर्व सम्पन्न होते हैं, उनको देखकर लगता ही नहीं कि भारत अब भी विकासशील, अनाज-पानी की समस्या से जूझता हुआ ग़रीब देश है, दूतावास में बड़े पैमाने पर भारतीय धन से मदिरा और भोजन की पार्टियाँ होती हैं, कई लोग शौक़िया भारतीय भोजन चखने आते हैं। ख़ूब आडम्बर और कृत्रिमता, जो भारत मैं छोड़कर आई हूँ वो कहीं नहीं। पूर्वी यूरोपीय देशों में भारत की छवि मज़ेदार खाने और सस्ते पर्यटन स्थलों और होटलों की है, जहाँ का वीसा मिलना बहुत आसान है। लेकिन वहाँ स्त्रियाँ सुरक्षित नहीं ये भी इन्हें अच्छी तरह मालूम है। बोल्कोविच

की मित्र दारिजा और मेरियम ने भारत की यात्रा एक बार की थी। उनके अजीब से शर्मनाक अनुभवों ने मुझे हीनताबोध से भर दिया है। वे सन 2009 में भारत हो आई हैं—जहाँ उन्होंने ख़ूब ख़रीदारी की, घूमी-फिरीं, जम्मू के एक होटल में वे दोनों रुकीं। दिन तो ठीक था पर रात को होटल के नौजवान मालिक-पुत्र का दिल उन पर आ गया, वो दरवाज़ा खटखटाए और ये दोनों कमरा न खोलें। रिसेप्शन पर पासपोर्ट पहले रखवा लिये गए थे। भयंकर काली रात थी। सुबह होटल के मालिक के आने के बाद इन दोनों की साँस में साँस आई और पासपोर्ट लेकर जैसे-तैसे होटल छोड़ा। दिल्ली आईं किसी ने सदर बाज़ार घूमने का मशविरा दिया था। दोनों भीड़ में गाफ़िल, कोई नितम्बों पर चिकोटी काट कर अनजान बन बगल से गुज़र जा रहा है तो कोई देह से रगड़ता चला जा रहा है। बड़ी मुश्किल से सदर की तंग गलियों से निकलकर पहाड़गंज के होटल में पहुँच पाईं। क्या कहूँ ऐसे अनुभव तो सार्वजनिक स्थलों पर आम भारतीय स्त्री को होते ही रहते हैं। मरियम की शिकायत वाजिब है कि वह मधुमेह की मरीज़ है और भारत में स्त्रियों के लिए सड़कों पर निवृत्त होने की कोई व्यवस्था नहीं है। उन्हें ये बात बड़ी बुरी लगी कि वहाँ पुरुष सरेआम सड़कों, पेड़ों और गाड़ियों की बग़ल में, कहीं भी निस्संकोच निवृत्त हो लेते हैं और इंडिया गवर्नमेंट कुछ नहीं करती। वैसे वे भारतीय पराँठा बहुत पसन्द करती हैं, मैंने उन्हें ज़ाग्रेब आने के लिए न्योता और उन्होंने उपहार में कसीदाकारी के कुछ नमूने और रेशमी स्कार्फ दिया है।

बोल्कोविच चाहती हैं कि मैं जो लिखूँ उसे वे सुनें। अब तक जितने लोगों से मैं मिली हूँ उनमें वे एकमात्र ऐसी हैं जो बहुत खुलकर जानकारियाँ देती हैं। लेकिन बीच-बीच में एक असामान्य सी चुप्पी हमारे बीच पसर जाती है। उन्हें कई यूरोपीय भाषाएँ आती हैं, पिछले कई सालों का सफ़र तनहा रहा है शायद, वक़्त को इन भाषाओं ने भर दिया होगा। आज वे ख़ूब अच्छे कपड़े पहने हैं, हुक्के में भी किसी अम्बरी-सी सुगन्ध का तम्बाकू भरा है। उन्होंने

मुझे अमेरिका की चालबाजियों के बारे में बताया है और यह भी कि कैसे एरिज़ोना मार्केट को अमेरिका ने मुक्त बाज़ार ज़ोन के रूप में विकसित किया। वे उन पुनर्वास कार्यक्रमों के आँकड़े देती हैं, जो उनकी जीवन-रेखा हैं। 1999 से लेकर अब तक 429 स्त्रियों का पुनर्वास किया गया। इनमें कई लड़कियाँ 12 से 15 वर्ष की थीं जिनका अपहरण कर ज़बरन वेश्यावृत्ति में धकेल दिया गया था। विदेशी सैनिक, यूएन और नाटो के अफ़सर इनके ग्राहक थे। 1992 में गृहयुद्ध थमने पर लोगों के पास नाममात्र को सुविधाएँ बची थीं सब कुछ क्षत-विक्षत और 20,000 नाटो सैनिकों की टुकड़ियाँ, कई अन्य कार्यकर्ता, 48 विभिन्न देशों से सम्बद्ध अधिकारी जो शान्ति सेना के अंग थे, इस दौरान सेक्स व्यापार में 80 प्रतिशत निवेश इन विदेशी ग्राहकों का था। बड़े फ़ायदे देने वाला देह व्यापार इस दौरान ख़ूब फला फूला। इसके फलने-फूलने की वजह-लचीले क़ानून, सीमारेखाओं के उल्लंघन का साहस, बदतर आर्थिक हालात थे। आँकड़े बताते हैं कि मुस्लिम-क्रोआत परिवारों में प्रत्येक आठ परिवारों में से एक परिवार की आर्थिक स्थिति ठीक-ठाक है जबकि सर्ब परिवारों में से पच्चीस में से सिर्फ़ एक परिवार ग़रीबी रेखा के ऊपर है। बेरोज़गारी का अनुपात पूर्वी यूरोप में सबसे ज़्यादा है, और जो बेरोज़गार नौजवान पहले ड्रग और हथियारों की ट्रैफ़िकिंग में शामिल थे वे युद्ध के बाद सेक्स-ट्रैफ़िकिंग के क्षेत्र में आ गए क्योंकि इसमें निवेश कम और लाभ ज़्यादा था, साथ ही पकड़े जाने पर सज़ा भी कम थी। डाएटन पीस एकोर्ड्स ने यूएन को पूरी स्वायत्तता ही नहीं दी बल्कि उसके नौवें परिच्छेद में नाटो के सैनिकों को शान्ति स्थापना के नाम पर 'कुछ भी' करने की छूट दिये जाने का प्रावधान था। उनके लिए विशेष न्यायालयों की व्यवस्था थी—जो बोस्निया में रहते हुए किसी प्रकार की अनुशासनात्मक कार्यवाही से कूटनीतिक सुरक्षा प्रदान करते थे, और इस तरह बोस्निया का इस्तेमाल एक उपनिवेश की तरह हुआ।

बोल्कोविच और उनके सम्पर्क से जितने भी लोगों से मिली-जुली हूँ, उन्होंने युद्ध, विस्थापन और सेक्स ट्रैफ़िकिंग के समीकरण का संजाल बताया

है। पिछले सप्ताह डायरी में लिए नोट्स को पढ़ती हूँ तो सरकारी तंत्र और मौलिक अधिकारों की धज्जियाँ उड़ाती सच्चाई सामने आकर अट्टहास करने लगती है। पूँजीवाद, धन और सुविधाओं का असमान वितरण, विस्थापन सेक्स ट्रैफ़िकिंग को बढ़ाते हैं, दुनिया का शायद ही ऐसा कोई देश हो जहाँ ट्रैफ़िकर्स का जाल न फैला हो। पिछले कुछ वर्षों से यह धन्धा और तेज़ी से उद्योग का रूप लेता जा रहा है। सबसे पहले आर्थिक तंगी और बाज़ारी मन्दी का प्रभाव औरतों पर पड़ता है और स्त्री शरीर की माँग और आपूर्ति का सीधे-सीधे किसी भी देश के आर्थिक हालातों से सम्बद्ध होता है। पूरे विश्व ख़ासकर युद्धोत्तर यूरोप में स्त्रियों का इस्तेमाल सेक्स ऑब्जेक्ट के रूप में धड़ल्ले से किया गया, जबकि एशियाई मूल की जगह यूरोपीय स्त्रियों की आपूर्ति पर्याप्त संख्या में होने लगी। इन स्त्रियों का रखरखाव, लाने-ले जाने का ख़र्च अपेक्षाकृत कम था और लाभांश ज़्यादा। ग़रीबी और भुखमरी की मार से बचने को ये कुछ भी करने को राज़ी थीं, साथ ही रंग रूप, क़द-काठी की दृष्टि से भी वे यूरोपीय पुरुषों की अपेक्षाओं पर खरी उतरती थीं। वैश्विक पूँजीवाद के इस दौर ने स्त्रियों को कैसे एक बिकाऊ माल में तब्दील कर दिया है और सेक्स का बाज़ार उन्हें कैसे अन्य श्रमों की अपेक्षा बेहतर पारिश्रमिक प्रदान करता है, इसे देखने-समझने की ज़रूरत है। सेक्स वर्क युद्ध और सैन्य कार्रवाइयों के अनन्तर तेज़ी से उठान पाता है, युद्ध के बाद भी विस्थापन और आर्थिक कारक उन्हें इस ओर आकर्षित करते हैं, बहुत बार ज़बरन लाई गई स्त्रियाँ धीरे-धीरे इस पेशे को स्वीकार कर लेती हैं और किसी तरह का प्रतिरोध करना बन्द कर देती हैं। युद्ध, सैन्य कार्रवाइयाँ, उपार्जन के अन्य साधनों का स्थगन, आर्थिक और राजनीतिक अस्थिरता के कारण स्त्रियाँ अर्थोपार्जन के वैकल्पिक रास्तों की ओर क़दम बढ़ाती हैं। पूर्वी यूरोप में साम्यवादी देशों के पतन और जर्जर आर्थिक स्थिति ने सेक्स ट्रैफ़िकिंग को बढ़ाया है। 'इंटरनेशनल आर्गेनाइजेशन फार माइग्रेशन' के अनुसार 'युद्ध के एक दशक बाद भी पूर्व के संयुक्त यूगोस्लाविया में ट्रैफ़िकिंग बड़ी समस्या है और लगभग 5,00,000 स्त्रियाँ यहाँ देह व्यापार से आजीविका कमा रही हैं और प्रतिवर्ष 1,20,000 बच्चे और औरतें बाल्कन क्षेत्र के रास्ते यूरोपियन

यूनियन में लाए जाते हैं। सोहो के वेश्यागृहों में काम करने वाली 70 प्रतिशत स्त्रियाँ इन्हीं रास्तों से पहुँचती हैं।'

इन स्त्रियों से बातचीत करने पर पता चलता है कि सेक्स ट्रैफ़िकिंग का युद्ध के दौरान हुए बलात्कारों से गहरा सम्बन्ध रहा है। स्त्रियों को रेप कैम्पों में लाकर उन्हें शरीर बेचने को मजबूर करने की प्रक्रिया हद से ज़्यादा बर्बर और शर्मनाक है। जिसके बारे में ब्रिटिश पत्रकार रॉय गुट्मन नेने सन् 1993 के दौरान 'शेम इन बोस्निया' शीर्षक लेख में सोन्या के कोंटिकी (सराएवो) वेश्यालय के बारे में न्यूज़ डे में लिखा था कि 'यहाँ मुस्लिम लड़कियों को जबरन वेश्यावृत्ति की ओर धकेला और सर्बों की यौनदासी बनाया जाता है। गुट्मन ने यह भी लिखा था कि संयुक्त राष्ट्र संघ के सैनिक यौन हिंसा की शिकार स्त्रियों के ग्राहक थे, उन्हें बचाने या सुरक्षा देने के प्रयास उनकी ओर से कभी नहीं हुए। यूएन सेनाओं की गाड़ियों में इन औरतों को जबरन चढ़ाकर अज्ञात स्थानों पर भी ले जाया जाता।'

बोल्कोविच को मैंने अपने लिखे नोट्स में से कुछ सुनाने की कोशिश की है। उनका सवाल है 'क्या तुम्हारे देश के लोगों को इन सबमें दिलचस्पी होगी' क्या जवाब दूँ उन्हें? मेरी ये डायरियाँ पाठक पाएँगी या यूँ ही धूल खाकर दफ़न हो जाएँगी—ख़ुद भी नहीं जानती। जानती हूँ तो सिर्फ़ इतना कि औरत कहीं भी किसी देश की हो उसका दुख एक जैसा ही होता है। बोल्कोविच ने आज मुझे खाना खिलाया है, साथ में घर की बनी वाइन, जिसमें नीबू के फूलों की गन्ध है। वे हर साल घर में ही मेवों की वाइन बनाती हैं। बताती हैं, "दो बार विवाह किया, कुछेक प्रेम भी, पर कुछ भी कारगर नहीं हुआ, मेरे मन को समझने की क्षमता किसी में थी ही नहीं, वे कुछ दिन तक तो मेरे साथ रहते फिर विकर्षित हो जाते, उन्हें जिसकी तलाश थी वो मैं नहीं थी और मुझे जो चाहिए था वो उनके पास न था।" वाइन का सुरूर उन पर तारी हो रहा है...आज वे पहली बार अपने निज के दरवाज़े की कुंडी खोल रही हैं। अपने काम में मगन, बौद्धिक और शारीरिक क्षमता सम्पन्न स्त्री प्रेम

नहीं बल्कि चुनौती देती प्रतीत होती है—कारण समझ पाना मुश्किल है। स्त्री जितनी मासूम और दयनीय हो, उतने ही प्रेम की पात्र बनती है। बोल्कोविच का जीवन एक मिशन रहा है—लेकिन इस पूरी यात्रा में वे अकेली बिलकुल अकेली छूट गई हैं—हालाँकि सेक्स वर्कर्स के लिए प्रतिबद्ध जिस स्वयंसेवी संस्था में वे काम करती हैं, वहाँ उनकी बड़ी इज़्ज़त है। युद्धोत्तर बोस्निया में उन्होंने यूएन के लिए काम ही नहीं किया बल्कि कई महत्त्वपूर्ण जाँच समितियों की सदस्य भी रहीं लेकिन अन्ततः हासिल—"ज्यों-ज्यों मैं जाँच की गहराइयों में उतरती गई, वैसे-वैसे संयुक्त राष्ट्र संघ के सहयोगी अधिकारी नाराज़ होते गए। लोगों से लिए साक्षात्कारों की फ़ाइलें ऑफ़िस से खोने लगीं, तरह-तरह की धमकियाँ मिलने लगीं कि वह इन जाँचों को आगे न बढ़ाए, वरना नतीजे भयानक हो सकते हैं। फिर मैंने जो भी देखा-सुना और दर्ज किया था उसे एक ई-मेल की शक्ल में पचास उच्चस्तरीय मिशन अधिकारियों को इस टिप्पणी के साथ भेजा—'यदि आपका हाजमा कमज़ोर है या आपमें अपराधबोध है तो इस ई-मेल को न पढ़ें'—इसी के चार दिन बाद नौकरी चली गई, बोल्कोविच की रिपोर्टों के आधार पर कई अनुशासनात्मक कार्रवाइयाँ भी हुईं, लेकिन बोल्कोविच की नौकरी बहाल नहीं हुई, पति की शराब का ख़र्च निकाल पाना अब मुश्किल था, और बोल्कोविच दूसरी बार तलाक़ का शिकार हुई। वैसे मैंने बोल्कोविच को शुभकामनाएँ दी हैं कि वह इस तरह और तवालतों से बच गईं। वह मुझे कई और औरतों के साक्षात्कार के लिए कहती हैं, जो क्रोएशिया और इटली में काम कर रही हैं। ये अच्छे दोस्तों के विदा का क्षण है, अब मुझे ज़ाग्रेब लौटना है।

बोस्निया युद्ध हिंसा की शिकार अधिकांश स्त्रियों को न्याय नहीं मिला। कुछ मर-खप गईं और कुछ दूसरी जगहों पर बस गईं। युद्ध में शक्ति प्रदर्शन, लिंग विशेष के प्रति संचित घृणा ही बलात्कार जैसे कृत्यों में परिणत होती है। बलात्कार और यौन हिंसा एक तरह की 'युद्ध रणनीति' है, जिसके लिए कठिनतम और कठोर दंड का प्रावधान जब तक नहीं होता तब तक बलात्कार

के शिकार बच्चों, स्त्रियों या अन्य किसी भी व्यक्ति को न्याय नहीं मिल सकता। युद्धकालीन यौन हिंसा की ओर से आँखें मूँदे रखना अधिकांश देशों की अघोषित राष्ट्रीय रणनीति है, लेकिन काग़ज़ पर विश्व के तीन-चौथाई देशों ने युद्ध के दौरान यौन-हिंसा को ख़त्म करने के लिए 'डेक्लरेशन ऑफ़ कमिटमेंट टू सेक्सुअल वायलेंस इन कॉन्फ्लिक्ट्स' पर दस्तख़त कर रखे हैं।

लौटने के पहले बोस्निया के ल्युकोमीर गाँव की तरफ़ हम घूमने गए हैं, कहा जाता है कि यह यूरोप में सबसे ऊँचाई पर बसा हुआ गाँव है जहाँ आज भी आदिम सभ्यता सुरक्षित है। बिजली और आधुनिक उपकरणों के बिना जीवन-यापन आराम से हो रहा है। इसमें मेरे लिए आश्चर्य वाली कोई बात नहीं क्योंकि भारत में आज भी कई गाँव बिजली जैसी सुविधा से वंचित हैं। बोल्कोविच मुझे घुमाने में थक गई हैं, मेकअप की गहरी परत के भीतर छिपा विषाद उसके चेहरे पर दिख रहा है। पूरे रास्ते उसने मेरा कन्धा पकड़ रखा है। शायद सब कुछ कह देने के बाद मनुष्य कमज़ोर हो जाता है। रवीन्द्रनाथ ने अन्तिम यूरोप यात्रा से लौटकर शान्तिनिकेतन में कहा था—'आमि ओई खाने कंठ ता हारिए ऐशेछी'—आज समझ पाई हूँ कि रवि बाबू यूरोप जाकर अपना गान भूल क्यों गए होंगे।

डॉक्टर तोमिस्लाव मारेतिच ज़ाग्रेब में मुझसे मिलने आए हैं। उन्हें मैंने बोस्निया यात्रा-वृत्तान्त के कुछ टुकड़े सुनाए हैं। बड़ी देर चुप रहने के बाद इटली से मिहिनो का भेजा स्कॉर्फ मुझे देते हुए दोस्ताना पेशकश करते हैं—'नेमोज्ते पिसाती ओवो। ने ओब्जाविती ओवो' (कृपया मत लिखो इसे। प्रकाशित मत करो) मैंने मुस्कुराकर क्रोएशियन ढंग से सिर हिला दिया है। छपाने न छपाने के द्वंद्व में कई वर्ष गुज़र गए हैं। सन् 2010-11 की प्रवास दैनन्दिनी अब मुक्त हुई है। स्वच्छन्द उड़ान के लिए। मित्र की बात न रख सकी, इसका अफ़सोस है। डायरी के पन्ने सुधारते-सुधारते हर सुबह गुरुदेव गुनगुना जाते हैं—

अन्ध जने देहो आलो
मृत जने देहो प्राण

तुमि करुणामृत सिंधु
करो करुणादान
जे तोमाए डाके नहीं
तारे तुमि डाको, डाको...

(दृष्टिहीन को प्रकाश दो, मृत देह को दो प्राण, तुम करुणा अमृत के सागर हो करो करुणा का दान। जिसने तुम्हें पुकारा नहीं उसे भी तुम पुकारो—'गीतवितान')

टेलीविज़न पर बीबीसी वर्ल्ड चल रहा है। युद्ध के दौरान यौन हिंसा के विवरण जुटाने और जाँच करने के बारे में विलियम हेग और एंजेलिना जॉली द्वारा शुरू किये गए अन्तरराष्ट्रीय प्रोटोकॉल का प्रारूप प्रसारित हो रहा है—

> हम सभी देशों से अपील करेंगे कि वे बलात्कार और यौन-हिंसा सम्बन्धी अपने क़ानूनों को अन्तरराष्ट्रीय मानदंडों के अनुरूप बनाएँ। हम सभी सैनिकों और शान्ति रक्षकों के उचित प्रशिक्षण की माँग करेंगे ताकि वे युद्ध क्षेत्र में यौन-हिंसा को समझ और रोक सकें। शरणार्थी कैम्पों में रोशनी के प्रबन्ध से लेकर जलावन एकत्र करने बाहर जाने वाली औरतों के साथ रक्षाकर्मी के जाने जैसे साधारण उपायों के ज़रिये हमले की संख्या में भारी कमी लाई जा सकती है और हम चाहते हैं कि ये आधारभूत सुरक्षा उपाय सार्वभौम हों।